KB046532

우리가 매혹된 사상들

인류를 사로잡은
32가지 이즘

우리가 매혹된 사상들

2018년 11월 14일 1판 1쇄
2022년 3월 18일 1판 3쇄

지은이 안광복

편집 정은숙, 박주혜 **디자인** 김민해 **마케팅** 이병규, 양현범, 이장열 **제작** 박흥기 **홍보** 조민희, 강효원
인쇄 코리아P&P **제본** J&D바인텍

펴낸이 강맑실 **펴낸곳** (주)사계절출판사 **등록** 제406-2003-034호
주소 (우)10881 경기도 파주시 회동길 252
전화 031)955-8558, 8588 **전송** 마케팅부 031)955-8595 편집부 031)955-8596
홈페이지 www.sakyejul.net **전자우편** skj@sakyejul.com **블로그** blog.naver.com/skjmail
트위터 twitter.com/sakyejul **페이스북** facebook.com/sakyejul

ⓒ 안광복 2018

ⓒ 이 서적에 사용된 일부 미술 작품은 SACK를 통해
ADAGP, SIAE, Succession Picasso, VEGAP와 저작권 계약을 맺은 것입니다.

값은 뒤표지에 적혀 있습니다. 잘못 만든 책은 서점에서 바꾸어 드립니다.

사계절출판사는 성장의 의미를 생각합니다. 사계절출판사는 독자 여러분의 의견에 늘 귀 기울이고 있습니다.
이 책은 저작권법에 따라 보호받는 저작물이므로 무단전재와 무단복제를 금합니다.

ISBN 979-11-6094-412-9 03100

우리가 매혹된 사상들

인류를 사로잡은
32가지 이즘

안광복 지음

사계절

요승(妖僧) 라스푸틴은 러시아 황제를 쥐고 흔들었다. 그가 기도를 하자 황태자 알렉세이의 혈우병이 나았다. 이때부터 황후 알렉산드라는 그를 '신이 내려준 사람'으로 여겼다. 게다가 라스푸틴에게는 예언 능력까지 있었다. 황후의 친구가 사고를 당해 불구가 된다는 사실도 맞춘 것이다.

황후 알렉산드라는 라스푸틴에게 완전히 의지했다. 황제 니콜라이 2세 또한 그의 자장(磁場) 속으로 휩쓸려 들어왔다. 1차 세계 대전이 일어나자 황제는 전장으로 떠나야 했다. 그러자 라스푸틴은 황후를 조정해 러시아의 권력을 차지했다. 심지어 그는 신의 계시를 받았다는 이유로 황제에게 작전 지시를 내리기까지 했다. 물론 나라 꼴이 제대로일 리는 없었다. 라스푸틴의 입맛에 맞게 장관이 며칠 간격으로 계속 바뀌었고, 그를 둘러싼 온갖 추문이 러시아 궁정을 맴돌았다. 1917년, 혁명이 일어나 러시아가 엎

어지고 황제가 내쫓기게 된 데는 라스푸틴에 대한 황후와 황제의
맹목적인 믿음이 큰 몫을 했다.

임오군란이 일어났을 때 명성황후는 충주 목사 집으로 숨었다.
그곳에 있던 과부 무당은 그녀가 궁으로 돌아갈 날을 점쳤다. 이
는 정확하게 들어맞았다. 명성황후는 무당을 '진령군'으로 책봉
하고 극진하게 대했다. 진령군은 아무 때나 왕과 왕비를 만날 수
있었다. 당연히 온갖 인사 청탁과 비리가 오갔고, 이는 조선 왕실
의 권위를 떨어뜨리는 데 적잖은 역할을 했다.

이런 광경은 20세기에 들어서도 이어졌다. 미국 로널드 레이
건 전 대통령의 비서실장이었던 도널드 리건에 따르면, 영부인인
낸시 여사는 점성술사 조앤 퀴글리에게 크게 의존했다고 한다. 퀴
글리는 취임 첫 해에 대통령이 총격을 당하리라 예언했고, 이는
그대로 이루어졌다. 그 후 영부인은 대통령 전용기의 이·착륙, 기
자 회견 날짜 등을 정할 때마다 퀴글리를 찾았다고 한다.

"내 말대로만 하면 당신 뜻대로 확실하게 이루어질 거예요!"
"당신이 힘든 이유는 정확히 이것 때문입니다. 이제 내 말대로만 하면
모든 문제가 해결돼요!"

우리가 가장 듣고 싶어 하는 말들이다. 누구에게나 세상살이는
불안하고 힘들다. 누군가 확신을 갖고 내가 어찌해야 할지를 정확
하게 일러준다면, 나아가 이 말이 들어맞기까지 한다면 사람들은

그의 충고를 굳게 믿고 따를 것이다. 주변에서 아무리 그 사람 말을 믿지 말라고 충고해도 고개를 젓게 되리라. 우리 전직 대통령 중 한 분이 '절친'에게 크게 의지해 국정이 흔들린 까닭도 앞서의 상황과 다르지 않을 듯싶다. 사람은 누구나 약한 존재여서 무엇에라도 의지하고 싶어지기에 하는 말이다.

우리 마음은 사람뿐만 아니라 '사상'에도 못지않게 이끌린다. 20세기 말, 사회주의 진영은 허물어지고 있었다. 그럼에도 공산주의를 믿던 사람들은 눈앞에서 벌어지는 현실을 애써 외면했다. 이 모두는 간교한 자본가들의 속임수일 뿐이라고, 일시적인 혼란이 지나고 나면 행복한 사회주의 세상이 펼쳐진다며 목에 핏대를 세웠다.

지금의 신자유주의자들의 모습도 별다르지 않다. 빈부격차는 날로 커지고 세계화의 문제점들도 점점 불거져 나온다. 보호무역을 주장하는 목소리들도 여기저기서 고개를 들지만, 신자유주의자들은 이 모두가 '잘못되었다'며 고개를 강하게 젓는다. 자유 경쟁은 세상을 합리적으로 변하게 했다. 규제는 모든 악의 근원이다. 그런데도 왜 사람들은 이 사실을 모른단 말인가? 그들은 이렇게 울부짖으며 제 뜻대로 되지 않는 세상을 원망할 뿐이다.

이렇게 보면, 라스푸틴에게 매달리던 황후 알렉산드라의 모습은 우리에게 낯설지 않다. 얼마나 많은 사람들이 사회주의에, 민족주의에, 자유민주주의에 절절하게 매달리는가? 각각의 사상 안에는 사람들의 절실한 소망과 바람을 실현시켜 주리라는 희망과 약속이 담겨 있다. 사람들은 듣고 싶은 것을 듣고, 믿고 싶은 것을 믿는 법이다. 계몽주의, 아나키즘, 실존주의 등이 인류의 마음을 사로잡았던 이유도, 페미니즘, 생태주의 등이 우리 사회에서 뜨겁게 달아오르는 까닭도 이들 사상이 우리의 욕망을 정확히 꿰뚫고 있다는 점에 있겠다.

이 책, 『우리가 매혹된 사상들』에는 인류의 영혼을 사로잡았던 32가지 '이즘'(ism)이 담겨 있다. 책을 읽다 보면 공화주의에서 사회 민주주의를 지나 낭만주의와 신자유주의에 이르기까지, 인류가 어떤 희망을 꿈꾸었는지가 정리될 것이다. 나아가 포퓰리즘과 니힐리즘, 파시즘과 관료주의를 따라가다 보면 어떤 생각이 사회를 무너뜨리며, 또 우리가 경기를 일으킬 만큼 두려워하는 믿음들이 어떻게 형성되었는지도 알게 될 것이다.

사상을 정리하며 갈무리해 가던 3년여의 세월은 인간의 욕망을 헤아리고 이해하는 여정과도 같았다. 이 기간 동안 나는 늘 밤잠을 설치곤 했다. 사상 때문에 희생되고 거꾸러진 수많은 인생들이 떠올라서다. 하지만 꿈과 희망은 지옥조차도 밝은 미래를 위한 연단(鍊鍛)의 과정으로 여기게 한다. 사상은 늘 갈 길 모르는 인류에게 앞날을 비추는 횃불이 되는 덕분이다. 맹목적으로 하나의 횃불만 따라가지 않는다면, 여러 방면에서 타오르는 불빛들을 냉정한 눈으로 가늠할 수 있다면, 사상 '들'은 우리를 정말 희망의 나라로 데려갈 수도 있다.

이렇게 되려면 먼저, 인류의 마음을 사로잡았던 각각의 사상을 정확히 이해할 필요가 있다. 속도보다 방향이 중요하다고 하지 않던가. 사실에 대한 냉철한 이해야말로 좋은 변화의 출발이다. 책에 소개된 32가지 사상을 하나하나 짚어 나가며 독자들이 매의 눈으로 우리 시대를 진단하고 미래의 지도를 스스로 그려 나가시길, 나아가 자신만의 '사상'을 만들어 나가시길 간절히 바라 본다.

이 책은 『교과서에서 만나는 사상』의 개정 증보판이다. 기존의 원고에 모든 사상의 뿌리가 되는 민주주의와 공산주의를 추가하였다. 허공에서 갑자기 떨어지는 사상은 없다. 모든 생각들은 서로 비판하고 협조하며 발전하곤 한다. 이 때문에 각각의 사상들을 설명해 가는 가운데 조금씩 내용이 중복되기도 한다. 하지만 비슷한 내용을 거듭 접하며 이해가 깊어지는 '나선형 순환 구조'는 좋은 이해의 지름길이다.

경우에 따라서는 서로 모순되는 설명들도 있을 것이다. 예컨대, 민주주의와 개발독재에 대한 서술에서는, 제각각 자기 체제가 경제 발전에 도움이 된다는 서로 다른 사회학 연구 결과들이 소개되어 있다. 하나의 논리로 설명하기에는 세상은 너무 복잡하며 모순으로 가득 차 있다. 성숙이란 모순을 그 자체로 끌어안고 이해하는 과정이기도 하다. 새로운 발상과 도전은 서로 다른 생각이 충돌하는 가운데 이루어지곤 한다. 책에서 소개한 32가지 사상들이 독자의 영혼 속에서 서로 다른 목소리를 내며 참신한 혜안을 열어 주길 기원해 본다.

전업 필자가 아닌 나에게는 늘 읽고 쓸 시간이 부족하다. 책을 마치면서 "딱 1년만 시간이 더 있었다면······." 하고 혀를 찼던 적이 한두 번이 아니다. 개정 증보판을 내며 이러한 아쉬움은 상당 부분 풀렸다. 젊은 감각으로 매력적인 책을 만들어 준 사계절출판사의 박주혜 편집자께, 첫 책부터 20년 세월 동안 한결같이 믿음직했던 사계절출판사의 정은숙 팀장께, 언제나 나의 최초 독자이자 친절한 글쓰기 선생님이 되시는 독서평설 윤소현 편집장께 감사드린다.

가족은 그 어떤 사상도 주지 못할 마음의 위안이자 의지처다. 늙으신 부모님, 나의 가족들의 손을 따뜻하게 잡아드리고 싶다. 모든 사상 속에 살아 숨 쉬는 따사로움은 모두 여기서 비롯된 것이리라.

2018년 10월 어느 날
안광복

차례

1장

정치

이상적인 권력은
존재할까?

공화주의

'국민에 의한 국가'를 넘어
'국민을 위한 국가'로

자유인의 긍지가 살아 있다면

로마에는 운 좋은 노예들도 꽤 있었다. 주인이 너그러운 데다 자리까지 자주 비우는 경우가 그랬다. 이럴 때 노예들은 시민들보다 더 자유로웠다. 주인에게 빌붙어 지내니 입에 풀칠할 걱정도 없겠다, 간섭도 거의 받지 않으니 노예라고 서글플 까닭도 없을 듯싶다. 하지만 그래 봤자 노예는 노예일 뿐이다. 만약 노예가 자신의 행복(?)한 처지를 자랑하고 다니면 어떨까? 자유민들이 과연 노예를 부러워할까?

카이사르(기원전 100~기원전 44) 밑에 있던 로마 시민들이 딱 그 꼴이었다. 카이사르는 로마의 적들을 차례차례 무너뜨렸다. 그는 경제도 잘 굴릴 줄 알았다. 카이사르의 그늘 아래 있으면 로마는 언제까지나 편안할 듯싶었다. 그러나 카이사르는 점점 왕처럼 되어 갔고, 왕이 되고 싶어 했다. 군대는 대부분 그의 손아귀에 있었다. 게다가 그는 로마를 쥐락펴락하는 큰 부자이기도 했다. 자칫하면 로마는 자비로운 주인 아래 있는 노예 꼴이 될지도 몰랐다.

브루투스(기원전 85~기원전 42)가 카이사르를 죽인 것은 이 때문이었다. 배부르고 등 따신 게 삶의 전부는 아니다. 자유인의 긍지가 살아 있다면, 사람은 누군가의 지배에 단호하게 맞서게 마련이다. 노예에게 진짜 행복은 없다. 주인의 변덕에 따라 노예의 삶은 언제든 지옥으로 떨어져 버리지 않던가. 카이사르를 죽인 브루투스는 이렇게 외쳤단다. "나는 카이사르를 사랑했다. 그러나 로마를 더 사랑했다." 돈과 안전도 중요하지만 자유는 더 소중하다는 뜻이리라.

res publica, 공화국의 이념

황제가 다스리기 전, 로마는 공화국이었다. 정치가인 키케로(기원전 106~기원전 43)에 따르면, 공화국(res publica)이란 '시민의 것(나라)'을 뜻한다. 왕국은 왕이나 몇몇 귀족의 것이다. 반면에 공화국은 모든 시민이 주인인 나라다. 그래서 공화국은 왕국이나 독재의 반대 개념으로 널리 쓰였다.

그런데 모든 시민이 주인이 되려면 어떻게 해야 할까? 몇몇 사람이 나라를 쥐고 흔들어 대서는 공화국이라 할 수 없다. 국가의 모든 일은 시민의 뜻에 따라 만들어진 법을 바탕으로 이루어져야

구성원들이 함께 공익을 지향하는 공화국

왼쪽에 앉아 있는 여인은 정의를, 오른쪽에 앉아 있는 이는 공익을 상징한다. 공화국은 정의를 바탕으로 공익을 추구한다는 뜻을 담고 있다. 공화국이 가능하기 위해서는 구성원들이 개인의 이익이 아닌 공익을 추구해야 한다. 아래에 있는 시민들이 모두 공익을 향하고 있는 이유다. 로렌체티(1285?~1348)의 〈좋은 정부의 알레고리〉다.

한다. 법에 의한 지배, 즉 법치는 공화국을 떠받치는 큰 기둥이다.

이탈리아의 정치 사상가 마키아벨리(1469~1527)는 여기서 한 발 더 나아간다. 사람들이 모이기만 한다고 해서 공화국이 꾸려지지는 않는다. 공화국이란 '정의와 공동의 이익을 인정하고 동의한 사람들의 모임'이다. 더욱이 공화국 로마에서는 단지 돈만 많아서는 사람들의 존경을 받지 못했다. 그냥 부자로 부러움을 샀을 뿐이다. 명예를 얻고 싶다면 공적인 일에 봉사할 줄 알아야 했다. 자신의 이익을 버리고 모두의 이로움을 위해 기꺼이 희생할 줄 아는 자세, 공화국 시민에게는 이런 태도가 무엇보다 중요했다.

'모두를 위한 나라'를 뜻하는 공화국의 이념은 현대 사회에도 널리 퍼져 있다. 공화주의는 '시민에 의한 나라'라는 민주주의의 이상과 짝을 이루곤 한다. 우리나라 헌법 1조 1항에서도 "대한민국은 민주 공화국"임을 내세우고 있다.

게다가 많은 나라들이 공화국 시절 로마의 모습을 흉내 내고 있다. 미국만 해도 그렇다. 로마는 군대와 정부를 다스리던 두 명의 통령, 귀족들로 구성한 원로원(senate), 그리고 시민들로 꾸린 민회로 이루어졌다. 미국도 두 명의 통령(대통령과 부통령), 국가 원로들이 모인 상원(senate), 국민들의 직접 투표로 뽑는 하원을 갖추고 있다. 지배자의 통치(통령), 귀족들의 참견(원로원과 상원), 그리고 시민들의 지배(민회와 하원)가 교묘하게 조화를 이루는 모양새다. 사회의 어느 한 부분도 소홀해지지 않는 구도다.

미국에서는 법치도 잘 이루어지고 있다. 철학자 하버마스(1929~)는 이를 헌법적 애국주의(constitutional patriotism)라는 말로 설명한다. 미국인들은 지배자 개인이나 민족에 복종하지 않는다. 모든 인류에게 자유의 원리를 제시한 독립 선언서에 충성을 맹세할 따름이다. 한마디로, 모두를 위한 절차나 원칙인 법에 따르겠다고 선서하는 셈이다.

공화주의를 앞세우는 이들에게 조국은 민족이나 자기가 나고 자란 땅을 뜻하지 않는다. 미국이 대영 제국과 독립 전쟁을 하던 시기, 영국의 많은 지식인들은 미국을 응원했다. 그뿐 아니다. 자유·평등·박애를 앞세운 나폴레옹이 독일 땅을 쳐들어가자, 헤겔을 비롯한 많은 독일 지식인들은 프랑스 편을 들었다.

공화주의자들에게 애국이란, 시민의 자유를 지켜 주는 나라에 충성함을 뜻한다. 왕의 지배에 맞서 모든 시민의 권리를 앞세웠던 미국과 프랑스는 그들의 조국이었던 셈이다. 이처럼 하버마스의 헌법적 애국주의란 자유와 민주주의에 대한 충성을 뜻한다.

1퍼센트만을 위한 나라, 무너지는 공화국

세상의 모든 것은 변하게 마련이다. 미국인들을 가슴 뜨겁게 했던 공화주의는 어느새 그 자취가 희미해진 느낌이다. 미국을 이루는 뿌리에는 자유주의도 있다. 이는 개인의 자유를 무엇보다도 소중히 여기는 견해다. 자유주의자들에게 공동체를 위해 희생하라는 요구는 억압으로 다가갈 뿐이다. 남을 해치지 않는 한, 시민이 무엇을 하건 간섭하지 말라고 그들은 소리 높인다.

자유주의가 널리 퍼진 결과, 사회는 점점 불평등해졌다. 힘 있는 자들이 부와 명예를 움켜쥐었다. 높은 자리도 점점 가진 자들의 몫이 되었다. 이러니 정부의 정책도 있는 자들 위주로 굴러갈 수밖에 없게 되고, 빈부 격차는 날이 갈수록 심해졌다. 이제 거의 모든 것이 상위 1퍼센트의 손안에서 놀아난다. 이런 나라가 과연 모두를 위한 나라, 공화국이라 할 수 있을까?

이는 단지 미국만의 문제가 아니다. 일찍이 영국의 사회 개혁가 윌리엄 프렌드(1757~1841)는 "인도인에게는 조국이라 부를 만한 나라가 없다."며 한숨지었다. 인도에는 온 국민을 차별로 옭아매는 카스트 제도가 널리 퍼져 있다. 카스트의 윗자리를 이루는 계급은 지금도 모든 이익과 혜택을 독차지하곤 한다.

공화주의자들의 눈에 평등하지도 자유롭지도 않은 나라는 조국이 아니다. 그렇다면 우리의 현실은 변해 버린 미국이나 옛 인도와 얼마나 다를까? 공화주의가 또다시 사람들의 관심을 받는 까닭은 여기에 있다.

모두를 위한 나라를 지탱하는 시민의 덕
로마 공화정 시대에 적대적인 관계에 있던 이웃 국가 알바와의 싸움에 호라티우스 형제들(왼쪽)이 결투에 나서기로 맹세하는 모습이다. 공화국의 시민들은 개인의 안락한 삶을 좇는 것을 넘어 자유로운 공동체를 위해 자신의 희생을 각오할 줄도 안다. 다비드(1748~1825)의 〈호라티우스 형제의 맹세〉다.

예전에는 공화주의가 독재에 맞서는 이념으로 큰 환영을 받았다. 그런데 지금은 자유주의에 맞서는 사상으로 주목받고 있다. 경제가 삶의 중심이 된 시대, 사람들은 어느덧 자기 이익을 좇아 모래알처럼 흩어져 버렸다. 공동체 정신도 점점 희미해지는 듯하다.

이럴수록 공익을 앞세우는 공화주의는 절절하게 다가온다. 공화주의는 사람들에게 자신의 이익을 희생하고서라도 사회와 국가를 먼저 생각하는 '시민의 덕'을 일깨운다.

'국민을 위한 나라'를 여는 열쇠, 어젠다

옛 아테네에는 도편 추방제라는 희한한 제도가 있었다. 시민들은 자기 마음에 들지 않는 자의 이름을 도자기 조각에 써냈다. 그러면 가장 많이 이름이 적힌 자가 아테네 밖으로 쫓겨났다.

어떤 이들이 주로 추방당했을까? 대개는 유능해서 부와 명예를 누리는 사람들이었다. 이들은 시민들의 질투를 사기 쉬웠다. 이렇게 보면 도편 추방제는 매우 어리석어 보인다. 사회에서 가장 뛰어난 인재들을 내쫓는 말도 안 되는 제도가 어디 있단 말인가?

그러나 도편 추방제는 모두를 위한 나라를 꾸려 가기 위한 노력이기도 했다. 뛰어난 자들의 힘이 커지면, 이내 부와 권력은 한쪽으로 쏠리게 마련이다. 모든 이들이 고만고만할 때 토론과 합의는 활발하게 이루어진다. 이권이 몇몇에게 몰리는 일이 생기지 않도록 아테네에서는 정부의 모든 자리를 제비뽑기로 정하기도 했다.

많은 사람들이 골고루 권력을 누리게 하려고 임기도 짧게 했다.

그런데도 시민에 의한, 시민을 위한 나라를 꿈꿨던 아테네 민주주의는 오래가지 못했다. 왜 그랬을까? 정치학자 박명림은 공화주의에는 '어젠다'가 무엇보다 중요하다고 말한다. 어젠다는 사회를 하나로 모으는 목표나 원칙을 뜻한다.

우리 사회에도 여러 어젠다가 있었다. 1960~70년대 우리 사회의 어젠다는 '경제 성장'이었다. 경제 성장을 위해 '수출 증대'는 대한민국 최대의 목표가 되었다. 지지리 궁상을 벗어나려면 수출밖에 길이 없었던 탓이다. 이를 위해서 시민들은 모든 희생을 기꺼이 감내했다.

1980~90년대에는 '민주화'가 사회를 이끄는 어젠다였다. 나라만 잘살면 뭐하겠는가. 진정한 '민주 공화국'은 다 같이 행복하게 잘사는 나라다. 모두를 생각하자는 민주화는 거부할 수 없는 시대의 흐름이었다.

그렇다면 아테네의 어젠다는 무엇이었을까? 외적의 위협이 사라지고 나라의 목표가 없어진 순간, 아테네의 공화주의적 모습은 흔들리기 시작했다. 시민들은 공동체보다 자기 이익을 챙기는 방향으로 결정을 몰고 가곤 했다. 미래와 공익보다 눈앞의 자기 이익을 좇는 포퓰리즘에 빠진 셈이다.

21세기 대한민국은 민주화된 나라다. 우리는 자기 의견을 마음대로 내놓고, 자기 뜻에 따라 자유롭게 투표한다. 적어도 '국민에 의한'(by the people)이라는 점에서 대한민국은 이제 남부끄럽지 않다.

하지만 대한민국은 '국민을 위한'(for the people) 나라일까? 나라의 부와 권력은 특권 계층에게 몰리고, 빈익빈 부익부는 날로 심해지고 있다. 소외되는 시민들이 더 많은 나라, 과연 이런 나라를 국민을 위한 국가라고 할 수 있을까? "대한민국은 민주 공화국"이라는 헌법 1조 1항은 아직도 실현되지 않았다.

'공화국 건설'은 이제 21세기 대한민국이 이루어야 할 목표다. 그런데 공화국을 꾸리기 위해서는 모두를 하나로 모을 어젠다가 필요하다. 우리에게는 조국 독립, 경제 성장, 민주화라는 어젠다가 있었다. 이 셋을 이룬 지금, 대한민국을 민주 공화국으로 이끌 새로운 어젠다는 무엇일까? 무엇보다 국민의 마음을 하나로 모을 새로운 어젠다를 세우는 일이 시급한 시점이다.

철학 물음

"자유롭고 정의로운 대한민국의 무궁한 영광을 위해 충성을 다할 것을 굳게 다짐합니다." '국기에 대한 맹세'의 일부분이다. 우리 헌법에 따르면 대한민국은 민주 '공화국'이다. 그런데 우리 사회는 과연 자유롭고 정의로운가? 자유롭고 정의로운 사회는 어떤 모습인가?

더 읽어 볼 책

★ 김경희, 『공화주의』

★ 박명림 · 김상봉, 『다음 국가를 말하다』

★ 조승래, 『공화국을 위하여』

계몽주의

'과학적 야만'의
탄생

그저 태어나신 일밖에 더 있습니까?

"백작님, 당신은 귀족이십니다. 지위도 높으시며 재산도 많으십니다.
그런데 이 모든 것을 얻기 위해 하신 일은 무엇입니까? 그저 태어나신
일밖에 더 있습니까?"

보마르셰(1732~1799)의 희곡 『피가로의 결혼』에 나오는 주인공
피가로의 말이다. 여기서 피가로는 백작 집의 하인이다. 그는 거
침없는 말로 관객들을 즐겁게 했다. 이전 같으면 상상도 못할 일
이다. 하인이 어디 감히 귀족한테 비아냥거린단 말인가. 하지만
시대는 달라지고 있었다. 『피가로의 결혼』은 1784년에 나왔다. 계
몽주의가 비로소 꽃피던 시기였다.
　이때까지 사람들은 스스로 생각할 줄 몰랐다. 삶은 태어나는 순

간부터 이미 정해졌다. 귀족으로 태어나면 평생 귀족, 아버지가 농부라면 평생 농부의 인생을 사는 식이었다. 게다가 사람들은 세상의 운명까지도 결정되어 있다고 믿었다. 유럽 전체가 기독교를 따르던 시대, 성경에는 신이 세계를 만든 뒤부터 멸망에 이르기까지의 과정이 그려져 있었다. 나락으로 떨어질 세상에서 구원받으려면 성경의 말씀에 따라 살아야 했다. '인생 진도표'는 부모의 직업에 따라 결정되었다. 게다가 어떻게 살아야 할지에 대해서는 성경이 '매뉴얼'이 되어 주었다.

이런 상황에서라면 왜 누구는 귀족으로 태어나 떵떵거리며 사는지를 따져선 안 된다. 세상은 원래 이렇게 되어 있기 때문이다. 태어나기 전부터 세계는 이 모양대로 굴러가고 있었다. 그러니 머리 굴리지 말고 주어진 대로 사는 게 속 편하다.

과학 혁명, 항해술, 인쇄술 ─ 계몽을 이끈 3종 세트

그러나 시대는 달라지고 있었다. 1500년대부터 과학은 눈부시게 뻗어 나갔다. 코페르니쿠스(1473~1543)와 갈릴레이(1564~1642)는 성경을 뒤집는 주장을 내놓았다. 성경에 따르면 태양은 지구 둘레를 돈다. 반면 과학에 따르면 지구가 태양 주변을 돈다. 그뿐 아니라 베살리우스(1514~1564) 같은 이들은 몸의 생김새와 움직임을 직접 확인하기 위해 사람의 몸을 직접 갈라 보았다. 이렇게 과학 혁명이라고 불릴 만큼 눈부신 성과가 세상에 쏟아져 나왔다.

과학은 세상을 훨씬 잘 설명해 냈다. 사람들은 점점 성경에 의심의 눈초리를 보냈다. 그리고 스스로 따져 묻기 시작했다. "세상은 어떻게 생겼을까?", "우주는 어떤 방법으로 움직이고 있을까?" 등등을 말이다. 예전 같으면 감히 묻지도 따지지도 말아야 할 물음들이었다.

항해술 또한 사람들의 머리를 깨워 주었다. 유럽인들은 큰 배를 몰고 세상 곳곳으로 뻗어 나갔다. 그러자 피부 색깔과 사는 방식이 다른 이들이 곳곳에서 튀어나왔다. 그때까지도 유럽인들은 오직 기독교인들만이 제대로 된 삶을 살고 있다고 믿었다. 하지만 세상에는 '착한 야만인'들이 정말 많았다. 꼭 기독교를 따르지 않아도 세상은 얼마든지 잘 돌아가고 있었다. 넓게 볼수록 생각도 많아지는 법, 삶의 방식에 하나의 정답만이 있다는 믿음은 점점 통하지 않았다.

게다가 인쇄 기술은 사람들의 지식수준을 한껏 높여 주었다. 인쇄기가 나오기 전까지 책은 무척 비쌌다. 일일이 손으로 베껴 썼던 탓이다. 기계로 많은 책을 찍어 낼 수 있게 되자 책을 읽고 쓰는 이들도 많아졌다. 그럴수록 사람들은 높으신 분들의 말씀을 곧이곧대로 받아들이지 않았다. 스스로 생각하게 된 덕분이다.

감히 생각하라!

칸트(1724~1804)는 「계몽이란 무엇인가에 대한 답변」이라는 글에서 이렇게 말했다.

계몽이란 우리가 미성년 상태에서 벗어나는 일이다. 미성년 상태란 다른 누구의 지도 없이는 스스로 지성을 사용할 수 없는 상태다. (……) 그러므로 '감히 생각하라!', '자신의 지성을 사용할 용기를 가져라!'는 계몽의 표어다.

계몽주의자들은 세 가지를 믿었다. 첫째, 우주를 지배하는 힘은 신이 아니라 자연의 법칙이다. 이는 과학으로 밝힐 수 있다. 둘째, 과학의 방법을 엄격하게 쓴다면 모든 문제를 해결할 수 있다. 셋째, 인류는 교육을 통해 끝없이 발전해 나갈 수 있다.

디드로(1713~1784), 달랑베르(1717~1783), 볼테르(1694~1778) 같은 백과전서파들은 계몽주의의 믿음을 오롯이 행동으로 옮겼다. 이들은 모든 지식을 과학으로 따져서 책에 담아낼 수 있다고 믿었다. 그래서 세상의 모든 지식을 담은 백과전서를 만들려고 했다. 1751년부터 1772년까지 모두 28권의 『백과전서』가 만들어졌다.

그러나 권력을 쥔 이들은 『백과전서』를 만들지 못하게 막았다. 왜 그랬을까? 그 무렵에는 다스릴 권리는 신이 준 것이라는 믿음이 널리 퍼져 있었다. 과학 지식은 이 믿음에 어깃장을 놓았다. 과학은 합리적이기에 설득력이 높다. 그러니 과학에 뿌리를 둔 믿음이 널리 퍼질수록 권력자들에게는 좋을 리 없었다. 사람들은 신이 당신들에게 다스릴 권리를 주었다는 믿음의 근거가 무엇이냐고 따져 물을 것이기 때문이다.

한 시대 전에 살았던 칸트는 마음이 약했다. 그는 권력과 싸울 생각이 없었다. 따라서 칸트는 '생각하기'에 선을 그어서, 아무 때나 자기 생각을 내세워서는 안 된다고 이야기했다. 예컨대 장교는 주어진 명령이 옳고 그른지를 따져서는 안 되고, 교회의 신부는 가르침을 줄 때 성경의 잘잘못을 가리려 해서는 안 된다. 반면, 할 일에서 벗어나서는 자유롭게 자기 생각을 이야기해도 된다. 장교는 지식인의 자격으로 윗사람의 지시에 대해 자기 생각을 펼쳐도 된다.

이 점은 우리 시대에도 마찬가지다. 공무원은 대통령의 명령에 따라야 한다. 그러나 국민의 한 사람으로는 얼마든지 자기 의견을 내놓을 수 있다. 칸트는 이렇게 자유로운 생각이 모이다 보면, 세상은 점점 올곧은 방향으로 나아가리라 믿었다.

볼테르가 살던 시대에 와서는 세상이 좀 더 밝아졌다. 볼테르는 칸트에서 한 걸음 더 나아간다. 자유롭게 생각하고 토론하려면 '관용'이 중요하다. "나는 당신 말에 동의하지 않는다. 그러나 당신이 그런 말을 할 권리를 위해서 목숨 걸고 싸우겠다. 나는 그대의 생각에 반대한다. 그러나 그대가 사상 때문에 탄압을 받는다면 나는 당신 편에 서서 싸울 것이다." 이는 볼테르의 믿음을 에벌린 홀(1868~1939)이라는 학자가 정리한 것이다.

합리적인 사고는 자유롭게 의견을 펼치고 논박할 때만 제대로 꽃핀다. "누가 귀족으로 태어났다는 이유만으로 떵떵거리며 살아

이성으로 밝혀지는 진실

이성이 밝히는 진실 덕분에 세상이 합리적으로 돌아가리라는 믿음이 담긴 그림이다. 가운데 위에 있는 여인은 진실을 상징하고, 그 여인을 둘러싼 밝은 빛은 계몽을 상징한다. 진실을 상징하는 여인의 오른쪽 인물은 이성과 합리적 사유를 상징한다. 『백과전서』(1772) 속표지 그림이다.

도 될까?", "전해 내려오는 가르침대로만 살면 사회가 행복으로
가득 차게 될까?" 등등, 묻지도 따지지도 않던 물음을 캐물을수록
사람들에게서는 고분고분한 태도가 사라졌다. 받아들일 만한 이
유가 있어야 사람들은 고개를 주억거리며 힘을 합치자고 나설 테
다. 드디어 1789년, 계몽주의는 프랑스 혁명을 낳았다.

빛의 세기, 단두대 위에서의 평등

자유·평등·박애, 프랑스 혁명이 내세운 이념이다. 광장마다 목
을 자르는 단두대가 놓였다. 단두대야말로 계몽주의자들의 정신
을 오롯이 보여 준다. 예전에는 사형당하는 방법도 귀족과 평민이
달랐다. 귀족은 목이 잘렸지만 평민은 교수대에 매달렸다. 단두대
에서는 신분 차별이 없었다. 누구나 공평하게 가장 짧은 시간에
최소한의 고통을 받는 효율성 속에서 목이 잘렸다. 이처럼 합리적
인 생각은 민주적인 죽음까지도 가져왔다.

혁명가들은 이성을 가장 앞자리에 놓았다. 신을 대신하는 '최
상의 존재'는 이성이었다. 이치를 따질수록 인간은 모두 자유롭고
평등하다는 생각이 널리 퍼졌다. 누구나 소중하다면 넓게 모든 이
를 사랑하는 박애 정신도 당연히 받아들일 결론이다. 계몽주의가
널리 퍼진 18세기는 '빛의 세기'라 불린다. '이성의 빛'은 두루뭉
술하고 잘못된 믿음들을 몰아내었다. 과학적이고 합리적으로 생
각하자는 계몽주의의 믿음은 이제 우리에게 상식으로 통한다.

18세기는 과학과 인권이 비로소 꽃폈던 시기다. 다른 한편으로는 온갖 괴상한 학문이 스스로를 과학이라며 뽐내던 시기이기도 했다. 머리 생김새를 연구하면 성격과 능력을 알 수 있다고 주장하는 골상학이라는 학문도 생겨났다. 또 커다란 물통에 자잘한 쇠붙이와 유리창 조각을 놓고 사람을 치료한다는 동물 자기설 같은 괴상한 이론도 이 시기에 유행했다. 사이비 과학은 지금도 곳곳에서 사람들을 혹하게 한다. '과학적으로 입증되었음'을 앞세우는 사기꾼들이 세상에는 얼마나 많은가.

그래도 사람들은 과학을 굳게 믿는다. 설사 잘못된 점이 있더라도, 꼼꼼하게 이치를 따지는 과학은 결국 올바른 길을 찾아낼 것이다.

그러나 철학자 아도르노(1903~1969)와 호르크하이머(1895~1973)는 이런 믿음에 찬물을 끼얹는다. 그들은 계몽주의가 원래부터 야만적이었다고 잘라 말한다. 과학은 모든 것을 수치로 만들어 계산한다. 예컨대, 나에게 소중한 아버지도, 의학자들에게는 '간경변증을 앓는 환자 1명'에 지나지 않는다. 만약 정에 이끌려 메스를 들고 머뭇거리는 의사가 있다면, 무능하다고 손가락질을 받을 것이다. 이렇듯 과학은 하나하나를 단순한 소재로 만들어 버린다.

감정에 흔들리는 이들은 어느덧 덜떨어진 인간 취급을 받게 되었다. 냉철한 이성은 사사로운 정에 휘둘리지 않는 사람에게 박수를 보낸다. 혁명가들의 단호하고 차가운 표정을 떠올려 보라.

하지만 그들이 만들어 낸 세상은 과연 아름다웠을까? 프랑스 혁명 때에도, 혁명가들은 동료들까지 서슴지 않고 처형했다. 합리적인 생각은 오히려 사람의 마음을 야만인보다도 더 끔찍하게 만들곤 한다.

그뿐 아니라 정신이 깨인 이들은 자존심이 높다. 그래서 자기가 누구인지를 끊임없이 확인하려 한다. 내가 누구인지를 분명하게 하려면, 내가 남과 다르다는 사실을 앞세워야 한다. 이래서 세상에는 희생양이 필요하다. 계몽된 사람들은 덜떨어진 야만인과 분명하게 다를 때 더 돋보인다. 유럽인들이 자기와 피부색이 다른 사람들을 무시했던 이유다.

유대인들은 또 어떤가. 2차 세계 대전 때는 수백만 명의 유대인들이 학살을 당했다. 아도르노와 호르크하이머는 이를 계몽주의의 당연한 결과로 본다. 계몽된 자신이 누구인지를 아는 작업은, 자기와 다르고 못한 이들을 분명하게 하는 과정과 함께 이루어진다. 나치주의자들은 자신들이 이성적이고 합리적이라는 것을 앞세우고 싶을수록, 유대인들을 악하고 덜떨어진 부류로 몰고 갔다. 계몽주의 안에 '왕따의 씨앗'이 숨겨져 있는 셈이다.

계몽주의는 세상에 또 다른 차별을 낳는다. 더 합리적인 사람과 덜 합리적인 사람으로 말이다. 그리고 감정을 버리고 극복해야 할 무엇으로 만든다. 선진국일수록 세상은 규칙에 따라 합리적으로 돌아간다. 그런 사회에는 외로움과 우울함을 호소하는 사람들이 많다. 과학이 더 발전하고 우리가 더 이성적인 사람이 되면 세상은 더욱 살기 좋은 곳이 될까?

이 물음에 아도르노와 호르크하이머는 고개를 가로젓는다. 그리고 '계몽의 계몽'을 소리 높여 외쳤다. 계몽주의를 극복할 무엇이 세상을 이끌어 가야 한다는 뜻이다. 계몽주의를 넘어설 새로운 사상은 무엇이어야 할까? 우리 시대 철학자들의 고민은 계속되고 있다.

철학 물음

소문난 맛집들은 노하우가 뛰어나다. 예컨대, 수확 철에 비가 많이 와서 채소의 맛이 성거지면 양념을 좀 더 세게 하는 식이다. 이 모든 것을 경험에서 익힌 감각으로 그때그때 처리한다. 그러나 '손맛'에 의지해서는 언제나 똑같은 맛을 내기 어렵다. 그래서 프랜차이즈 음식점들은 모든 것을 수치화·계량화하곤 한다. 이런 '과학적인 관리'는 손맛에 의지하는 것보다 바람직한가?

더 읽어 볼 책

★ 이한구 편, 『칸트의 역사 철학』

★ 주명철, 『서양 금서의 문화사』

★ 테오도르 아도르노 • 막스 호르크하이머, 『계몽의 변증법』

민주주의

인류 최고의 발명품

민주주의가 기근을 막는다

민주주의가 뿌리내린 곳에서는 사람들이 대규모로 굶어 죽는 일이 생기지 않는다.

노벨 경제학상을 받은 아마르티아 센(1933~)의 말이다. 실제로 20세기의 대규모 기근은 옛 소련이나 북한 같은 독재국가에서 일어났다. 센에 따르면, 식량이 바닥을 드러내는 상황에서도 굶어죽을 지경에 이른 이들은 전체 시민의 10퍼센트 남짓일 뿐이다. 서로 조금씩 밥그릇을 덜어내서 나누면 위기를 넘길 수 있는 수준이다.

그럼에도 민주주의가 자리 잡지 못한 곳에서는 좀처럼 이런 조치가 나오지 않는다. 왜 그럴까? 식량이 부족할수록 먹거리 가격은 치솟는다. 가진 자들에게 이런 상황은 떼돈을 벌 기회가 된다.

그러니 어려운 이들을 굳이 챙길 까닭이 없다. 반면, 민주주의가 작동하는 사회에서는 정부가 나서서 허겁지겁 구호 작업을 펼친다. 선거와 다수결 원칙은 민주주의의 기본이다. 민심을 잃어 표를 놓치면 정권은 다른 이들의 손에 넘어가 버릴 터, 권력자들은 시민들 눈치를 끊임없이 살필 수밖에 없다. 이쯤 되면 아마르티아 센이 왜 민주주의를 인류 최고의 발명품이라 추켜세우는지 이해될 듯싶다.

아테네, 모든 그리스인의 학교

우리나라에서 권력은 소수가 아니라 다수에게서 나옵니다. 우리는 이런 모습을 민주주의(demoskratia, democracy)라 부릅니다. 개인 간의 다툼을 다룰 때, 우리의 법은 모든 이들을 평등하게 대합니다. 중요한 공직을 임명할 때도 우리는 한 사람의 출신이 아닌 능력만을 고려합니다. (……) 국가에 봉사할 능력만 있다면 가난하다는 이유로 정치적으로 배제되는 일도 없습니다. (……) 우리는 이웃이 자기 방식대로 살아가도 화를 내거나 공격하지도 않습니다. 자유로운 사생활에 대해 서로 관용적이기 때문입니다. 그러나 공적인 문제에 있어서는 법을 따릅니다. 우리는 우리가 뽑은 지도자에게 복종하며 억압받는 자들을 보호하는 법을 존중하며 사회에 자리 잡은 법을 어기는 일을 수치스럽게 여깁니다.

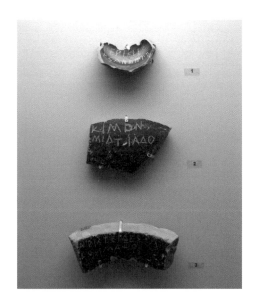

도편 추방에 사용된 도자기 파편

아테네 민주주의의 상징인 도편 추방제는 독재자를 방지하기 위해 전 시민에 의한 비밀 투표로 위험인물을 10년간 국외로 추방한 제도다. 위 사진 속 도자기 파편에 페리클레스, 키몬, 아리스티데스의 이름이 적혀 있다. ⓒ Giovanni Dall'Orto

아테네의 정치가 페리클레스(기원전 495(?)~기원전 429)의 말이다. 그가 지도자였던 때의 아테네 민주주의는 최고 상태에 이르렀다. 앞서 소개한 그의 말에는 다수의 지배, 시민의 참여, 사생활 존중과 관용, 준법 의무 등 민주주의를 이루는 핵심들이 오롯이 담겨 있다. 페리클레스는 자신 있게 아테네를 "모든 그리스인의 학교"로 내세운다. 자신들의 체제가 완벽하니 모든 사회는 자기들의 민주주의를 배우고 따라야 한다는 뜻이겠다. 그렇지만 아테네 민주주의는 그가 살아 있는 동안에도 이미 무너지고 있었다. 그후, 이천 년에 가까운 세월 동안 민주주의는 '전혀 현실적이지 않은 제도'로 잊혀졌다.

민주정치란 아픈 아이들이 사탕을 먹을지, 몸에 좋은 쓴 약을 먹을지를 자신들의 투표로 결정하는 것과 같다.

민주주의에 대한 소크라테스(기원전 470~기원전 399)의 날카로운 비판이다. 다수결의 원칙은 민주주의의 핵심이지만 민주주의를 무너뜨리는 독약이 되기도 한다. 눈앞의 사탕을 놔두고 쓰디쓴 약을 선택할 정도로 지혜로운 아동이 얼마나 되겠는가. 민주주의도 다르지 않다. 선거철만 되면 나라가 어떻게 되건 자기 동네 땅값 올려 주고 세금 깎아 주겠다는 정치가에게 표가 몰리곤 하지 않던가. 소크라테스는 민주주의의 문제점을 소리 높여 외치던 현자였지만, 그 역시 '다수결'에 따라 사형 판결을 받고 독약을 먹고 죽었다. 민주주의의 문제점을 절절하게 보여주는 대목이다.

그래서 미국이 독립했을 때, 미국의 정치지도자들은 자신들의 체제를 '공화정'(republic)이라 불렀다. 이는 '왕이 없는 체제'라는 의미다. 그들은 민주주의라는 말을 선뜻 쓰지 않았다. 당시만 해도 민주주의라 하면 '무지한 대중들이 그들의 마음을 사로잡는 이들에게 휘둘리는 정치'라는 식의 부정적인 의미가 더 강했던 탓이다. 물론, 우리 시대에는 민주주의야말로 누구도 맞서서는 안 되는 가장 합리적이고 바람직한 정치 이념으로 자리 잡았다. 지금

과 같은 상태에 이르기까지 인류는 길고 긴 혼란의 세월을 겪어야
했다.

악법도 법? 법치주의에 대한 오해

'악법도 법'이라는 말은 흔히 소크라테스가 했다고 알려져 있
다. 그러나 소크라테스는 이런 말을 한 적이 없다. 그런데도 독재
자들은 '악법도 법'이라는 표현을 법치주의의 핵심인 듯 앞세운
다. 아무리 불합리해 보여도 공공질서를 세우고 사회를 안정적으
로 꾸리기 위해서는 무조건 법을 따라야 한다는 취지에서다.

그러나 법치주의는 원래 권력자들의 힘을 억누르기 위해 나온
것이었다. 법에 정해져 있지 않은 한, 함부로 사람들을 부리거나
억눌러서는 안 된다는 의미다. 법치주의는 민주주의와 한 방향으
로 발전해 왔다.

1689년, 영국 의회는 새롭게 왕이 된 윌리엄 3세에게 문서를
들이밀었다. '권리장전'(Bill of Rights)이라 불리는 이 서류에는, 의
회의 동의 없이 군대를 동원하거나 전쟁을 벌이지 못하며 의회에서
의 자유로운 발언을 보장해야 한다고 못을 박았다. 왕이 멋대로 지
나친 형벌을 백성들에게 내릴 수도 없었다. 한마디로 권력자도 법
을 따라야 하며 의회의 뜻에 거스르는 짓을 함부로 할 수 없다는 사
실을 분명히 한 셈이다. 권리장전은 권력자의 특권을 제한하는 근
거를 마련했다는 점에서 민주주의 발전에 중요한 계기가 되었다.

나아가 문명이 발전할수록 권력자들을 누르고 자신의 자유를 누리길 바라는 이들은 점점 많아졌다. 권리장전이 왕에 맞서 귀족들이 자신들의 권리를 지키려는 노력이었다면, 1789년의 프랑스 대혁명은 재산을 가진 시민들―부르주아(bourgeois)들―이 왕과 귀족을 제치고 사회의 중심으로 우뚝 선 사건이었다.

프랑스 대혁명의 기초를 놓은 사상가는 영국 철학자 존 로크(632~1704)다. 그에 따르면, 사람은 누구나 태어날 때부터 자신의 몸에 대해 분명한 권리가 있다. 몸은 누가 뭐래도 자신의 것이지

자유롭고 평등할 권리

프랑스 대혁명 초기부터 혁명의 슬로건은 '자유, 평등, 박애'였다. 부르주아들은 자유롭고 평등할 권리를 가진 시민으로서 불평등한 사회체제를 개혁하고자 했고, 시민들도 이에 동참했다. 그림은 들라크루아(1798~1863)의 〈민중을 이끄는 자유의 여신〉이다.

않은가. 그렇다면 자신이 몸을 써서 나온 생산물 또한 만든 자의 것이어야 한다. 또한, 이러한 '당연한' 사실이 보장되어야 사람들은 비로소 자유롭게 세상을 살아갈 수 있다. 이렇게 볼 때 권력자란 사람들이 자신의 신체와 재산을 지키기 위해 세운 보호자에 지나지 않는다. 즉, 그들은 필요에 따라 '계약'을 맺은 경비원이자 재산 관리자일 뿐이다. 따라서 권력자들이 시민들의 권리를 제대로 지키지 못한다면, 당연히 그들을 몰아내고 새로운 이를 관리자로 세울 수 있다. 이러한 '사회계약설'을 앞세운 부르주아들은 프랑스 왕을 몰아내고 그의 목을 잘랐다.

프랑스 대혁명, 민주주의는 후퇴하며 발전한다

프랑스 대혁명은 과연 귀족에서 시민들에게까지 민주주의를 확대시켰을까? 당장의 결과는 전혀 그렇지 않았다.

프랑스 역사의 짧은 한 시기, 1790년에서 1820년까지의 한 세대의 지속 기간 – 30년 – 동안 우리는 처음에는 군주제를 지지하다가 혁명파가 되었으며, 그러고 나서 제국주의자가 되었다가 다시금 군주제를 지지한 군중을 보았다. 군중은 종교에 있어서도 가톨릭에서 무신론으로 옮겨졌다가 이신론(理神論)으로 개종하고 나서 다시 가장 과도하고 경직된 형태의 가톨릭으로 복귀했다.

프랑스의 심리학자 구스타프 르봉(1841~1931)이 바라본 대혁명의 결말이다. 프랑스는 폭동과 혼란에 휩싸여 있다가 다시 왕이 다스리는 나라로 돌아가 버렸다.

민주주의는 갈등의 연속이다. 모두가 평등한 상황은 불안하다. 누구나 자기 이익과 권리를 꼿꼿하게 내세우는 상황, 그럼에도 판단 기준을 굳세게 내세우며 서로를 중재해 줄 절대자가 있을 리 없다. 사람들은 끊임없이 충돌하며, 사회는 '만인의 만인에 대한 투쟁'에 빠져 버린다. 민주주의는 독재보다 효율적이지 못하다는 믿음, '민주주의=혼란과 갈등'이라는 생각은 이러한 모습에서 비롯된 것이다. 그럼에도 지금은 민주주의가 인류 최고의 이념이라는 사실을 의심하는 사람은 거의 없다. 왜 그럴까?

갈등은 사회 발전을 위한 엔진

일단 자유를 맛본 사람은 두 번 다시 독재와 억압을 받아들이지 못한다. 완전한 자유를 경험해 보지 못한 고교생은 '강제' 야간 자율학습을 따라할지 모르지만, 자유를 충분히 맛본 성인은 절대 이를 받아들이지 못하는 것과 같은 이치에서다.

프랑스 대혁명은 실패했지만 자유인의 확대로 이어지는 역사의 흐름은 뒤집히지 않았다. 민주주의는 부르주아에서 충분한 재산을 갖지 못한 시민들에게로, 나아가 여성들에게로 점점 확대되었다. 여기에는 '한 장의 투표권과 한 그루의 총'이라는 19세기 구호가 보여주듯, 거듭되던 전쟁이 큰 몫을 했다. 전쟁에 필요한 병력과 물자를 대기 위해서는 시민들에게 더 많은 정치적인 권리를 주어야 했던 까닭이다.

나아가, 민주주의는 인간은 누구나 완벽하지 못하다는 사실을 받아들인다. 누구도 절대적으로 옳지 못하기에 무엇에 대해서건 다양한 생각과 견해가 있을 수 있다. 민주주의에서는 사람들이 토론과 중재 과정을 통해 최선의 길을 찾아나간다. 이 가운데 숱한 갈등과 다툼이 빚어지곤 한다. 그러나 민주주의 사회에서 갈등은 '사회 발전을 위한 엔진'일 뿐이다. 영국의 철학자 존 스튜어트 밀(1806~1873)의 말을 들어 보자.

> 한 사람만 빼고 모든 인류가 같은 의견을 갖고 있을 때, 그 한 사람이 권력을 잡아 전체를 침묵시키는 짓은 옳지 않다. 마찬가지로 모든 인류가 생각이 다른 단 한 사람의 입을 막아 버리는 것도 정당하지 않다. 만약 말하려다 막혀 버린 의견이 옳다면, 인류는 오류를 고칠 수 있는 기회를 잃게 된다. 의견이 그른 경우에도 우리는 그의 주장이 잘못되었음을 설명하는 과정을 통해 진리를 더욱 명확하게 할 기회를 놓쳐 버리는 셈이다. 이 때문에 (민주주의에서는) 그릇된 생각도 옳은 의견과 마찬가지로 소중하다.

경제학자 대니 로드릭(1957~)은 90여 나라의 민주주의 수준과 경제 성장률 사이의 관계를 분석했다. 그에 따르면, 민주주의를 따르는 나라들은 예측 가능한 경제 발전을 이루고 있을뿐더러, 외부의 충격에 대해서도 더 잘 대처한다고 한다. 문제를 꼭꼭 감추고 반대를 억누른다고 상황이 나아지는 법은 없다. 위기를 넘고 싶다면 무엇보다 문제를 제대로 드러내고 솔직하게 의견과 생각을 털어놓으며 머리를 맞대야 한다. 이런 과정을 통해 얻어진 결론은 좀처럼 후퇴하는 법이 없다. 당장은 혼란스럽고 불안해 보여도 민주적인 해법이 가장 좋은 대안으로 여겨지는 이유다.

민주주의는 언제나 위기

2차 세계 대전 이후 민주주의는 '세계인의 상식'으로 굳건히 뿌리를 내렸다. 그러나 인류 역사 전체로 볼 때, 시민들이 주기적인 선거로 권력자를 뽑아 민의(民意)에 따라 사회를 이끌었던 시기는 몇 백 년도 채 되지 않는다. 앞서 소개한 아테네를 비롯한 고대 그리스의 몇몇 도시국가 사례 외에는 '민주주의를 안정적으로 펼쳤던 사례'를 찾기가 쉽지 않다. 물론, 이 책에서도 다루고 있듯 민주주의는 이제 자유 민주주의, 사회 민주주의 등의 다양한 형태로 펼쳐지고 있다. 그러나 다양한 생각과 의견을 존중하는 민주주의 사회는 늘 혼란스럽고 갈등으로 가득 차 있다. 그만큼 피곤하고 정신 사납다는 뜻이다. 역사적으로 민주주의 시대는 언제나 잠깐 꽃 폈다가 다시 절대 권력자가 지배하는 상황으로 되돌아가곤 했다. 21세기 민주주의는 어떻게 될까? 과연 민주주의는 인류 역

사가 다다른 최후의, 최상의 이념이라 할 수 있을까? 의심스러운
생각이 든다면 민주주의의 역사와 의미를 꼼꼼하게 곱씹어 볼 일
이다.

철학 물음

집단 이기주의와 민주주의는 다르다. 아파트 집값을 올리기
위해 담합하는 주민들의 모습을 '민주적'이라 할 수 있을까?
루소(1712~1778)는 '일반의지'와 '전체의지'를 나눈다. 일반의지는
모두의 이익, 공익을 앞세우는 여론이다. 반면, 전체의지는
다수의 뜻을 앞세워 특정인들의 이익을 챙기려는 생각이다.
민주주의에서는 여론이 중요하다. 우리 사회에서 일반의지에
속하는 여론은 무엇이며, 전체의지에 지나지 않는 것은 무엇일까?

더 읽어 볼 책

★ 존 로크, 『통치론』

★ 장 자크 루소, 『사회계약론』

★ 다큐프라임 제작팀 · 유규오, 『EBS 다큐프라임 민주주의』

★ 로저 오스본, 『처음 만나는 민주주의 역사』

★ 스티븐 레비츠키 · 대니얼 지블랫, 『어떻게 민주주의는
　무너지는가』

보수주의

지킬 것은 지키고
바꿀 것은 바꾼다!

꿈과 현실의 경쟁?

"위대한 나라는 젊은이들이 무너뜨리고 노인들이 추슬러 세운
다." 로마 시대 정치가 키케로의 말이다. 당시에도 그는 보수주의
자라 불렸다. 보수란 보호하고 지킨다는 뜻이다. 무엇을 지키고
보호한단 말일까? 바로 사회에 뿌리내린 전통과 질서다.

한편 진보주의자는 꿈과 이상을 앞세운다. 현실은 늘 답답하고
고루하다. 그들은 명쾌한 논리와 계획으로 현실을 갈아엎으려 한
다. 피 끓는 젊은이들이 대개 그렇다.

그러나 경험 많은 이들은 몸을 사린다. 현실은 녹록지 않다. 예
상할 수 없는 변수가 어디 하나둘이겠는가. 제도와 관습이 아무런
이유 없이 오랫동안 이어질 리는 없다. 돌다리도 두드려 보고 건
너라 하지 않던가. 무슨 일을 하든 신중하고 또 신중하게 결정해

야 한다. 나이가 들수록 생각은 보수로 흐르기 쉽다.

사람들은 진보와 보수 가운데 어느 쪽에 끌릴까? 변화를 외치는 목소리는 늘 매력적이다. 아름다운 청사진을 앞세우는 까닭이다. 그렇지만 곰곰이 생각해 보라. 숱한 개혁과 혁명 가운데 성공한 경우가 얼마나 되던가? 과연 현실이 청사진대로 풀려 가던가?

현실은 늘 꿈보다 못하다. 따라서 별로 매력적이지 않다. 옛것을 지키자고 하는 이들은 고리타분하고 고집불통인 듯 보인다. 그래도 세상은 이들 덕분에 꿋꿋하게 굴러간다. 보수주의자들의 주장에 따르면 그렇다. 과연 그럴까?

현명한 편견 — 보수의 가치

1789년, 프랑스 시민들은 자유·평등·박애를 외치며 혁명을 일으켰다. 혁명가들 눈에 세상은 온통 잘못된 것들로 가득했다. 그들은 차별과 착취, 억압 등 모든 불합리한 것들을 단박에 없애려 했다. 이성과 합리적인 생각으로 말이다. 온갖 계획이 난무했고, 이를 급하게 실천으로 옮기려 했다.

하지만 안타깝게도 세상은 나아지기는커녕 혼란으로 가득 찼다. 프랑스 혁명의 어지러운 모습을 보면서, 영국의 정치가 에드먼드 버크(1729~1797)는 혀를 찼다. "학살, 고문, 처형! 이런 것이 인권이냐!", "분노와 광란은 신중함, 숙고, 선견지명으로 100년 동안 쌓아 온 것을 단 30분 만에도 무너뜨려 버린다."

버크에 따르면, 사회는 결코 단순하지 않다. 법과 제도는 현실에 맞게 계속 바뀌어 왔다. 언뜻 불합리해 보이는 관습도 오래된 나름의 지혜를 담고 있게 마련이다. 사회를 떠받치던 신분 제도나 종교 등도 합리적이지 못한 편견으로 보일지 모른다. 그래도 상관없다. 이는 '현명한 편견'인 까닭이다. 귀만 솔깃하게 하는 얼치기 주장보다 지혜와 노하우가 담긴 옛 믿음과 전통이 낫지 않겠는가. 오랜 기간 동안 사회를 이끌어 왔으니 말이다.

"많은 것을 바꿀수록, 바뀌지 않은 채 남아 있는 것들이 더 많이 나타난다." 프랑스 혁명 때 유행하던 말이다. 사회를 뜯어고치려 할수록 문제가 점점 꼬여 간다는 뜻이다. 버크는 이렇게 충고한다. "사람은 여름 한 철만 사는 파리와 다르다.", "국가는 죽은 자와 산 자, 그리고 앞으로 태어날 사람들 사이의 온갖 협력으로 이루어진다."

사회를 꾸리는 데는 조상들의 지혜가 큰 도움이 된다. 또한 옛 일을 더듬으며 후손들에게 필요한 것들도 그려 보아야 한다. 논리만 따져서 만든 멋있는 계획은 위험하다. 옛 제도와 전통이 전해 주는 노하우를 품고 있어야 제대로 된 계획이라 할 수 있다.

보수주의(conservatism)라는 말은 보존자(conservator)에서 비롯되었다고 한다. 여기에는 보수주의가 전통과 관습을 지킨다는 뜻이 담겨 있다. 버크는 서양 사상에서 보수주의자의 원조로 꼽힌다.

바꿀 것은 바꾸고, 지킬 것은 지킨다

그러나 버크는 과거에만 매달리지 않았다. 지금의 잣대로 볼 때, 버크는 오히려 진보주의자에 가깝다. 그는 영국인이었는데도 대영 제국에 맞선 미국, 인도, 아일랜드에 박수를 보냈다. 그러나 억압에 맞서 일어난 프랑스 혁명에만큼은 반대 목소리를 높였다. 왜 그랬을까?

보수주의자인 버크는 뿌리내린 전통과 문화를 공격하는 이들을 비난했다. 버크의 눈에 신대륙 특유의 문화를 갖춰 가는 미국

기존 문화를 지워 버리려 한 프랑스 대혁명
프랑스 대혁명 이후 혁명 지도부는 기존의 문화와 관습을 모조리 지워 버리려 했다. 종교를 없애기 위해 '최상의 존재'를 만들고 그것을 기념하는 축제를 크게 벌이기도 했는데, 이는 보수주의자들을 경악케 했다. 그림은 드마시(1723~1807)의 〈최상의 존재를 위한 축제〉다.

의 발전을 막고, 오랜 역사를 지닌 인도와 아일랜드를 억누르는 영국은 침략자일 뿐이었다. 한편 이런 그에게 프랑스 혁명을 이끌던 자코뱅파는 '프랑스 문화의 침략자'나 마찬가지였다. 자코뱅파는 모든 것을 뒤엎으려 했다. 사회 전체와 개인의 생각뿐 아니라, 문화의 밑바탕이 되어 온 기독교를 대신할 종교까지 만들려 했다. 전통과 문화를 중시하는 버크에게 프랑스 혁명은 역사상 '가장 경악스러운 사건'이었다.

자코뱅파가 외치는 평등은 모든 사람을 모래알처럼 흩뜨릴 뿐이었다. 시민들을 하나로 만들어 왔던 전통을 없애 버린다면 사회는 어떻게 되겠는가? 따라야 할 관습과 질서가 사라진다면 불안해서 자유를 제대로 누릴 수 있을까?

보수주의자 버크는 변화란 전통과 관습을 존중하는 가운데 조금씩 이루어져야 한다고 말한다. 인간은 결코 완전하지 않다. 오랜 세월을 거쳐 검증된 사회 질서를 급하게 뒤엎는 일은 혼란만 낳을 뿐이다. 보수는 옛것을 무조건 지키려는 '수구'와 다르다. 또한 바람직한 사회 변화를 거스르려는 '반동'의 입장도 아니다. 보수란 전통과 질서를 존중하면서, '바꿀 것은 바꾸고 지켜야 할 것은 지키자.' 는 태도다.

"조급하고 미숙한 개혁가들은 인간의 고통을 줄이려고 했다. 그러나 오히려 고통을 지속적으로 늘려 놓았을 뿐이다." 영국의 철학자 스펜서(1820~1903)의 말이다. 이 주장에 자신 있게 고개를 흔들 사람이 얼마나 될까?

자연이 내린 지도자

나아가 보수주의자들은 민주주의보다 엘리트주의를 앞세우곤 한다. 사회를 이끌어 갈 지도자는 어떤 사람이어야 할까? 버크는 귀족들을 '커다란 떡갈나무', '마땅한 어버이' 등으로 치켜세운다. 민주주의자들은 모든 사람이 평등하다고 말한다. 물론, 이는 틀린 말이 아니다. 그러나 자신의 필요와 욕망에 따르는 평범한 사람들이 현명한 판단을 내릴 수 있을까?

지도자는 윤리적으로 잘 훈련받아야 한다. 귀족일수록 제대로 된 가족·문화·종교 속에서 자라며 바람직한 가치관을 몸에 익혔을 가능성이 높다. 이런 사람들은 군중의 무리한 요구에 휘둘리지 않을 테다.

물론 버크가 말하는 귀족이 특권층을 뜻하지는 않는다. 신분에 걸맞은 교육은 노블레스 오블리주(noblesse oblige) 정신을 영혼 깊숙이 심어 주어야 한다. 진정한 지도자란 시민들에 대한 책임과 봉사 정신이 몸에 밴 사람이다.

한편 버크는 지도자의 권력이 세상 구석구석까지 파고들기를 바라지는 않았다.

> 정부 권력은 국가에서 지방으로, 지방에서 개인의 집으로 내려갈수록 희미해진다. (……) 정부 권력이 모든 것을 다스릴 수는 없다. 법으로 할 수 있는 것과 풍습이 다스리는 것을 구분해야 한다.

이처럼 보수주의자는 강력한 중앙 정부보다 지방 자치를, 엄격한 국가 질서보다 개개인의 자유를 앞세우기도 한다. 이렇게 볼 때, 버크가 꿈꾼 바람직한 사회는 과거에 있었다. 귀족다운 품위와 기사도, 신사적인 예의가 자리 잡은 서양 중세 시대의 이상적인 모습 말이다.

그의 말에 따르면 지도자는 '자연이 내린다'고 한다. 곧 혈통이 고귀한 가문에서 나온다는 뜻이다. 이들이 자기가 맡은 지역을 자율적으로 다스릴 때 바람직한 공동체가 꾸려질 것이다. 이렇게 보면, 보수주의자들이 말하는 '점진적인 개선'이란 오히려 '사회에 뿌리내린 가치가 변하지 않게 막는 기술'에 지나지 않을지도 모른다.

보수의 진정한 가치는?

이제 우리 현실로 눈을 돌려 보자. 우리 정치는 늘 보수와 진보로 나뉘어 시끄럽게 다툰다. 서구의 보수가 내세우는 가치는 비교적 뚜렷하다. 전통과 옛것의 존중, 현상의 유지와 점진적인 변화 등이 그것이다.

우리나라는 어떤가? 보수주의자는 전통과 관습을 지키고 보호하는 사람들이다. 그렇다면 우리의 보수주의자들은 무엇을 지키고 보호하려 할까? 충과 효, 정절 같은 전통적인 가치만은 아닌 듯싶다. 보수주의자로 꼽히는 복거일은 우리 사회의 근본 가치로

'자유 민주주의'와 '자본주의'를 꼽는다. 우리의 보수주의자들은 자유 민주주의와 자유 경쟁을 나라의 근본으로 여긴다.

문제는 자유 민주주의와 자본주의는 우리의 '전통'이 아니라는 데 있다. 이 모든 것은 해방 이후 '수입'된 것에 지나지 않는다. 물론, 대한민국에서는 자유 민주주의를 기초로 정치가, 자본주의의 틀 속에서 경제가 굴러가고 있다. 하지만 시민들 사이에 제대로 된 자유 민주주의와 자본주의가 무엇인지에 대한 합의가 있었던가?

현실에서 보수주의는 무척 다양한 의미로 쓰인다. 우리가 일상에서 쓰는 '보수주의자'의 의미는 '수구'나 '기득권자들의 주장'에 가깝다. 남북이 갈라진 상황에서, 보수는 곧 '반공'과 같은 의미로 쓰일 때도 있다.

이런 현실에서 보수의 진정한 가치를 따지는 일은 무척 중요하다. 지켜야 할 전통이 없다면 보수주의는 별 의미가 없다. 또한 극복하고 넘어서야 할 것이 분명하지 않을 때 진보의 의미는 희미해져 버린다.

우리 사회는 늘 변화를 앞세운다. 무엇을 위해 변화해야 하는지도 모른 채, 변화를 위한 변화에 사로잡혀 있는 셈이다. 대한민국을 굳건하게 하고 싶다면, 조급하게 변화를 좇기보다 무엇이 진정한 보수의 가치인지부터 다잡을 일이다.

철학 물음

보수주의는 '수구'와는 다르다. 보수주의는 지킬 것은 지키고
바꿀 것은 바꾼다는 입장이다. 그렇다면 우리 사회에서 목숨
걸고서라도 지켜야 할 '전통'은 무엇인가?

더 읽어 볼 책

★ 김용민, 김병국, 『한국의 보수주의』

★ 로버트 니스벳, 『보수주의』

★ 에드먼드 버크 · 요한 피히테, 『프랑스 혁명 성찰·독일
   국민에게 고함』

자유 민주주의

정치적 색깔을 알고 싶다면
'자유 민주주의자'인지 물어라!

자유 민주주의는 한국판 '후미에'?

일본 에도 시대*, 권력자들은 후미에(踏み絵)를 바닥에 깔았다. 기독교인들을 가려내기 위해서였다. 후미에란 예수나 성모 마리아가 새겨진 판을 말한다. 사람들은 후미에를 밟고 지나가야 했다. 기독교 신자라면 당연히 저어되는 일이다. 권력자들은 머뭇거리는 이들을 예수쟁이라며 잡아 죽였다.

우리나라에서 자유 민주주의는 후미에에 가깝다. "나는 자유 민주주의자가 아니다."라고 대놓고 말할 수 있는가? 그러면 사람들은 '나'를 어떤 눈으로 바라볼까? 독재 시대라면, 빨갱이로 몰려 쥐도 새도 모르게 사라질지 모르겠다. 그만큼 자유 민주주의는

* 정권의 본거지가 에도(江戶, 지금의 도쿄)였던 시대로, 1603년부터 1867년까지 계속되었다. 쇼군(將軍)이 권력을 장악해서 전국을 통일·지배했으며 봉건 사회 체제가 확립되었다.

대한민국 국민이라면 꼭 받아들여야 할 신앙에 가깝다.

하지만 정작 우리 헌법에는 '자유 민주주의'라는 말이 나오지 않는다. 헌법 4조에 "자유 민주적 기본 질서"라는 표현이 나올 뿐이다. 게다가 자유 민주주의(liberal democracy)는 세계적으로 널리 쓰이는 말도 아니다. 이는 오직 우리나라에서만 이슈가 되는 낱말이라 해도 좋을 정도다. 지식인들끼리는 늘 대한민국이 자유 민주주의 사회인지, 민주주의 사회인지를 놓고 치열한 논쟁을 벌인다. 도대체 뭐가 문제일까?

민주주의라는 빛 좋은 개살구

1961년 12월, 5·16 쿠데타에 성공한 박정희(1917~1979) 국가 재건 최고 회의 의장은 기자 회견장에서 '신앙 고백'을 털어놓는다. "혁명 정부는 자유 민주주의를 지향하고 신봉하고 있습니다." 자유 민주주의는 대한민국이 따르는 신앙에 가깝다. 군대로 권력을 잡았다 해도, 자유 민주주의를 버려서는 국민의 지지를 받지 못할 테다. 박정희가 자신의 색깔을 자유 민주주의라고 분명히 한 이유다. 다만, 그는 민주주의보다 경제 성장을 우선시하겠다는 뜻을 확실히 밝혔다. 박정희의 생각은 그의 책 『우리 민족이 나아갈 길』에서도 잘 드러난다. "민주주의라는 빛 좋은 개살구는 배고픔과 절망에 시달리는 국민 대중에게는 너무 무의미한 것이다."

그의 눈에 민주주의는 혼란일 뿐이었다. 당장 배가 고픈데, 민주적인 토론과 의사 결정이 무슨 의미가 있겠는가. 경제를 키우고 살림살이를 피게 하는 것보다 중요한 일은 없다. '산업화를 통한 부강한 민주·복지 국가 건설', 박정희의 꿈은 이것이었다. 이는 지금도 '보수'를 내세우는 사람들이 품는 이상이기도 하다.

이를 위해서 대한민국은 더더욱 자유 민주주의 국가여야 했다. 헌법에 "자유 민주적 기본 질서"라는 표현이 들어간 때도 그즈음 이다. 그렇다면 자유 민주주의란 과연 무엇인가?

자유주의, 민주주의, 자본주의

세상에는 여러 민주주의가 있다. 심지어 북한마저도 민주주의 를 내세운다. 나라 이름부터 조선 민주주의 인민 공화국이다. 그 들이 내세우는 민주주의는 '인민 민주주의'다. 반면 스웨덴 같은 나라들은 '사회 민주주의'를 앞세운다.

인민 민주주의는 평등을 앞에 둔다. 그래서 모두가 잘사는 평등 한 세상을 꿈꾼다. 이를 위해서는 어느 누구도 밀려나지 않도록, 국가가 계획을 세워 경제를 굴려야 한다. 인민 민주주의는 계획 경제를 따른다.

이와 달리 사회 민주주의는 계획 경제 대신 시장을 믿는다. 시 장에서 사람들이 자유롭게 경쟁할 때, 세상은 더욱 자유롭고 풍요 로워질 것이다. 하지만 사회 민주주의자들은 시장만큼이나 공동 체를 앞세운다. 경쟁에서 밀려난 이들을 보호하는 장치를 겹겹이

만드는 식이다. 사회 민주주의를 따르는 나라들은 사회 복지 제도
를 튼실하게 하는 데 힘을 쏟는다.

자유 민주주의는 어떨까? 자유 민주주의는 평등보다 자유를 우
선한다. 자유주의자인 존 스튜어트 밀(1806~1873)은 '타인 위해의
원칙'(the harm to others principle)을 주장한다. 다른 이들에게 피해
가 되지 않는 한, 뭘 해도 자유라는 뜻이다.

자유주의자들은 이렇게 외친다. "원하는 대로 의견을 내놓고
능력껏 하고 싶은 일을 하게 하라!" 이럴 때 사회는 가장 크게 발
전할 수 있다. 자유주의는 개인주의와 '건강한 이기주의'에 뿌리
를 두고 있다. 모두가 같은 생각을 하면 어떻게 될까? 이런 사회
에서는 진보가 있을 수 없다. 역사는 늘 다른 목소리를 내는 사람
들 덕택에 발전해 왔다. 밀은 거듭 강조한다. "천재는 오직 자유의
공기 속에서만 숨을 쉬는 법이다." 게다가, 사람은 누구나 이익을
좇아 살아간다. 이를 방해하지 않을 때, 사회도 한 사람 한 사람의
부가 쌓여 더욱 풍요로워질 테다.

그래서 자유주의는 시장 경제와 잘 어울린다. 시장 경제는 이윤
추구와 자유 경쟁을 최고로 여기지 않던가. 자유 민주주의 또한
시장 경제를 따른다. 자유 민주주의자라는 고백(?)은 시장 경제를
받아들이겠다는 뜻으로 봐도 좋겠다.

그러나 시장 경제는 많은 문제를 낳기도 한다. 능력껏 경쟁을
하면, 빈부 격차는 심하게 벌어질 수밖에 없다. 힘세고 돈 많은 이
들이 정부 정책을 쥐락펴락하기도 할 것이다. 이처럼 자유를 너무

앞세우다 보면 평등은 어느덧 스러지고 만다.

민주주의는 그래서 소중하다. 민주주의는 누구나 평등하다고 가르친다. 선거에서도 1인 1표가 원칙 아니던가. 돈 많고 권력이 있다고 해서 자기 마음대로 나라를 운영하려 하면 어떻게 될까? 어느 사회나 권력자와 부자의 수는 힘없고 가난한 자들보다 적다. 대다수 시민들은 선거로 권력자들에게 벌을 준다. 부자를 위해서만 정책을 펴는 정치가들은 결국 밀려나게 되어 있다.

이렇게 자유 민주주의는 자유와 평등을 균형 잡히도록 이끌 수 있다. 자유주의를 토대로 경제 발전을 이끌고, 민주주의를 토대로 평등을 낳는 식이다.

자유 민주주의, 반공 사상이 되다

여기까지만 보면 자유 민주주의는 나무랄 데 없는 사상으로 보인다. 그러나 우리나라에서 자유 민주주의를 둘러싸고 벌어지는 논쟁은 그리 간단치가 않다. 독재 시절, 민주주의를 억누르던 명분이 항상 '자유 민주주의 수호'였던 탓이다.

가난하고 힘없는 자들이 자기 목소리를 낸다고 해 보자. 이들은 당연히 자유보다 평등을 앞세울 수밖에 없다. 이들에게는 더 많은 관심과 복지가 필요하다. 한편 인민 민주주의 역시 평등을 최고의 가치로 여긴다. 이 때문에 평등을 내세우는 이들은 '인민 민주주의자'로 내몰리곤 했다. 거기에 '좌익 용공'(左翼容共) 세력이라는 꼬리표가 달리면, 대한민국에서 살기가 아주 힘겨워진다. 독재 시절에는 더더욱 그랬다. 끊임없이 감시를 받을뿐더러, 취직도 제대로 할 수가 없었다.

더구나 우리나라는 북한과 힘을 겨루고 있다. 1980년대까지도 한반도에서는 자유 민주주의와 인민 민주주의가 죽기 살기로 싸우는 모양새였다. 이런 상황에서 자유 민주주의는 자연스레 '반공'(反共)과 같은 뜻이 되어 버렸다. '자유 민주주의 찬성 = 북한 공산주의 반대'였던 셈이다.

민주주의를 소리 높여 외쳤던 이들은 자유 민주주의 수호라는 구실 때문에 탄압을 받았다. 경제도 살려야 하고 공산주의 북한과 총부리를 겨누고 있는데, 민주주의가 다 뭐란 말인가. 민주주의자들은 적을 이롭게 하는 자들로 취급받았다. 이럴수록 자유 민주주의는 이 땅에서 점점 독재의 색깔을 띠어 갔다.

정치적 색깔을 가리는 리트머스 시험지

2011년 8월, 교육 과학 기술부는 앞으로 교과서에서 대한민국 역사를 설명할 때는 '민주주의' 대신 '자유 민주주의'라는 말을 써야 한다고 결정을 내렸다. 이를 놓고 격한 논쟁이 벌어졌다. 그후 정권이 바뀌고, 지금(2018년 현재)은 2020년부터 다시 '자유 민주주의'를 '민주주의'로 고쳐쓰기로 결정된 상태다.

민주화 운동을 했던 이들로서는 자유 민주주의는 아픈 독재의 기억을 담고 있는 단어다. 그러나 경제 성장을 이끌었던 보수 세력의 생각은 다르다. 민주주의를 앞세우는 진보 측 생각이야말로 시장 경제를 무너뜨리려는 공산주의자들의 생각과 닮은꼴 아닌가. '대한민국의 정체성'을 지키기 위해서라도 자유 민주주의라는 용어는 절대 포기할 수 없다!

어느덧 자유 민주주의는 우리 사회에서 보수 세력을 나타내는 꼬리표가 되었다. 그래서 진보 쪽에서는 민주주의라는 단어를 주로 쓴다. 자유 민주주의라는 단어는 이제 보수인지 진보인지를 가리는 리트머스 시험지가 되어 버렸다.

자유 민주주의는 독재를 낳는 사상?

자유 민주주의는 원래 불안한 사상이다. 자유와 평등의 관계는 물과 기름과도 같다. 자유를 좇으면 평등이 움츠러들고, 평등을 앞세우면 자유가 스러진다. 자유 민주주의 사회는 늘 자유와 평등 사이에서 갈팡질팡한다. 자유 무역 협정(FTA, free trade agreement)처럼 규제를 없애고 자유로운 시장 경쟁을 이끄는 정책을 펴다가도, '평등'을 위해 중소기업들이 하는 일에 대기업이 뛰어들 수 없도록 법을 만들기도 한다.

정치도 늘 보수와 진보로 나뉘어 아웅다웅한다. 보수는 자유를 우선하는 정책을, 진보는 평등을 위한 정책을 내세운다. 물론, 둘 중 어느 쪽도 포기해서는 안 된다. 그래서 사회는 늘 시끄럽다.

만약 자유와 평등 가운데 어느 한쪽이 승리를 거두면 어떨까?
자유 민주주의는 곧바로 독재가 되어 버린다. 자유만 앞세울 때,
사회는 결국 돈 있고 힘 있는 1퍼센트가 전체를 지배하는 사회가
될 테다. '내 돈 가지고 내가 한다는데', '내가 능력 있어서 하겠다
는데' 식의 '막강한 논리'(?)는 그 어떤 항의도 잠재울 테다.

평등만 내세울 때는 어떨까? 이때도 사회는 독재로 흐르기 쉽
다. 히틀러(1889~1945), 카다피(1942~2011), 후세인(1937~2006) 같
은 독재자들은 항상 '공동체'를 내세우곤 했다. 평등을 앞세울 때,
전체를 위해 개인이 희생해야 한다는 논리는 더 잘 먹혀드는 법
이다.

자유 민주주의는 두발자전거와 같다. 자전거는 멈추는 순간 쓰
러져 버린다. 자유 민주주의도 이와 같아서, 자유와 평등을 둘러
싼 논란이 그치는 순간 무너져 버린다. 자유 민주주의는 우리 사
회에서 아주 복잡한 감정을 불러일으킨다. 누구는 이를 독재와 억
압으로, 누구는 자유와 발전으로 받아들인다. 그래서 자유 민주주
의를 둘러싼 논란은 끊이지 않는다.

하지만 자유 민주주의는 원래 왁자한 논쟁을 통해 굴러간다. 그
러면서 길을 찾아내곤 한다. 자유 민주주의를 둘러싼 논란이 답답
함보다 희망으로 다가오는 이유다.

철학 물음

북한의 정식 명칭은 '조선 민주주의 인민 공화국'이다. 그러나
북한은 '민주주의' 사회도 아니며, '공화국'이라 보기도 어렵다.
자유 민주주의 관점에서 볼 때, 북한이 '민주주의 공화국'이
되려면 어떻게 바뀌어야 할까?

더 읽어 볼 책

★ 김비환, 『자유 지상주의자들 자유주의자들 그리고 민주주의자들』
★ 박찬표, 『한국의 국가 형성과 민주주의』
★ 안병길, 『약자가 강자를 이기는 법』
★ 역사 비평 편집 위원회, 『역사 용어 바로 쓰기』

사회 민주주의

더 많은 자유, 더 많은 평등,
더 많은 정의, 그리고 연대

뒷마당 용광로의 비극

마오쩌둥(1893~1976)은 마음이 급했다. 1958년, 그는 중국이 앞
으로 15년 안에 미국과 영국을 따라잡겠다고 큰소리쳤다. 하지만
농업 위주의 나라였던 중국이 무슨 수로 '선진국'인 두 나라를 앞
서겠는가.

철은 '산업의 쌀'로 통한다. 공업이 자라나려면 제철 공장이 있
어야 했다. 당시 중국으로서는 제대로 된 제철소를 세울 돈도 능
력도 없었다. 마오는 특별 명령을 내렸다. "집집마다, 학교마다,
직장마다 작은 용광로를 만들라!"

사람들은 곳곳에 아궁이 수준의 용광로를 만들었다. 그러고는
집 안 곳곳의 철붙이를 모아 철을 생산(?)하기 시작했다. 냄비, 문
손잡이, 머리핀에 이르기까지, 쇠로 된 것은 모두 녹여서 쇠를 만

들었다. 용광로의 연료를 대기 위해 주변의 나무들은 사정없이 베어졌다. 이 때문에 산과 들은 벌겋게 변했다. 이렇게 만들어진 쇠는 과연 요긴하게 쓰였을까? 물론 아니다. 품질이 너무 낮아서 결국 전부 갖다 버려야 했다. 애먼 세간 살림과 주변 환경만 망가졌을 뿐이다.

사회주의를 앞세우던 나라에서는 이런 일이 종종 벌어지곤 했다. 사회주의는 모두 평등하게 잘사는 세상을 꿈꾼다. 문제는 독재를 통해 이를 이루려 했다는 점이다. 사회주의자들은 폭력 혁명으로 가진 자들을 없앤 다음, 노동자들의 지지를 받는 당과 지도자가 사회를 이끌어 가야 한다는 논리를 편다. 지도자는 노동자들을 대표한다. 따라서 그에게 절대 맞서서는 안 된다.

만약 지도자가 잘못된 판단을 내리면 어떻게 될까? 북한에도 민둥산이 흔하다. '수령님'께서 산을 개간해 농토를 늘리라고 지시했던 탓이다. 그뿐 아니다. 외국에 의존하지 않는 경제 구조를 만들기 위해, 장작을 태워서 가는 '목탄 차'를 만들었다. 그 결과는 과연 어떠했는가? 산에 나무가 없어 홍수가 자주 일어나고, 물자가 부족해 조선 시대 수준의 생활을 꾸려 가는 지금의 북한 현실을 보라. 소련, 동유럽 등 사회주의를 따르던 나라들도 하나같이 절망과 추락을 경험했다.

사회 민주주의(줄여서 '사민주의'라고도 한다.)는 이러한 현실 사회주의의 문제에 맞서 나타난 사상이다. 사회 민주주의도 사회주의가 좇는 세상을 꿈꾼다. 모두 평등하게 잘사는 세상 말이다. 그러나 이들은 폭력 혁명이나 독재가 아닌 '민주주의'를 바탕으로 행복하고 평등한 사회를 만들 수 있다고 말한다.

민주주의로도 사회주의를 건설할 수 있다

학자들은 사민주의의 출발을 베른슈타인(1850~1932)에서 찾곤 한다. 1890년대, 독일의 사회 민주당에서는 '수정주의' 논란이 한 창이었다.

사회주의의 기초를 닦은 마르크스(1818~1883)에 따르면, 자본 주의가 발달할수록 가진 자와 가지지 못한 자들의 갈등이 심해진 다. 그뿐 아니라 시장에서 경쟁이 치열해질수록 부자는 더 부자가 되고, 가난한 이들은 더 가난해진다. 이러다 보면 세상은 아주 적 은 수의 부자들과 대다수의 가난한 사람들로 나뉘게 된다. 부자들 은 대부분의 사람들을 착취하여 배를 불린다. 이런 상황에서 공정 하고 행복한 사회를 만들려면 어떻게 해야 할까? 노동자들이 들 고일어나 한 줌밖에 안 되는 가진 자들을 몰아내야 한다! 이른바 폭력 혁명론이다. 사회주의자들은 폭력 혁명을 거쳐 자본주의 사 회가 평등하고 자유로운 세상으로 거듭난다고 굳게 믿었다.

그러나 베른슈타인의 생각은 달랐다. 그 무렵 독일 노동자의 삶 은 꾸준히 나아지고 있었다. 모든 시민에게 선거할 권리를 주는 보통 선거 제도가 이루어졌을 뿐 아니라, 초등학교 의무 교육도 실시되었다. 더 나아가 하루 8시간 노동도 자리 잡아 가고 있었다.

독일 의회 건물

사회 민주주의의 창시자 베른슈타인은 독일에서 의회 민주주의가 자라나는 시기에 활동했다. 그는 '민주주의야말로 사회주의로 가는 길'이라고 보았고, 실제로 독일 의회에서 의원으로 활동하기도 했다. 그림은 1894년 독일 의회 건물이 처음 문을 열었을 때의 모습이다.

노동자도 살 만한 세상으로 조금씩 바뀌어 가고 있었다는 뜻이다.

이러한 진전은 어떻게 이루어졌을까? 노동조합은 노동자들의 목소리에 힘을 실어 주었다. 나아가 선거를 통해 의회에 들어간 노동자 대표들은 자기들의 권리를 적극적으로 주장할 수 있었다. 따라서 베른슈타인은 의회 민주주의를 통해서도 사회주의 건설이 가능하다고 자신 있게 말했다.

이러한 그의 주장은 숱한 논란을 불러일으켰다. '불온한 이단아', '수정주의', '개량주의'라는 비난이 쏟아졌지만, 사회 민주주의자들은 흔들리지 않았다. 이념이 옳은지 그른지는 결과를 보면 알 수 있는 법이다. 민주적인 방법으로 세상이 나아질 수 있다면, 가진 자들과 굳이 폭력으로 맞붙어야 할 까닭이 어디 있겠는가?

1917년, 사회주의 지도자였던 레닌(1870~1924)은 러시아에서 혁명에 성공한다. 그는 유럽의 사회 민주주의자들에게 실망감을 감추지 않았다. 사민주의자들이 자본주의에 타협하면서 오염되었다는 것이다. 레닌은 사민주의에 맞서 자신들의 이념을 '공산주의'(communism)라고 일컬었다. 이로써 사회주의는 서유럽 중심의 사회 민주주의와 소련을 정점으로 하는 공산주의로 갈라지게 되었다.

프랑크푸르트 선언

사회 민주주의의 색깔은 1951년 프랑크푸르트 선언에서 더욱 분명해진다. 당시 세계는 미국 중심의 자본주의 진영과 소련 중심의 공산주의 진영으로 갈라져 있었다. 사회 민주주의를 좇던 서유럽의 정당들은 프랑크푸르트 선언을 통해 공산주의를 맹공격했다.

이에 따르면, 러시아 혁명은 사회주의 실현을 수십 년 늦춰 놓았을 뿐이다. 사민주의자들도 '전체 시민이 경제 권력을 누리며, 자유로운 사람들이 평등하게 함께 일하는 사회'를 꿈꾼다. 그러나 이들은 '사회주의는 최고로 완성된 민주주의'라는 점을 잊지 말아야 한다는 사실도 힘주어 외쳤다.

사회 민주주의자들은 절대적으로 옳은 진리는 없다고 잘라 말한다. 공산주의 국가들을 보라. 정의롭고 평등한 세상을 만들겠다고 외쳐 댔지만, 현실에서는 폭력과 가난이 넘쳤을 뿐이다. 자신들의 신념을 밀어붙이며 세상을 윽박지른 결과는 참혹했다. 프랑크푸르트 선언에 따르면, 공산주의는 '좌파 파시즘'일 뿐이다. 히틀러보다 나을 게 하나도 없다는 거다.

사회 민주주의에 따르면, 모든 일은 민주적인 절차를 거쳐 이루어져야 한다. 자유·평등·정의·연대는 사민주의자들의 핵심 가치다. 하지만 이들은 자유와 평등, 정의가 무엇인지에 대한 분명한 기준을 내놓지는 않는다. 사회는 '더 많은 자유', '더 많은 평등', '더 많은 정의'를 위해 끊임없이 힘을 합쳐 나아갈 뿐이다.

사민주의자들은 경쟁이 지배하는 자본주의의 현실을 인정한다. 또한 단번에 완벽한 세상이 이루어지리라 믿지 않는다. 부자와 가난한 자의 차이를 조금씩 줄이고 복지 혜택을 늘려 가는 가운데, 조금씩 세상은 살기 좋아지리라 믿을 뿐이다. 모든 사람에게 인간적인 삶을 보장하는 '보편 복지'와 '보편 의료', '국민 연금과 실업 급여', 같은 직업 사람들은 모두 똑같은 봉급을 받는 '표준 임금제' 등은 사회 민주주의의 대표적인 정책으로 꼽힌다.

이런 제도들을 마련함으로써, 사민주의자들은 되레 시장에서 절실한 경쟁력을 더 높일 수 있다고 주장한다. 표준 임금제를 예로 들어 보자. 경쟁력이 낮은 기업들로서는 표준 임금제가 버겁다. 기업을 유지할 수 있는 수준보다 높은 봉급을 노동자들에게 주어야 하는 탓이다. 결국은 회사 문을 닫게 될지도 모른다. 경쟁력이 뛰어난 기업은 어떨까? 표준 급여에 따르면, 장사가 잘되었다고 해서 노동자들에게 더 많은 봉급을 줄 수도 없다. 그래서 기업은 남는 돈으로 투자를 늘리게 될 테다. 그러면 기업은 더욱더 강해질 수밖에 없다.

나아가 잘나가는 기업이 더 많이 낸 세금은 망한 기업의 실업자들이 다시 교육받고 일어설 수 있게 하는 복지 기금이 된다. 스웨덴 같은 나라들은 이런 정책으로 성공을 거두었다. 이쯤 되면 사회 민주주의는 자본주의가 뿌리내린 시대에 가장 바람직한 이념인 듯 보인다.

신자유주의의 위협

그러나 20세기 말, 사회 민주주의는 위기에 빠졌다. 사회 민주주의에서는 국가가 나서서 복지를 책임진다. 이를 위해서는 세금을 많이 거두어야 한다. 그런데 신자유주의는 '자유로운 경쟁'을 앞세운다. 1990년대, 소련이 무너지고 무역 전쟁이 치열해지자 신자유주의가 인기를 끌기 시작했다. 기업을 운영하는 사람 처지에서 생각해 보자. 세금을 많이 거두는 나라와 세금을 적게 내는 나라가 있다면 어디에 공장을 세우겠는가?

돈은 복지가 약하고 규제가 덜한 나라로 썰물 빠지듯 나가 버렸다. 공장을 돌리기 위해서는 많은 투자가 필요하다. 투자자들은 자신들에게 얼마나 이득이 들어올지에 관심을 쏟는다. 돈 가진 이들이 이익을 못 내는 곳은 경쟁력도 없다. 사회 민주주의를 앞세웠던 나라들은 하나둘씩 신자유주의에 무릎을 꿇었다. 복지 혜택을 줄이고 사회 곳곳에서 생존 경쟁을 앞세웠다는 뜻이다. 세상은 다시 '금융 자본가(투자가)가 이익을 낼 수 있느냐 없느냐'의 잣대로 평가받기 시작했다.

사회 민주주의에는 매뉴얼이 없다

2008년, 지구촌 곳곳을 떠돌며 이익을 빨아들였던 금융 투기는 세상을 위기로 몰고 갔다. 이른바 금융 위기의 시작이다. 지금도 여전히 세계 경제는 좋아질 기미가 보이지 않는다. 신자유주의는 규제를 풀수록 세상이 더욱 발전하고 살기 좋아진다고 외친다. 하지만 금융 위기를 겪고 난 뒤로, 세계의 인심은 국가가 적극 나서서 교통정리를 하는 사회 민주주의에 손을 들어 주는 모양새다. 이는 우리나라에서도 마찬가지였다. 18대 대선 직후인 2013년 1월, 진보정의당(2013년 7월에 정의당으로 이름을 바꾸었다.)의 노회찬 공동 대표는 이렇게 말했다.

"2012년 새누리당의 대선 공약이 2007년 민주당의 그것보다 진보적이고, 2012년 민주당의 대선 공약이 2007년 민주노동당의 그것만큼 진보적이며, 2010년 노회찬 서울 시장 후보의 무상 보육 공약보다 2012년 박근혜 대통령 후보의 무상 보육 공약이 더 진보적인 내용으로 제시되는 상황이다. 이런 상황에서 한국의 진보 정당은 진보라는 정체성만으로는 차별화하기 불가능한 상황에 처하게 되었다."

한국 사회에서 보수와 진보의 구도는 '(신)자유주의 대 사회(민주)주의'로 정리되곤 했다. 그러나 지금은 상황이 다르다. 보수도 진보만큼이나 복지와 평등에 관심이 많다. 그리고 적극적인 국가의 역할을 강조한다. 진보도 보수만큼이나 기업의 경쟁력을 중요하게 여기고 있다.

이런 상황에서 사회 민주주의는 우리 사회를 이끌 이념으로 점점 더 눈길을 끌고 있다. 하지만 사회 민주주의에는 매뉴얼이 없다. 빈익빈 부익부, 경제 공황, 금융 위기 등 숱한 문제들을 겪으며 성장하는 자본주의처럼, 사회 민주주의도 자본주의에 그때그때 적응하며 끊임없이 발전해 간다는 뜻이다.

사회 민주주의자들에게는 정해진 정답이 없다. '더 많은 자유', '더 많은 평등', '더 많은 정의'를 위해 '연대'하여 끊임없이 나아갈 뿐이다. 이를 위해서는 누구에게나 손을 내미는 열린 자세와 가장 약한 사람들을 배려하려는 따뜻한 마음이 필요하다.

세계적인 경제 위기가 한창이다. 한편에서는 '고교 무상 교육', '반값 등록금' 등 '보편 복지'를 둘러싼 논의가 뜨겁다. 도덕적이지 못한 사회는 경제적으로도 풍요로워지지 못한다. 부패와 갈등이 발목을 잡는 탓이다. 사회 민주주의의 진정한 의미를 깊게 고민해 봐야 할 때다.

철학 물음

"능력만큼 일하고 필요한 만큼 소비한다." 카를 마르크스가
꿈꾸었던 이상적인 사회의 모습이다. 반면, 철학자 에피쿠로스는
"욕구는 만족시킬 수 있어도 탐욕은 채울 길이 없다."고 했다.
인간의 욕심은 끝이 없기 때문이다. 우리 삶에서 '필요한 만큼의
소비'란 과연 어느 정도일까? 우리 사회가 모두에게 보장할 수
있는 '인간적인 삶을 누릴 수 있으며 지나치지 않은' 수준은 어느
정도일까?

더 읽어 볼 책

★ 박호성, 『사회 민주주의의 역사와 전망』

★ 사민+복지 기획 위원회, 『한국 사회와 좌파의 재정립』

★ 자크 아탈리, 『인간적인 길』

★ 제러미 리프킨, 『유러피언 드림』

아나키즘

좀도둑은 있어도 아우슈비츠는
없는 사회를 꿈꾸다

아나키즘은 테러리즘?

1894년 2월 12일, 아나키스트 에밀 앙리(1872~1894)는 프랑스 파리의 한 카페에 폭탄을 던졌다. 그 때문에 수많은 사람들이 다쳤다. 판사가 앙리에게 물었다. "왜 죄 없는 사람들을 공격했는가?" 그는 이렇게 답했다. "죄 없는 부르주아지(자본가 계급)란 없소."

아나키스트들은 이런 식이었다. 물론, 아나키스트들이 모두 폭력적이지는 않았다. 그러나 정부에 고분고분하지 않다는 점에서는 매한가지였다. 어느 나라건, 아나키스트라면 넌더리를 냈던 이유다. 아나키스트들이 테러리스트로 내몰리는 경우도 흔했다. 이렇게 볼 때, 그들은 세상의 골칫덩어리인 듯싶다. 과연 아나키스트들은 어떤 사람들일까?

국가가 나에게 뭘 해 줬는데?

아나키즘은 우리말로 흔히 '무정부주의'로 옮겨지곤 한다. 한마디로 국가와 정부를 받아들이지 말자는 주장이다. 정부 없는 세상? 그들의 주장이 황당무계하게 다가올지 모르겠다. 정부가 사라지면 세상은 엉망이 되지 않을까? 경찰이 사라진 거리는 범죄 소굴이 되지 않을까? 숱한 돈과 품이 드는 국방과 복지 같은 문제들은 또 어쩌란 말인가?

하지만 아나키스트들은 이런 걱정에 콧방귀를 뀌곤 한다. 옹기종기 모여 사는 시골 마을을 떠올려 보라. 여기에는 경찰도 관리도 없다. 그래도 사람들은 사이좋게 잘 살아간다. 어려운 일이 생기면 서로 나서서 돕는다. 주민들 사이에는 내 것 네 것이 없다.

이곳에 국가가 자리를 잡으면 어떻게 될까? 사람들 사이의 도타운 정은 금세 사라진다. 옆집 사람이 어려운 상황에 놓여도, 이웃이 주제넘게 나설 문제가 아니라며 고개를 돌려 버릴지 모른다. 국민의 곤란함을 돌보는 것은 정부의 일이라며 말이다. 강도가 나타났다면? 이는 경찰관이 나서서 처리해야 한다. 공연히 나섰다가 몸 상할 필요가 뭐 있겠는가. 예전 같으면 서로 발 벗고 나섰을 법한 일을 이제는 정부에 떠밀어 버린다. '우리는 공동체'라는 생각도 당연히 희미해진다.

게다가 정부는 사람들 사이의 갈등을 확실하게 키워 낸다. 상속만 해도 그렇다. 국가는 법을 정해 물려받은 재산을 지켜 준다. 국가가 나서서 차별을 제도로 굳혀 주는 꼴이다. 그러니 스스로 노력하지 않아도, 누군가는 이미 높은 위치를 차지할 수 있다. 이를 국가가 인정해 주는 데 누가 뭐라 하겠는가. 제도가 자리 잡아 갈수록, 시민들 사이의 질투와 억한 마음도 퍼져 나간다.

국가가 정작 나에게 해 주는 것은 별로 없다. 나라가 없다면 이웃끼리 다 알아서 할 일들을 하면서 생색만 낼 뿐이다. 그러면서도 국가는 위기가 닥치면 국민에게 재산과 목숨을 내놓으라며 닦달해 댄다. 나라가 사라지면 사람들은 예전처럼 오순도순 작은 공동체를 이루며 살게 되지 않을까? 아나키스트들은 '협동과 공생에 기초한 소규모 자연 공동체'를 꿈꾼다.

능력만큼 일하고 필요한 만큼 쓰는 사회

아나키스트들은 여기서 한 발 더 나아간다. 크로포트킨(1842~1921)은 상호 부조를 '자연의 법칙'이라고 말한다. 세상에서는 생존 투쟁만 벌어지는 게 아니다. 동물 세계에서도 다투는 때보다는 평화로운 시기가 더 많다. 싸우기보다 서로를 돌보는 쪽이 살아남는 데 유리하기 때문이다.

인간 사회도 다르지 않다. "어떤 때라도 전쟁이 정상적인 상태인 적은 없었다." 역사의 대부분은 평화로운 시기로 채워진다. 물론, 나라가 제대로 서지 못해 세상이 혼란할 때도 있다. 그러나 국가가 고집을 부려 사람들을 괴롭게 만드는 경우는 이보다 훨씬 많다.

인간은 본디부터 무리를 지어 살았다. 가족도 무리보다는 훨씬 뒤에 만들어진 '제도'다. 가족은 서로 내 것 네 것을 가리게 되고 나서야 꾸려졌다. 그전까지 사람들은 무리 속에서 '능력 되는 만큼 일하고 필요한 만큼 쓰는' 상태로 살아갔다. 서로 알고 보듬는 사이니, 굳이 강제하지 않아도 사람들은 열심히 일했다. 사랑하는 이들을 위해 하는 일은 즐겁기까지 했을 테다. 크로포트킨이 노동을 '즐거운 본능적 행동'으로 본 이유다.

무리 속에서는 낭비를 걱정하지 않아도 되었다. 서로 배려하다 보니 꼭 필요한 만큼만 물자를 가져다 썼던 까닭이다. 이렇듯 크로포트킨은 '능력만큼 일하고 필요한 만큼 쓰는 소규모 공동체'를 이루고자 했다.

크로포트킨은 전체 인류 중 21세부터 50세까지의 사람들이 하루에 단 5시간만 일해도 이런 세상을 꾸릴 수 있다고 주장했다. 지금도 물자는 모두가 누리고도 남을 만큼 넘쳐 난다. 그런데도 우리는 늘 쪼들리는 삶을 산다. 사치를 부리느라 엄청난 부를 낭비하는 데다, 국가가 전쟁 같은 쓸데없는 일을 벌이는 탓이다. 사치와 국가라는 악이 사라진다면 지금 상태로도 우리 모두는 넉넉한 삶을 살게 될 테다.

보석은 이제 그만! 인형 옷도 이제 그만! 사람들은 밭일을 하며 자기를 단련하고 자연을 느끼며 '사는 즐거움'을 찾을 것이다.

마을 전체가 한 가족처럼 살아가는 촌락 공동체는 지금도 있다. 이렇게 보면 크로포트킨의 생각이 꼭 불가능한 꿈만은 아닌 듯싶다.

직접 행동과 테러 사이

아나키스트들은 국가에 맞서서 자유로운 소규모 공동체를 이루려 한다. 그러나 이들은 결코 조직적으로 움직이는 법이 없다. 어떤 방법을 쓰느냐에 따라 사람됨도 바뀌게 마련이다. 조직이 일사불란하게 움직이려면 사람들은 부품처럼 움직여야 한다. 왜 해야 하는지를 모른다 해도 별수 없다. 단체가 내린 명령이라면 무조건 따라야 한다. 그래야 모두가 바라는 목표를 이룰 수 있기 때문이다.

하지만 조직에 길들여진 인간이 자유로울 수 있을까? 자유도 제대로 누리려면 연습이 필요하다. 자유로우면서도 서로를 돕는 공동체는 결코 조직의 힘으로 만들어지지 않는다. 한 사람 한 사람이 스스로 생각해서 필요한 행동을 하는 훈련을 거쳐야 한다. 이럴 때 사회는 자유와 배려가 살아 숨 쉬는 모습으로 바뀌어 간다. 크로포트킨이 "세상을 바꾸려면 자신의 삶부터 바꿔라."라고 한 말의 의미다.

아나키스트들은 '직접 행동'을 강조한다. 국가가 옳지 못한 전쟁에 나가라고 하는가? 그러면 국가의 명령을 직접 뿌리쳐야 한다. 군대에 가지 말라는 뜻이다. 억지로 끌려갔다면 전쟁터에서

아나키스트의 직접 행동
검은 깃발을 들고 검은 옷을 입은 아나키스트들이 도시 한복판에서 분노를 드러내며 강렬하게 저항하고
있다. 아나키스트들은 소박한 공동체를 꿈꾸지만, 그 꿈을 이루기 위해 국가주의와 전체주의에 강하게
맞선다. 카라(1881~1966)의 〈아나키스트 갈리의 장례식〉이다. ⓒ Carlo Carra

도망쳐라. 부당한 일에 맞서는 내 모습은 주변에 좋은 본보기가
된다. 사람들이 하나둘씩 따라 하다 보면, 정부도 언젠가는 무너
지게 될 것이다.

　우리를 옥죄는 독재자가 있다면 어떡해야 할까? 이번에도 직
접 맞서라고 잘라 말한다. 미하일 바쿠닌(1814~1876)은 심지어 테
러를 부추기기까지 한다. 바쿠닌은 인간의 '반란 본능'을 믿었다.
그에 따르면, "파괴의 충동은 창조적인 충동이다." 인간은 언제나
반역을 꿈꾸게 마련이다. 자유를 억누르는 그 무엇도 참지 못하는

탓이다. 그래서 억압하는 자가 나타나면 사람들은 본능적으로 서로 뭉쳐서 맞서려 한다.

아나키스트들은 시위 현장에서도 금방 눈에 띈다. 그들은 검은색 옷을 입고, 검은색 천에 A와 O를 겹쳐서 써 놓은 깃발을 흔든다. 검은색은 '없음'과 '거부'를, A와 O는 각각 아나키즘(anarchism)과 질서(order)를 뜻한다. 그래서 이들은 '블랙 블록'(black bloc)이라 불린다. 아나키스트들은 누구의 명령에 따르지 않는다. 그때그때 상황에 따라 각자 알아서 판단하고 힘을 합친다. 아나키스트들의 활동은 늘 변화무쌍하다.

좀도둑은 있어도 아우슈비츠는 없는 사회

아나키즘은 한 번도 제대로 뿌리내린 적이 없다. 어떤 정부라도 아나키즘에는 질색을 했다. 게다가 아나키스트들은 조직적으로 움직이지 않는다. 그러니 다른 사상이나 단체와의 경쟁에서도 밀릴 수밖에 없었다.

그런데 이 아나키즘이 인터넷 시대에 새롭게 주목받고 있다. 아나키즘은 무정부주의가 아니다. 이들이 뜻하는 바는 '지도자가 없음'보다, '누구나 지도자가 될 수 있음'에 가깝다. 이들은 정부 자체를 내치지는 않는다. 딱딱하게 제도로 굳어진 국가를 없애려 할 뿐이다.

때에 따라서는 사람들을 하나로 모으며 질서를 이끌 단체가 필요할지도 모른다. 그럼에도 강제로 이런 모임을 만들려 해서는 안 된다. 그랬다간 사람들은 집단에 억지로 고개 숙이는 노예가 되어 버릴 수도 있다.

아나키스트들은 각자의 생각을 자유롭게 펼치는 세상을 꿈꾼다. 어떤 생각이라도 많은 지지를 받으면 '우리의 주장'이 될 수 있다. 따라서 아나키즘은 무정부주의보다, '무강권주의'(無强勸主義)라고 옮겨야 옳다. 그들은 '만장일치를 통한 직접 민주주의'를 꿈꾼다.

인터넷 공간은 아나키스트들의 바람과 비슷해 보인다. 누구라도 자유롭게 의견을 올리고, 많은 지지를 받는 생각은 자연스럽게 행동으로 이어진다. 처벌하겠다며 으름장을 놓지 않아도 바람직하지 않은 의견은 비판을 받고 사라진다. 그러면서 사람들의 의견은 하나로 모아지고 실천으로 나타난다.

물론, 인터넷에도 숱한 문제가 있다. 줄기차게 분위기를 흐려 놓는 '악플러'는 어디에나 있다. 좋은 뜻으로 벌인 자리에 와서 까닭 없이 트집을 잡고 함부로 떠들어 대거나 사기를 치는 이들도 있다. 그런데도 아나키스트들은 정부가 나서서 이를 바로잡아야 한다고 보지 않는다. 아무리 엉망진창인 상태라도 정부가 가져올 패악보다는 낫다고 여기기 때문이다.

그들이 꿈꾸는 세상은 이렇게 정리할 수 있을 듯싶다. "좀도둑은 있어도 아우슈비츠는 없는 사회, 강도는 있어도 수백만 수천만을 억압하고 살해하는 국가 폭력은 없는 사회."

아나키스트들에게는 '정해진 견해'가 없다. 억압에 맞서고 자유를 지키자는 '합의'만 있을 뿐이다. 그들은 마음 맞는 사람들이 어깨를 맞대고서 강제를 없애자고 외칠 때 세상은 한층 살기 좋아지리라 믿는다. 그들의 믿음은 우리의 상식에서 그다지 멀어 보이지 않는다.

철학 물음

현대 사회는 물질적으로 풍요롭다. 대부분의 부는 큰 규모로 분업이 이루어지는 공장에서 나온다. 분업이 잘 이루어지려면 일사불란한 조직과 통제가 꼭 필요하다. 하지만 이러다 보면 인간을 한낱 소모품으로 여기는 분위기가 만들어지기도 한다. 현재와 같은 물질적인 풍요를 누리면서도 모든 사람들이 인간으로 존중받는 세상이 되려면 어떻게 해야 할까?

더 읽어 볼 책

★ 박홍규, 『아나키즘 이야기』
★ 하승우, 『세계를 뒤흔든 상호 부조론』
★ 구승회 외, 『한국 아나키즘 100년』

포퓰리즘

민주주의의 그림자

에비타, 그리고 페론주의

에바 페론(1919~1952)의 인기는 하늘을 찔렀다. 사람들은 그녀를 성녀로 우러러보기까지 했다. 당시 아르헨티나는 엉망진창이었다. 정치는 썩을 대로 썩었고 재벌들은 나라 살림을 쥐락펴락했다. 덩치 큰 외국 자본들은 아르헨티나의 목줄을 쥐고 흔들었다.

자존심은 구겨지고 경제는 나락으로 떨어진 상황, 에바 페론의 남편인 후안 페론(1895~1974)은 사람들의 가려운 데를 속 시원하게 긁어 주었다. 그는 이른바 페론주의를 연 정치가다.

1946년 대통령으로 당선된 후안 페론은 외국인들이 갖고 있던 농장과 공장을 국가 소유로 만들었다. 노동자들의 임금도 70퍼센트 가까이 올렸다. 환율에 손을 대서 아르헨티나의 돈 가치를 높였다. 외국의 상품을 싼값에 들여오기 위해서였다. 이것이 이른바 페론주의의 경제 정책들이다.

에바 페론은 한 발 더 나아갔다. 사람들이 병원이 없다고 아쉬워하면 바로 병원을 지어 주었다. 그녀는 자기 이름을 딴 재단을 만들어 학교, 고아원 등을 지었다. 필요한 돈은 사업가들을 윽박질러서 얻어 냈다.

노동자들의 살림살이는 크게 좋아졌다. 서민들은 젊고 아름다운 에바를 '어머니'라 부르며 따랐다. 하지만 안타깝게도 에바의 명은 무척 짧았다. 그녀는 33살에 세상을 떠나고 말았다. 페론주의도 단명하기는 마찬가지였다. 몇 년 안 가서 나라 곳간은 바닥을 드러냈다. 돈 가치가 떨어져 엄청난 인플레이션이 일어났고, 경제는 뒷걸음질 쳤다. 마침내 후안 페론도 대통령 자리에서 밀려났다. 1955년, 쿠데타가 일어난 것이다.

그런데도 아르헨티나는 페론을 잊지 못했다. 1973년, 그는 62퍼센트라는 지지율로 다시 대통령이 되었다. 하지만 페론은 아르헨티나인들의 기대를 채워 주지 못했다. 빈 주머니로 할 수 있는 일은 많지 않았다. 사실 그의 인기는 에바 페론에서 비롯된 측면이 많았다. 사람들은 자애로운 어머니 같았던 에바의 이미지에 이끌렸다. 그녀의 삶은 인기 뮤지컬 〈에비타〉로 만들어질 만큼 인상적이었다.

반세기가 지난 지금, 그녀와 페론주의에 대한 평가는 엇갈린다. 에바는 '거룩한 악녀이자, 천한 성녀'로 불리곤 한다. 사람들의 열광적인 지지를 받았지만, 결국 나라를 결딴내고 말았기 때문이다. 페론주의는 포퓰리즘의 교과서처럼 여겨진다. 포퓰리즘은 정치가들이 사탕발림으로 시민들을 후리는 모습을 일컫는 말이다.

우리의 가슴은 기본적으로 똑같다

사실 포퓰리즘은 못사는 나라의 권력자들에게 '필수품'이 된 지 오래다. 민주주의에서는 사람들의 지지를 얻는 일이 중요하다. 선거에서 표를 많이 모아야 권력을 잡을 수 있기 때문이다. 포퓰리스트들은 시민들의 마음을 사기 위해 다음과 같은 논리를 편다.

'우리' 대부분의 국민들은 착하고 성실하다. 세금도 꼬박꼬박 잘 내고 법도 잘 지킨다. 그런데 삶은 늘 팍팍하고 힘들다. 왜 그럴까? 돈과 권력을 움켜쥔 1퍼센트들 탓에 우리는 괴롭다. 그들은 온갖 잘못된 방법을 써서 재산을 모은다. 법도 자기들 입맛에 맞게 멋대로 움직인다. '선량한 서민'인 우리는 언제까지 그들에게 당하고 있어야 하겠는가? 모두 힘을 모아 썩을 대로 썩은 1퍼센트를 도려내야 한다!

포퓰리스트들은 자신을 '보통 사람'이라고 말한다. 이들은 서민처럼 말하고 움직여서 시민들의 마음을 사려 한다. 예컨대, 미국 앨라배마 주지사를 네 번이나 한 조지 월리스(1919~1998)는 늘 허름한 옷을 입고 다녔다. '무엇이든 케첩을 발라 먹는 습관'을 자랑스럽게 내세우기도 했다. 우리 정치가들도 별다르지 않을 듯싶다. 선거 때만 되면 시장 통이나 허름한 음식점에서 서민적인 모습을 연출하지 않던가.

이들의 논리는 간단하고 분명하다. 선거에서 나를 뽑아 준다면 나쁜 1퍼센트를 혼내고 서민들의 삶을 나아지게 하겠단다. 그러나 현실의 문제들은 간단치 않다. 여러 사정이 복잡하게 얽혀 있게 마련이다. 문제를 푸는 데는 적잖은 품과 시간이 들 수밖에 없다. 전문가들이 이 점을 지적하면, 포퓰리스트는 눈을 치켜뜨며 다음처럼 말할 테다.

우리 가슴은 기본적으로 똑같다. 국민은 위대하고 슬기롭다. 무엇이 정의롭고 올바른지 우리 국민은 다 알고 있다. 그런데도 권력자들은 순박한 민초들의 정신을 흐리기 위해 복잡하고 어려운 이론을 끌어들이곤 한다. 그들의 말을 믿으면 안 된다. 현실의 문제를 푸는 방법은 간단하다. 나를 지도자로 뽑아라! 나쁜 1퍼센트들을 몰아내고 서민들이 잘사는 세상을 만들겠다!

반정치의 정치

나아가 포퓰리스트들은 자신이 얼마나 '정치가답지 않은지'를 애써 강조한다. 자신은 원래 정치에 관심이 없었단다. 하지만 망해 가는 나라 꼴을 더는 두고 볼 수 없어서, 어쩔 수 없이 '구국의 결단'을 할 수밖에 없었다는 식의 논리를 편다.

1992년, 미국 대통령 선거에서 로스 페로(1930~)는 2000만 표가 넘게 지지를 받았다. 억만장자였던 그는 기업가로서 성공한 자신의 능력을 믿어 달라고 했다. 잔머리만 굴리는 능력 없는 정치인들보다 자신이 백배 낫다는 거였다. 그는 국고의 도움을 받지 않고 자기 돈으로 선거를 치렀다. 높은 지지를 받았던 일본의 고이즈미(1942~) 전 총리도 다르지 않다. 그는 '정치가답지 않다'는 이유로 사람들의 믿음을 샀다. 정치에 대한 불신을 자신에 대한 지지로 이끌어 낸 셈이다.

정치인들은 정당을 통해 정책을 내놓는다. 반면 포퓰리스트들은 자신이 직접 대중에게 호소하는 방법을 쓰곤 한다. 아르헨티나의 대통령 후안 페론은 30만이나 되는 군중 앞에서 "아르헨티나를 일류 복지 국가로 만들겠습니다!"라며 직접 외쳤다.

민중은 이런 카리스마 있는 모습에 휘둘리곤 한다. 수입이 적고 형편이 안 좋은 시민들일수록 포퓰리스트들에게 더 강하게 끌린다. 이들은 어린아이를 보듬는 부모처럼 다가가기 때문이다. 포퓰리스트들은 가난한 민중의 아픈 곳을 직접 짚어 주며 보듬는다. 정치인들은 말만 번지르르할 뿐 무엇 하나 시원하게 해결한 적이 있던가. 가난하고 약한 사람들은 분명하게 미래를 약속하는 포퓰리스트의 모습에서 희망을 본다. 썩고 능력 없는 정치판 대신 자신을 믿으라는 반(反)정치의 정치는 포퓰리스트들이 즐겨 쓰는 논법이다.

지금, 여기의 문제를 해결한다!

포퓰리스트들은 먼 미래를 바라보지 않는다. 고통스럽고 시간이 오래 걸리는 개혁을 주장하지도 않는다. 그들은 사람들이 고통스럽게 여기는 '지금 여기의 문제'를 건드린다. 비싼 고기 값을 내리고 휘발유를 싼값에 사게 해 준다는 식이다.

정신 제대로 박힌 정치가들이 여기에 맞서기는 쉽지 않다. 민생을 최우선으로 생각한다는데 누가 뭐라 하겠는가. 먼 미래보다 눈앞의 사탕에 혹하는 게 인간 심리다. 게다가 포퓰리스트들은 늘 국가와 민족을 앞세운다. 많은 사람이 모여 사는 사회에는 숱한 갈등이 있게 마련이다. 다툼 하나하나마다 사연이 다르고 해법도 제각각일 수밖에 없다. 그런데도 포퓰리스트들은 '국가와 민족을 위하는 길'이라는 큰 틀로 모든 갈등을 얼버무린다. 자신의 정책에 대한 반대는 곧 국가와 민족에 맞서는 것이라는 식의 주장을 펴곤 한다.

베네수엘라의 우고 차베스(1954~2013) 대통령은 '가난한 자들에게 권력을!'이라는 구호를 앞세웠다. 그는 병원과 학교를 무료로 이용할 수 있게 하고, 식료품비도 지원했다. 돈은 베네수엘라의 풍부한 석유에서 나왔다. 그는 석유로 번 돈을 아낌없이 국민에게 풀었다.

그러나 국가가 견실해지려면 공장부터 짓고 상품을 수출해서 외화를 벌어야 하지 않을까? 이런 반대 목소리들이 당연히 나올 법하다. 차베스는 이때마다 미국을 '남아메리카의 적'으로 돌리며 국민을 하나로 모았다. 미국 중심의 세계 경제에 왜 베네수엘라를 끌어들이려 하는가? 이는 베네수엘라가 미국에 착취당하는

사람들을 현혹하는 선동가
선동가가 대중 앞에서 큰 소리로 외치는 모습이다. 그는 닭고기와 와인(위)으로 상징되는 풍족한 삶을 떠올리게 하며, 칼(아래)로 상징되는 폭력과 단칼에 해결하는 방식을 제시해 북(왼쪽 아래) 소리가 사람의 가슴을 뛰게 하듯이 사람들을 선동한다. 그로스(1893~1959)의 〈선동가〉다.

결과만 낳을 뿐이다. 차베스는 자신의 정책에 반대하는 이들을 미국의 편이며 '국가의 적'이라고 몰아붙였다.

포퓰리스트들은 당장 눈앞에 쏟아지는 이익과 '우리가 아니면 적'이라는 논리로 시민들을 길들인다. 그 결과는 과연 어떨까? 포

퓰리즘이 퍼진 곳치고, 튼실한 경제와 건강한 정치를 가꾼 경우가
있었던가?

청중 민주주의의 등장

포퓰리즘은 국가 경제를 거덜 낸다. 더 큰 문제는 민주주의 자
체를 결딴낸다는 데 있다. 포퓰리즘을 걱정하는 목소리는 높다.
그렇지만 민주주의 사회는 포퓰리즘 쪽으로 끌려가곤 한다.

현대 민주주의는 정당을 중심으로 움직인다. 시민들의 이익을
대표하는 정당은 여러 의견을 들으며 머리를 맞대고 정견과 정책
을 만든다. 그러나 포퓰리즘은 정당이 아닌 '지도자 자신'을 앞세
운다. 카리스마 넘치는 지도자 앞에서 정당은 장식품일 뿐이다.

이런 가운데 시민들은 구경꾼 신세로 밀려나 버린다. 자기들이
직접 나서서 의견을 내기보다, 지도자가 하는 일에 반응만 보이는
신세가 되고 마는 것이다. 이런 모습을 학자들은 '청중 민주주의'
(audience democracy)라고 부른다.

어느 때부터인가 여론 조사 결과가 신문과 방송에서 중요한 자
리를 차지하고 있다. 여론 조사는 연예 프로그램의 인기도 순위와
비슷한 점이 있다. 인기 높은 연예인이 많은 돈을 벌듯, 여론 지지
율이 높으면 지도자들은 힘을 얻는다. 지도자들이 눈앞의 당근으
로 시민들의 마음을 사려는 포퓰리즘에 자꾸만 끌리는 이유다.

정부의 일은 날로 복잡해지고 있다. 한눈에 정책을 이해하고 의

견을 내기란 쉽지 않다. 이럴수록 국민의 정치 참여가 더욱 절실하다. 그러나 포퓰리스트들은 국민이 정치에 관심 두는 것을 원하지 않는다. 복잡한 분석과 대책은 '먹물들이나 하는 짓'으로 몰아붙인다. 진실은 쉽고 단순하다. 그러니 정직하고 사심 없는 나만 믿고 따르면 된다는 식이다. 이렇게 그들은 자신을 '민중의 편'이라고 외치면서, 동시에 민중이 정치의 구경꾼으로 남기를 바란다.

포퓰리즘, 민주주의의 그림자

지도자가 사라진 순간, 포퓰리스트가 지배하던 나라는 위기를 맞곤 한다. 카리스마 있는 지도자 혼자 국가를 좌지우지했으니, 다른 사람들이 정치에 필요한 능력을 기를 공간도 시간도 없었기 때문이다. 반면에 민주주의가 뿌리내린 곳은 지도자가 사라져도 사회가 흔들리지 않는다. 국민의 뜻을 귀담아듣고 펼치는 과정이 제도로 굳어져 있는 덕분이다. 시민들도 평소 정치에 적극적으로 참여했던 까닭에 민주주의를 이끌 능력이 몸에 배어 있다.

나아가 민주주의는 포퓰리즘이 자리 잡기 어렵게 한다. 다양한 언론들은 제각각 다른 목소리를 낸다. 이 가운데서 듣기에는 그럴듯하지만 부족한 주장은 걸러지곤 한다. 아무리 귀에 끌리는 소리를 늘어놓아도, 시민들은 늘 반대 목소리를 들을 수 있기 때문이다.

또한 정당들은 전문적인 조사와 연구를 통해 주장을 펼친다. 뜬구름 잡는 소리로 인기몰이를 했다간 반대편 정당의 호된 역공을 당하게 될 테다. 어디 그뿐인가. 강력한 시민 단체들도 권력자들이 늘어놓는 흰소리를 가만히 지켜보지 않는다.

그러나 삶이 막다른 길에 이른 순간, 건강한 비판 의식은 흐려지곤 한다. 지푸라기라도 잡고 싶은 처지에 빠지면, 설사 거짓이라도 나아질 수 있다는 소리가 믿고 싶어진다. 포퓰리즘은 '민주주의의 그림자'라고 불린다. 포퓰리즘은 경제가 흔들리고 정치가 희망을 주지 못하는 곳에서 고개를 든다.

우리의 상황은 어떤가? 우리의 지도자들은 포퓰리스트들과 얼마나 다른 주장을 펼치고 있을까? 감시하고 또 감시할 일이다.

철학 물음

우리는 들어야 할 충고보다 듣고 싶은 이야기에 더 끌리곤
한다. 정치가들은 우리가 듣고 싶어 하는 대로 이야기를 흘리며
마음을 사로잡는다. '환심성 공약'이 표를 끌어 모으는 이유다.
정치가들의 공약 사항들을 점검해 보라. 그 가운데 우리가
'듣고 싶은 것'은 무엇인가? 마음을 불편하게 하지만 우리가 꼭
들어야할 충언에 가까운 공약은 어떤 것인가? 이런 공약을 과감히
내세울 수 있는 정치가는 누구인가?

더 읽어 볼 책

★ 서병훈, 『포퓰리즘: 현대 민주주의의 위기와 선택』
★ 철학 연구회, 『디지털 시대의 민주주의와 포퓰리즘』

2장

철학
예술

불안한 세상에서
행복하게 사는 법

낭만주의

사랑, 감정,
열정, 자유!

베르테르 효과

베르테르는 마을 무도회에서 아름다운 로테를 만난다. '푸른색 프록코트와 노란 조끼'를 입고서 말이다. 순간 그는 '이루어질 수 없는 사랑'에 빠진다. 안타깝게도 그녀에게는 약혼자가 있었다. 베르테르는 그녀의 약혼자를 감히 연적으로 삼지 못했다. 너무도 존경스러운 사람이었기 때문이다. 성실하고 점잖을뿐더러, 완벽한 교양과 도덕을 갖춘 알베르트!

베르테르는 그녀를 잊으려고 멀리 떠난다. 공무원이 되어 일상의 삶을 살지만 이내 염증을 느낀다. 결국 감정에 이끌려 로테 곁으로 다시 돌아온다. 베르테르는 알베르트의 합리적이고 균형 잡힌 삶을 높이 산다. 그러나 감정에 이끌리는 삶을 무시하는 알베르트를 결코 이해할 수 없었다.

"당신처럼 합리적인 사람들은 '이건 바보짓이야. 저것이 올바르지.', 이런 식으로 판단을 내려야만 직성이 풀리지요. 하지만 당신들은 그렇게밖에 할 수 없었던 절박함을 명확하게 설명할 수 있나요?"

베르테르는 알베르트에게 발끈한다. 그에게는 사랑이 인생의 목적이기 때문이다. 사랑을 얻지 못한다면 삶은 의미가 없다. 열정에 가득 찬 베르테르는 고민하고 또 방황한다. 그리하여 마침내 자살하기에 이른다. 그것도 알베르트에게 빌린 권총으로 말이다.

괴테(1749~1832)의 『젊은 베르테르의 슬픔』의 내용이다. 이 소설은 유럽에서 엄청난 인기를 끌었다. 베르테르가 입었다는 푸른색 프록코트와 노란 조끼가 유행이 되었을 정도다. 베르테르를 흉내 내어 자살하는 사람도 잇따랐다. 이른바 '베르테르 효과'다. 그래서 이 소설은 한때 금지된 책이 되기도 했단다.

그런데 우리 눈에는 베르테르가 '중2병'에 걸린 중학생처럼 보이기도 한다. 가슴은 늘 사랑과 분노로 가득 차 있다. 합리적으로 생각하고 현실적인 진로를 고민하라는 어른들 말은 반항심을 불러일으킬 뿐이다. 음악과 미술 등, 예술에 대한 동경과 관심은 끝이 없다. 여지없는 사춘기 중학생의 모습 아닌가?

괴테가 살던 시절, 사람들은 이런 미숙한(?) 베르테르에게 열광했다. 학자들은 베르테르가 낭만주의자의 모습을 오롯이 담고 있다고 말한다. 그렇다면 낭만주의란 무엇일까?

괴테가 살던 시대에, 과학은 세상을 밝고 건강하게 해 줄 듯싶었다. 과학이 발달하기 전까지, 세상은 '어둠'으로 가득 찬 곳이었다. 미신은 삶을 곳곳에서 뒤틀어 놓았다. 돌림병이 일면 악마가 시켰다며 마녀사냥을 하는 식이었다. 권력자들도 다르지 않았다. 왕들은 종교에 기대었다. 신께서 자신에게 다스릴 권리를 주었으니, 함부로 왕에게 맞서면 안 된다는 식이었다.

과학은 합리적이지 않은 모든 어둠을 몰아내는 '빛'이었다. 관찰과 실험, 논리적인 생각은 막연한 생각과 삿된 믿음을 몰아냈다. 산업도 크게 일으켰다. 1769년, 제임스 와트(1736~1819)는 증기 기관을 내놓았다. 이는 천을 짜는 기계와 결합하면서 산업 혁명으로 이어졌다.

사람들은 더 이상 근거 없는 믿음에 휘둘리지 않았다. 교회에 기대었던 왕의 권위도 흔들렸다. 모든 사람은 평등하고 자유롭다는 생각이 널리 퍼졌다. 1789년, 드디어 프랑스 대혁명이 터졌다. 차별과 억압은 사라지고, 자유와 평등이 당연한 상식이 되는 듯했다.

이성을 앞세우는 분위기는 예술에도 널리 퍼졌다. 질서와 규칙은 예술에서도 중요하게 여겨졌다. 화가 앵그르(1780~1867)의 〈호메로스 예찬〉처럼, 질서 잡히고 안정된 그림이 인기를 끌었다. 또한 소재는 도덕과 교훈을 담은 것이어야 했다. 이 시기 예술가들은 작품의 소재를 주로 그리스·로마 신화를 비롯한 그리스·로마

균형 잡힌 질서
그림 속 인물들이 안정된 구도에 대칭을 이루어 정연하게 배치되어 있다. 그림을 보는 이는 반듯하게 건물 정면을 마주하게 된다. 한가운데 앉아 있는 이가 고대 그리스의 시인 호메로스다. 고전주의가 꿈꾸는 균형, 안정, 질서의 모습을 담고 있다. 앵그르(1780~1867)의 〈호메로스 예찬〉이다.

문화에서 찾았다. 이러한 이유에서 학자들은 이 시대 예술을 '고전주의'라고 일컫는다. 여기서 고전이란 서양 문명의 뿌리가 되는 그리스·로마 문화를 일컫는다. 고전주의란 계몽주의가 예술로 나타난 것이라고 봐도 좋겠다.

사랑, 감정, 열정, 자유!

그런데 이성과 과학은 인류를 행복하게 했을까? 프랑스 대혁명은 잔인했다. 세상은 온통 전쟁에 휩싸였다. 숱한 사람들이 자유와 평등의 이름으로 목이 잘렸다. 산업 혁명은 어떤가? 공장이 늘어날수록 노동자들의 삶은 오히려 비참해졌다. 더럽고 비좁은 빈민가에 몰려 살면서 하루 16시간씩 일하는 일도 흔했다. 시인 워즈워스(1770~1850)는 산업이 뻗어 나가던 당시 도시를 가리켜, '사탄의 검은 공장들'이라며 차가운 눈초리를 던졌다. 그는 이렇게 말했다. "과학은 성큼성큼 앞으로 내닫는다. 그러나 우리가 풍요로워지는 것은 사랑과 온화함 속에서가 아닌가?"

낭만주의는 이런 분위기에서 나왔다. '낭만'이란 'roman'의 일본어식 표현 '로망'(浪漫)을 한자어 그대로 옮긴 말이다. 원래 roman은 라틴어 이외의 유럽 말들, 곧 이탈리아어·프랑스어·에스파냐어·포르투갈어 등을 일컫는다.

당시 라틴어는 교회의 성직자나 지식인들이 종교 의식을 치르거나 학문을 연구할 때 주로 썼다. 반면 각 나라 주민들은 라틴어 이외의 말들을 일상에서 사용했다. roman으로 쓰인 문학이나 예술은 대대로 내려오는 전설과 사랑 이야기 등을 담고 있게 마련이었다. 주로 여인의 지고지순한 사랑, 전쟁에서의 용맹함과 관련된 중세 시대 기사 이야기가 많았다. 낭만주의를 뜻하는 romantic이 '환상으로 가득 찬', '모험적인', '신비로운'이라는 의미를 담고 있는 이유다.

계몽주의자들은 논리적으로 딱 부러지게 설명할 수 없는 것에는 어떤 의미도, 가치도 부여하지 않았다. 반면에 낭만주의자들은

고전주의의 질서에 혼란과 역동성으로 맞선 낭만주의
검푸른 하늘을 배경으로 하얀 말이 놀라 뛰는 모습이다. 천둥 번개에 놀란 말은 눈을 치켜뜬 채 앞발을 들어 올려 갈기를 휘날린다. 놀란 말은 낭만주의 정신의 비유다. 낭만주의는 고전주의의 균형과 질서에 혼란과 역동성으로 대항한다. 들라크루아의 〈천둥 번개에 놀란 백마〉다.

논리로 풀어내지 못할 신비와 뜨거운 감정이야말로 진리라고 생각했다.

　절절하고 뜨거운 사랑, 생생하게 살아나는 나의 감정, 삶에 대한 열정, 완전한 자유와 해방감, 삶에서 이것보다 더 소중한 것이 있을까? 냉정한 과학은 이 모든 것을 절제하고 억눌러야 한다고 말한다. 그러나 사람이 사람다운 순간은 사랑과 감정, 열정과 자유를 한껏 꽃피웠을 때가 아니던가?

낭만주의는 예술에서 특히 두드러졌다. 낭만주의자들은 법칙과 형식에 얽매이지 않는다. 그들은 강렬하게 꿈틀거리는 감정을 오롯이 표현하고 싶어 했다. 그들의 그림에는 들라크루아(1798~1863)의 〈레베카의 납치〉처럼 강한 색채와 격렬한 움직임이 담기곤 했다.

또한 이들은 개인의 감성과 상상력을 중요하게 여겼다. 프리드리히(1774~1840)가 그린 〈그라이프스발트 근처의 초원〉은 낭만주의 시대의 풍경화다. 그러나 이 그림은 사실 '상상화'다. 실제 그라이프스발트를 그리지 않고, 작업실 안에서 생각만으로 그렸다. 낭만주의자들은 자연을 그대로 그리기보다 자연을 통해 자신의 감정을 나타내는 데 더 신경을 썼다.

이 점은 음악에서도 마찬가지다. 베토벤(1770~1827)의 음악은 고전주의의 끄트머리에서 낭만주의로 넘어가는 단계에 있다. 그는 "내 마음속에 있는 것이 밖으로 나와야 한다."고 말했다. 문학 작품은 또 어떤가. 『파리의 노트르담』을 쓴 위고(1802~1885)는 "낭만주의, 그것은 자유정신이다."라는 말을 남겼다. 그는 예술은 도덕과 아름다움만을 담아서는 안 된다고 주장한다. 예술은 우스꽝스러움, 괴상함, 추함도 다뤄야 한다.

고전주의는 삶에 바람직한 규칙을 주려고 했다. 이와 달리 낭만주의는 삶을 그 자체로 받아들이고 표현하려는 자세를 보인다. 위

1 들라크루아의 〈레베카의 납치〉

2 프리드리히의
  〈그라이프스발트 근처의 초원〉

2

고의 말에는 이런 낭만주의의 태도가 잘 드러나 있다.

질풍노도

낭만주의는 민족주의와도 맥이 닿는다. 계몽주의는 이성으로 세상 모든 것을 설명하려 했다. 이성은 어디에서나 똑같이 적용된다. 수학 공식을 예로 들어 보자. 프랑스에서 통하는 법칙은 영국에서도 에스파냐에서도 똑같이 받아들여진다. 이처럼 계몽주의는 세상 어디에서나 받아들여질 만한 법과 이상을 세우려고 했다. 하지만 감정과 신비를 강조하는 낭만주의는 다른 길을 간다. 독일 시인 헤르더(1744~1803)의 말을 들어 보자.

사람의 생각은 자기가 자란 곳의 언어로 이루어진다. 언어는 나라마다 지역마다 다르다. 따라서 모든 시대 모든 장소의 사람들에게 통하는 단 하나의 사상이란 없다.

각 민족에게는 고유한 전통과 문화가 있다. 서로 다른 생각을 하는 이들에게 하나의 이상을 앞세우는 시도는 독재와 억압일 뿐이다. 낭만주의는 이런 생각에 맞서려 한다. 낭만주의가 '혁명가의 사상'으로 여겨지는 이유다. 낭만주의는 흔히 '질풍노도(거센 바람과 성난 파도) 운동'이라고 불린다. '운동'은 무엇인가를 적극적으로 바꾸려는 노력에 붙는 말이다. 예컨대, 계몽주의는 그냥 생각일 뿐이지만, 계몽주의 운동은 세상을 합리적으로 바꾸려는 노력을 일컫는다. 마찬가지로 질풍노도 운동은 권위와 억압으로 가득했던 세상을 바꾸려는 움직임이었다.

반항은 있지만 대안은 없다?

18세기 이후, 낭만주의는 계몽주의와 함께 시대의 주된 흐름으로 자리 잡았다. 군주와 귀족들의 지배가 계속되던 시기, 계몽주의는 이성적인 생각과 판단으로 새 시대를 열어 가려 했다. 하지만 낭만주의자들은 거센 바람과 성난 파도처럼 감정과 열정으로 거칠게 시대에 맞섰다.

낭만주의자들은 '사춘기의 상태'처럼 보이기도 한다. 격한 감정과 열정은 있지만, 정작 마땅한 해결책은 내놓지 못했다는 의미다. 반항은 있지만 대안은 없는 꼴이다. 따라서 19세기 후반에 이르러 낭만주의는 리얼리즘의 비판을 받는다. 이때 리얼리즘은 가난한 자들의 삶을 앞세웠다. 현실을 더욱 구체적이고 체계적으로 바꾸기 위해서였다.

그렇지만 낭만주의는 역사상 처음으로 인간의 '감정을 해방'했다는 점에서 위대한 사상이라 할 수 있다. 낭만주의 이전만 해도 인간의 감정은 늘 억누르고 다스려야 할 것으로 여겨졌다. 이와 달리 낭만주의는 감정이 오히려 진리를 드러낼 뿐 아니라, 진정 살아 있게 만든다고 생각했다.

냉철하고 합리적인 사람은 믿음직하다. 열정적이고 감성이 풍부한 사람은 불안하다. 그러나 매력적이고 인간적이다. 슈베르트의 가곡 '겨울 나그네'처럼 낭만주의는 사랑을 향한 열정, 방랑과 방황을 아름답게 그린다. 감성은 낭만주의에 의해 '미숙함'에서 '인간적인 매력'으로 거듭났다.

정호승 시인은 이렇게 말한다. "인생에서 가장 중요한 일은 누군가를 사랑하고 사랑받는 것이요, 나머지는 전부 배경 음악에 지나지 않습니다." 시인의 말 속에는 낭만주의의 고갱이가 온전히 살아 있다. 이성이 아닌 사랑이 세상과 사람을 변화시킨다. 낭만주의자들의 꿈이 여전히 큰 울림으로 다가오는 이유가 여기에 있다.

철학 물음

로미오와 줄리엣의 사랑은 대책이 없다. 열네 살 언저리의 두 '청소년'은 주변의 반대를 무릅쓰고 불같은 사랑을 나누다가 비극적인 죽음을 맞는다. 그럼에도 이 둘의 사랑은 아름답다. 파멸에 이르고 만 사랑이 부귀영화를 가져다줄 결혼만큼이나 가슴을 잡아끄는 이유는 무엇일까?

더 읽어 볼 책

★ 김진수, 『우리는 왜 지금 낭만주의를 이야기하는가』
★ 최연정, 『낭만주의자들은 어떤 생각을 했을까?』

니힐리즘

운명을
사랑하라!

유럽에서 가장 위험한 사상(?)

니힐리즘(nihilism)은 라틴어 니힐(nihil)에서 왔다. 니힐은 허무라는 뜻이니, 니힐리즘은 우리말로 허무주의라고 옮길 수 있겠다. 학자들의 연구에 따르면, 이 낱말은 투르게네프(1818~1883)의 소설 『아버지와 아들』을 통해 널리 퍼졌다고 한다. 소설의 주요 인물 가운데 하나인 바자로프에게는 '니힐리스트'라는 꼬리표가 붙어 있었다.

1800년대, 니힐리즘은 '유럽에서 가장 위험한 사상'으로 통했다. 러시아에서는 특히 더 그랬다. 왜 그랬을까? 종교나 도덕은 사회의 뿌리를 이룬다. 무엇이 옳고 그른지, 어떻게 살아야 할지에 관한 잣대를 사람들에게 일러 주기 때문이다. 하지만 니힐리스트들은 사회를 지탱하는 믿음들에 코웃음을 쳤다.

믿음이라는 튼튼한 성은 허공에 있다?
견고한 성이 그보다 더욱 거대하고 튼튼한 바위 위에 있다. 그러나 그 바위는 위태롭게 공중에 떠 있다. 그 어떤 탄탄한 믿음도 끝까지 따지고 들어가면 그 밑바닥에는 허공이 있을 뿐이다. 마그리트 (1898~1967)의 〈허공의 성〉이다. ⓒ Rene Magritte

　기독교 성경의 가르침이 옳다는 근거는 어디 있는가? 왜 우리는 황제에게 충성해야 하는가? 왜 사람들은 귀족과 평민으로 나뉘어야 하는가? 꼼꼼히 따져 보면 이 모두가 근거 없는 믿음일 뿐이지 않은가? 우리가 믿고 따르던 모든 질서와 가치는 근거가 없다. 따라서 '허무'하다. 바자로프 같은 니힐리스트들은 이런 식의 논리를 폈다.

그들은 과학적으로 설명할 수 있는 것들만 받아들이려 했다. 권력을 쥐고 있던 이들에게는 식겁할 만한 일이었다. 사람들이 사회를 떠받치는 권위와 믿음을 받아들이지 않는다면, 세상은 혼란에 빠지지 않겠는가! 그들의 권력 또한 흔들릴 테고 말이다. 그래서 니힐리스트들은 사회를 뿌리부터 흔드는 '혁명가'로 여겨졌다.

신은 죽었다!

니체(1844~1900)는 니힐리즘을 철학적으로 정리해 보여 준다. 니체에 따르면, 유럽 문명은 허무주의에 빠져 있다. 인간은 결국 죽을 수밖에 없다. 죽음이라는 결과를 놓고 볼 때, 인생은 헛헛하기만 하다. 어차피 무(無)로 스러질 인생, 치열하게 살아야 할 까닭이 뭐 있겠는가?

하지만 살아야 할 의미가 없다고 그냥 죽을 수는 없는 노릇이다. 어떻게든 살아야 하는 이유를 만들어야 한다. 그래서 사람들은 헛된 이상을 꿈꾸기 시작했다.

예를 들어 보자. 현실은 늘 변화하고 미래는 불안하다. 그래서 사람들은 천국처럼 '영원하고 변하지 않는 내세'를 만들어 냈다. 우리는 왜 비루한 현실을 견디며 살아야 하는가? 이유는 내세에서 복락을 누리기 위해서다! 일상에서는 무엇이 진실인지, 어떤 것이 옳은지를 알기 어렵다. 그러나 저세상에는 '고정불변의 진리'가

있다. 따라서 우리는 영원한 진리와 죽음 이후의 참된 삶을 좇아
야 한다. 현실의 삶은 이를 좇는 과정일 뿐이다. 유럽 사회는 이렇
듯 헛된 이상을 세워 우리가 왜 살아야 하는지를 설명하려 한다.

결국 우리가 살아가는 세상은 더 허무해진다. 우리의 삶은 내세
와 진리를 위한 것에 지나지 않기 때문이다. 우리의 삶은 현실의
욕심을 다스리며 영원한 진리를 좇는 것이어야 한다. 따라서 '금
욕주의'가 삶의 올바른 방식으로 자리 잡는다. 이렇게 이상과 내
세를 좇는 사상과 종교는 우리 삶을 허무하고 가치 없는 것으로
만들어 버린다.

사상과 종교가 앞세우는 이상과 내세가 진짜 있는 것이라 할
수 있을까? 단지 헛된 상상일 뿐이지 않을까? 니체는 날카롭게 따
져 묻는다. 금욕주의와 종교에 따라 일상의 삶을 억누를 때, 우리
는 더 행복해졌던가? 되레 생활은 더 시들해지고 우울해지지 않
던가? 그렇다면 이제 종교는 사라져야 하지 않겠는가? 그래서 니
체는 『즐거운 지식』에서 힘주어 외친다. "신은 죽었다!"라고. 유
럽의 뿌리를 이루던 기독교 신앙이 일상을 허무하고 가치 없게 여
기게 한다면, 신에 대한 믿음은 사라져 버려야 한다. 그래야 우리
삶이 건강하게 피어나게 될 테다.

망치로 철학하기 — 노예 도덕에서 주인 도덕으로

『도덕의 계보학』에서 니체는 니힐리즘의 뿌리에 한층 가깝게

다가간다. 그는 '망치로 철학하는 것처럼' 사회에 뿌리내린 도덕을 부수어 버린다. 그리고 새로운 윤리를 세우려 한다.

니체에 따르면, 기독교의 초기 신자들은 로마 시대의 노예들이었다. 노예들은 주인을 이길 수 없다. 그래서 이들은 '도덕적으로' 주인을 길들이려 했단다. 무슨 말일까? 노예는 원하는 대로 살 수 없다. 늘 복종하고 인내하고 겸손해야 한다. 기독교는 이런 태도를 바람직하다며 치켜세운다. 노예들은 비록 주인에게 고개를 숙여야 하지만, 이 때문에 자신들이 도덕적으로는 주인보다 더 낫다고 생각했다. 자신들은 '인내와 겸손의 미덕'을 따르고 있지만, 주인은 철없이 우쭐대며 제멋대로 한다고 비난하는 식이다.

기독교가 세상을 지배하게 되자, '노예의 도덕'은 주인들까지도 철저히 옥죄게 되었다. 원래 귀족들은 당당하게 자기주장을 펴면서 하고 싶은 대로 한다. 그러나 기독교 윤리에 따르면 이런 모습은 바람직하지 않다. 주인도 '겸손과 순종'의 미덕에 따라 눈치를 보며 자신을 낮추고 욕구를 다스리는 모습을 보여야 했다. 노예의 자세가 귀족과 자유인에게까지 퍼진 모양새다.

니체는 노예의 도덕이 우리의 삶을 억누르고 있는 현실에 분노한다. 우리의 삶은 생동하는 에너지로 가득하다. 욕구와 욕망을 따르는 삶, 자신의 우수성을 한껏 드러내고 펼치려는 마음은 건강하다. 니체는 이를 '힘을 향한 의지'라고 한다. 내세, 영원한 진리 등을 내세우며 삶을 짓누르는 도덕은 옳지 못하다. 진정한 도덕은 '주인의 도덕'이어야 한다. 세상을 아름답게 바라보며 살려는 의지를 한껏 틔워 주어야 한다는 뜻이다. 이런 도덕은 과연 어떤 모습일까?

긍정의 니힐리즘– 운명을 사랑하라!

니체는 자신의 철학 또한 니힐리즘이라 부른다. 그는 새로운 니힐리즘으로 니힐리즘을 이겨 내려 했다. 삶은 늘 변하고 불안하다. 니체는 이런 현실을 있는 그대로 받아들이라고 말한다. 우리 삶을 이끄는 것은 힘을 향한 의지다. 우리 안에는 더욱 강하고 멋지며 아름답고 우수해지려는 욕구가 가득하다. 힘을 향한 의지란 바로 이것을 말한다.

물론, 우리 모두는 결국 죽어 사라질 운명이다. 있는 힘껏 힘을 향한 의지를 틔워 봤자 무슨 소용 있겠는가? 생각 깊은 이들에게는 이런 의문이 자연스레 떠오를 수밖에 없다.

그러나 니체는 인생의 허무함을 오히려 적극적으로 받아들이라고 권한다. 그는 '영원 회귀'라는 더 끔찍한 생각까지 끌어들인다. 우리 인생은 죽음으로 끝나지 않는다. 우리 삶은 죽은 뒤에도 영원히 거듭될 운명이다. 우리의 실수, 아픔, 상처도 다음 삶에서 다음 삶으로 계속 반복될 것이다. 니체는 왜 영원 회귀라는 끔찍한 운명을 상상했을까?

영원 회귀는 오히려 우리의 삶을 다잡게 할 수 있다. 생각해 보라. 지금 실수와 후회가 가득한 일을 했다고 해 보자. 그러면 앞으

허무를 받아들이는 초인

세상의 모습은 안개에 가려 보이지 않는다. 무엇을 믿고 의지하며 길을 찾아갈 것인가? 그렇지만 그림 속 방랑자는 그것을 담담히 받아들이고 홀로 서 있다. 초인은 거대한 허무 앞에서 쓰러지지 않는다. 허무를 받아들이고 홀로 설 줄 아는 용기가 있는 사람이 초인이다. 프리드리히(1774~1840)의 〈안개 위의 방랑자〉다.

로 나는 똑같은 잘못을 영원히 반복하며 회한을 거듭하게 될 테다. 그렇다면 지금 이 순간 나는 제대로 결단을 내려 올곧은 일을 해야 하지 않을까? 영원히 삶이 반복될수록, 나는 더욱 매 순간 최선을 다해서 살아야 한다. 그럴 때 나는 내 인생을 튼실하게 누리며 참되게 세울 것이다. 니체가 거듭 강조하는 '운명을 사랑하라!'는 말은 이런 뜻이다.

죽음으로 끝날 우리 인생은 허무하다. 그러나 허무하기 때문에 오히려 우리는 무엇이건 될 수 있다. 세상은 허무하다. 그렇기에 우리에게 어떻게 살라고 강요할 수 있는 것은 아무것도 없다. 무엇을 할지, 어떤 인생을 살지는 오롯이 우리의 '자유'에 달렸다. 매 순간 최선을 다하며 더 나아지려는 내 안의 욕망에 충실하게 사는 삶, 이것이 니체가 말하는 '긍정의 니힐리즘'이다.

위대해지고픈 욕망을 깨우고 싶다면

니힐리즘은 뜻하는 바가 무척 넓다. 인생무상을 강조한다는 점에서는 불교도 니힐리즘으로 볼 수 있다. 모든 게 무의미하다고 여겨졌을 때, 사람들의 태도는 둘로 갈린다. 어떤 이들은 내 삶에 의미를 줄 수 있는 무언가에 절절하게 매달린다. 신과 종교, 부와 명예 등등 삶을 채워 줄 무엇에 정신을 쏟는다. 허무함을 쫓기 위해 더 허무한 무엇에 매달리는 식이다. 이런 모습은 현실을 잊기 위해 약물에 매달리는 마약 중독자들과 무엇이 다른가?

이와 반대로 오히려 삶이 무의미하다는 현실에서 희망을 찾는 이들도 있다. 내가 어떻게 살아야 할지, 무엇이 되어야 할지에 대한 정답이 없다면 나는 무엇이 되어도 상관없다. 사람은 누구나 자신의 능력을 최대한 펼치고 싶게 마련이다. 그런데 허무주의에 따르면 그 무엇도 나를 옥죄지 못한다. 모든 것은 결국 헛되며 세월 앞에 스러질 뿐이지 않던가. 나는 내 안의 강렬한 에너지를 원하는 대로 펼치며 내 삶을 가치 있게 꾸밀 수 있다. 긍정의 니힐리즘은 이렇듯 허무에서 삶에 대한 강렬한 애정을 뿜어 올린다.

　니체는 우리에게 '초인'(Übermensch)이 되라고 외친다. 초인이란 삶을 긍정하며 자기 자신을 완전하게 실현하려는 사람이다. 긍정의 니힐리즘은 우리 안의 위대해지고 싶은 욕망을 일깨운다. 날로 치열해지는 생존 경쟁은 우리를 주눅 들게 한다. 긍정의 니힐리즘은 점점 초라해져 가는 우리 영혼에 힘을 주는 '치료제'가 아닐까?

철학 물음

인간은 결국 모두 죽어 사라질 운명이다. 그렇다면 우리가 이토록 아득바득 살아야 하는 까닭이 있는가? 어차피 죽음으로 스러질 내 인생이 '그럼에도' 의미 있는 까닭은 무엇인가?

더 읽어 볼 책

★ 김상환 외, 『니체가 뒤흔든 철학 100년』
★ 로이 잭슨, 『30분에 읽는 니체』
★ 잔니 바티모, 『근대성의 종말』

실존주의

행복은
그냥 피어나는 것

내 삶은 왜 이리 불안할까? – 의미 중독

인간의 두뇌는 쉴 틈이 없다. 깨진 항아리를 보면 우리는 온전한 항아리의 모습을 먼저 떠올린다. 항아리의 오롯한 모습을 먼저 그려 보아야 눈앞에 놓인 물체가 깨진 항아리임을 알게 되기 때문이다. 구름을 볼 때도 우리의 뇌는 토끼나 염소, 사자 같은 이미 알고 있는 모양을 그 위에 덧씌우려 한다.

산길을 걸을 때도 등산로의 전체 모습을 알지 못하면 마음이 불안하다. 자기가 어디를 향해 어디쯤 걷고 있는지 알지 못하는 탓이다. 일상에서도 마찬가지다. 내가 지금 하고 있는 일의 목적이 무엇인지, 무엇을 위한 과정인지, 내가 어느 정도의 위치에 있는지를 모르면 불안하고 초조해진다.

이처럼 인간은 의미를 좇는 존재다. 내가 하는 일이 인정받지 못할 때, 왜 하고 있는지 알 수 없을 때, 삶은 괴롭다. 차라리 누가 나서서 내가 할 일을 알려 주고 내 인생의 의미까지 정해 주었으면 좋겠다.

독재자는 인간의 이런 마음을 교묘하게 이용한다. 나치스가 지배하던 독일에서는 모든 남자가 14세가 되면 히틀러 유겐트(나치스 독일의 청소년 조직)에 들어가야 했다. 조직 안에는 무려 11단계의 서열이 있었다. 여러 장식과 자리로 청소년들의 지위와 역할이 분명하게 갈렸다. 잘한 사람은 칭찬을 받고 단계가 올라갔다. 사소한 행동 하나하나에도 평가하고 바라보는 눈이 있었다. 평가와 진급, 보상은 젊은이들의 가슴을 뛰게 했다. 좀 더 높은 지위와 역할은 삶을 '의미'로 가득 채워 주었다.

히틀러가 무너졌을 때, 그들의 마음은 헛헛했다. 치열한 경쟁이 주던 삶의 의미는 신기루처럼 사라져 버렸다. 그동안의 모든 노력에도 그들은 더 가치 있는 존재가 되지 않았다. 이제 어디에서 삶의 가치를 찾아야만 하는 것일까?

히틀러 유겐트에 열정을 쏟았던 젊은이의 허탈함은 결코 남의 일이 아니다. 우리의 일상도 별다르지 않다. 어른들은 직장에서 승진을 위해 목을 매고, 학생들은 더 높은 성적을 얻어 좋은 학교에 가기 위해 치열하게 경쟁한다. 원하는 자리를 차지하면 내 인생은 가치 있어질까? 나는 의미 있는 삶을 살았다고 할 수 있을까?

모든 직장 생활에는 끝이 있다. 언젠가는 모든 것이 내게서 떠나가 버린다. 최고 성적을 거두어 이른바 명문 학교에 가면 무엇

하겠는가. 인생의 최종 결과는 누구나 똑같다. 죽음에 이르면 모든 것을 내려놓고 세상을 떠나야 한다.

이런 상황에서 우리는 알코올 중독자가 술을 찾듯 삶의 의미를 주는 일을 절절하게 찾는다. 내 삶이 제대로 인정받지 못하는 듯 싶으면 나라는 인간의 가치를 알아주고 내 인생의 의미를 줄 새로운 일을 찾아 매달린다. 우리 대부분은 인생의 의미를 느끼지 못할 때 불안해한다. 이 점에서 인간은 '의미 중독자'인 셈이다.

실존은 본질에 앞선다

내 삶의 의미와 가치는 어디에서 찾을 수 있을까? 국가와 민족을 위해 한목숨 바치면 내 인생은 가치 있어질까? 나를 진정 알아주는 사람을 만나면 내 마음에 부는 찬바람이 사라질까?

이런 물음에 실존주의 철학자 사르트르(1905~1980)는 고개를 젓는다. 그 무엇도 내 삶을 의미 있게 해 주지는 못한다. 사르트르는 종이 자르는 칼을 예로 든다. 장인은 자기 머릿속에 그려진 모습대로 칼을 만든다. 칼의 가치는 종이를 잘 자르는지에 따라 정해진다.

그런데 인간은 어떤가? 인간에게는 원래부터 주어진 역할과 기능이 없다. "실존은 본질에 앞선다."는 그의 유명한 말이 뜻하는 바다. 종이 자르는 칼에는 '종이를 자르는 것'이라는 본질이 있다. 그러나 인간에게는 무엇이어야 한다는 '본질'이 없다. 그냥 세상

돌덩어리가 먼저인가? 인간의 모습이 먼저인가?

돌덩어리는 인간의 모습이 될 목적으로 생겨난 것일까? 그저 인간이 돌덩어리를 조각했을 뿐이다. 인간 또한 어떤 목적으로 태어난 것이 아니다. '그냥' 태어났을 뿐이다. 그렇게 실존은 본질에 앞선다. 미켈란젤로(1475~1564)의 미완성 작품 〈아틀라스〉다.

에 던져졌을 뿐이다.

물론, 사람들은 '인간의 바람직한 모습'을 나름대로 정해 놓곤 한다. 예컨대, 기독교에서는 하느님이 인간을 만들었다고 한다. 장인의 머릿속에 종이 자르는 칼이 들어 있듯, 신은 '제대로 된 인간'을 벌써 알고 있다. 이 모습대로 사는 사람만이 가치 있는 삶을 꾸린다고 인정받는다.

권력자들은 '국가와 민족을 위해 사는 삶'이 가치 있다며 소리를 높인다. 심지어 본보기가 될 만한 '영웅'들을 보여 주기도 한다. 시민들은 그들처럼 살아야 제대로 된 인생이라 인정받는다. 회사는 또 어떤가. 기업들은 직장에 헌신하는 생활이 보람차고 가치 있다고 외친다.

자기기만

그러나 사르트르는 그 무엇도 내 인생에 의미를 주지 못한다고 잘라 말한다. 국가와 민족이 위대하면 나 자신의 가치도 높아질까? 힘세고 돈 많은 나라 사람들이 못사는 나라 사람들을 업신여기는 모습은 눈꼴사납다. 무엇에 기대어 자신의 가치를 세우려는 치들은 한심해 보인다.

인생의 가치가 자신 바깥에 있는 무엇으로 정해진다면, 내 삶은 언제나 휘둘릴 수밖에 없다. 회사가 망해 버리면 그동안에 기울인 헌신도 말짱 도루묵이 되어 버리지 않겠는가. 제아무리 높은 지위를 차지했어도 내 삶은 순식간에 나락으로 떨어져 버린다.

나아가, 사르트르는 '자기기만'에 빠지지 말라고 충고한다. 사람들은 이렇게 투덜대곤 한다. "나는 환경이 좋지 않았지. 나는 위대한 사랑을 하지 못했어. 그럴 만한 사람을 못 만났기 때문이야. 나는 좋은 책을 쓰지 못했어. 그럴 만한 여유가 없었지. 나는 아낌없이 애정을 쏟을 아이를 낳지 못했어. 삶을 같이할 만한 남자를 못 만났던 탓이야." 여건이 안 되어서 내가 지닌 가능성이 피어나지 못했을 뿐, 나는 소중하고 뛰어난 존재라며 스스로를 기만하곤 한다.

사르트르는 "인간은 자유롭도록 선고받았다."고 말한다. 우리는 자유롭지 않을 방법이 없다. 너무 골치가 아파서 차라리 돌처럼 생각 없이 있었으면 좋겠다고 투덜거릴 때도 있다. 그럼에도 우리는 자유롭지 않을 방법이 없다. 자유는 우리에게 언제나 주어져 있기 때문이다. 사르트르가 자유를 마치 벌인 양 선고받았다고 하는 이유가 여기에 있다.

우리 삶의 가치는 자유를 어떻게 썼는지에 따라 정해진다. 인간은 실천을 통해 자기 스스로를 만들어 간다. 다른 사람들이 나를 인정하는지 안 하는지는 내가 어쩔 수 없는 문제다. 주변 여건이 좋은지 나쁜지도 내 뜻대로 결정되지 않는다. 내가 할 수 있는 일은 무엇을 할지를 자유롭게 결정하고 실천에 옮기는 것밖에 없다. 사르트르는 힘주어 말한다. "인간은 자기 스스로를 실현하는 한에서만 실존한다." 내가 어쩌지 못하는 남의 결정과 환경에 책임을 돌리지 말라는 뜻이다.

앙가주망 ─ '행복은 그냥 피어나는 것'

그러나 사르트르의 말을 모두 받아들인다 해도 여전히 내 삶은 막막하다. 도대체 어떻게 살라는 말인가? 실존주의 심리 치료 분야를 개척한 정신과 의사 빅터 프랭클(1905~1997)의 주장은 좀 더 분명한 해답을 준다. 그는 "행복이란 손에 쥘 수는 없고, 단지 피어나는 것"이라고 말한다.

우리가 행복한 순간은 언제인가? 좋아하는 일에 빠져 있을 때, 마음 통하는 사람과 함께 있는 동안 우리의 영혼은 행복감으로 가득하다. 우리는 이 순간 행복을 굳이 떠올리지 않는다. 그런데도 행복감은 저절로 피어오른다.

의미도 마찬가지다. "인생의 의미가 무엇인가?"에 애써 매달릴 때, 오히려 내 삶의 가치는 스러져 버린다. 절실히 하고 싶은 일, 꼭 해야 하는 일을 온전하게 파고들 때 의미는 저절로 피어날 테다. 빅터 프랭클은 생활 속에 '참여'하는 일이 무엇보다 중요하다고 말한다. 순간순간 최선을 다해 살라는 뜻이다.

물론 자신의 선택이 잘못될 경우도 있다. 대수롭지 않은 일에 인생을 허비했다고 사람들에게 손가락질을 받을지도 모른다. 그러나 빅터 프랭클은 걱정하지 말라고 자신 있게 말한다. 그 누구도 내 과거를 바꿀 수 없기 때문이다.

의미 있다고 여기는 일에 치열하게 뛰어들었던 경험은 아무도 빼앗을 수 없다. 그때 느꼈던 뿌듯함 또한 누구도 앗아 가지 못한다. 다른 이들이 어떻게 평가하든, 상황이 어떻게 바뀌든, 튼실했던 삶의 순간은 아무도 앗아 가지 못할 '나의 가치'로 내 삶을 굳세게 다잡아 줄 것이다.

사르트르도 비슷한 말을 한다. 인생의 의미와 가치는 '앙가주망'(참여)하는 데 있다. 현실에 적극적으로 뛰어들고 행동하는 것이야말로 내 인생을 스스로 만들고 개척하는 일이다. 남들이 나를 받아들일지, 사회가 나를 인정할지는 나에게 달려 있지 않다. 그러나 내가 어떻게 '행동'할지는 나에게 달려 있다. 매 순간의 결정과 행동이 어느 누구도 빼앗지 못할 내 삶의 의미를 만들어 낸다.

'우드스톡의 나라' – 우리는 왜 초라할까?

실존주의는 1960년대에 큰 인기를 끌었다. 이 시기는 베트남 전쟁이 한창이던 때이기도 했다. 공산주의와 자본주의가 치열하게 대결하고, 체코의 수도 프라하에 소련군이 거침없이 쳐들어가던 '위협의 시대'*였다.

반면, 1960년대는 히피의 시대이기도 했다. 히피들은 감지 않은 긴 머리, 청바지에 티셔츠, 자유롭고 거침없는 생활, 그리고 젊음을 앞세워 주어진 사회의 틀에 맞섰다. 그들은 '우드스톡의 나라'를 꿈꿨다.

우드스톡은 소외된 젊은이의 나라입니다. 우리는 어디서든 그곳에서 살아갑니다. 수족**(Sioux) 원주민이 어느 국가에 속해 있건 자신들의 나라에서 사는 것과 똑같은 마음인 거죠.

히피 지도자인 애비 호프먼(1936~1989)의 말이다. 그들은 주어진 틀에서 벗어나 자유를 만끽하는 삶, 자신의 가치를 스스로 찾아가는 인생을 꿈꿨다.

지금 우리는 어떤가? 대학가는 '공시족'(공무원 시험을 준비하는 이들), '임용 고시족'들로 넘쳐 난다. 세상을 바꾸겠다는 이상, 모험 가득한 인생을 살겠다는 당찬 꿈을 꾸는 젊은이는 점점 사라지고 있다. 대학 입시에서도 튼튼한 밥그릇을 챙길 수 있는 전공이 더더욱 인기를 끈다. 이들 중 성공한 사람은 '소시민'으로 살아갈

---

* '프라하의 봄'을 말한다. 1968년 체코에서 민주 자유화 운동이 일어나자, 이 운동을 막기 위해 소련군이 불법 침략한다. '체코 사태'라고도 한다.
** 북아메리카에 살던 원주민 부족 연합.

것이다. 과연 이것이 그들이 꿈꾸던 삶일까? 뜻한 바를 이루었다 해도, 어느 순간 그들은 세상살이에 전전긍긍하는 초라한 자신을 발견하게 되지 않을까?

인간은 자유롭다. 우리가 꼭 사회가 원하는 그 무엇이 되어야 하는 것은 아니다. 그런데도 우리는 주어진 자유를 너무 쉽게 잊어버리고 산다.

철학 물음

"나는 누구의 자식이며 누군가의 형제다. 어느 학교나 직장에 소속되어 있으며 학년, 또는 직위는 무엇이다." 여느 자기소개는 이렇게 이루어진다. 관계 속에서 내가 어디 위치해 있는지를 나타내는 식이다. 이렇게 말고 나 자신을 '그 자체'로 소개해 보라. 어떻게 하면 나 자신을 있는 그대로 드러내고 보여 줄 수 있을까?

더 읽어 볼 책

★ 장 폴 사르트르, 『실존주의는 휴머니즘이다』

★ 어빙 D. 얄롬, 『실존주의 심리 치료』

★ 제이슨 델 간디오, 『다른 세상은 가능하다』

구조주의

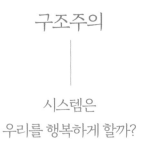

시스템은
우리를 행복하게 할까?

나는 어디에 서 있는가

장기를 두려고 하니 말의 개수가 모자란다. 졸이 하나 사라져 버린 것이다. 급한 대로 귤껍질을 찢어서 작은 조각을 만들었다. 이를 졸 대신으로 썼다. 모양은 빠지지만 장기를 두는 데는 아무 문제가 없다. 왜 그럴까?

필요하면 귤껍질을 장수 격인 초나 한 대신으로도 쓸 수 있다. 차나 마로 삼아도 괜찮다. 장기를 두는 사람끼리 귤껍질이 무엇을 나타내는지만 약속하면 문제가 되지 않기 때문이다. 장기판의 말들은 그 자체로 힘을 갖고 있지 않다. 말들의 능력은 장기의 전체 규칙 속에서 그 말이 어떤 지위를 차지하느냐에 따라 결정된다.

우리의 일상도 마찬가지다. 'CEO', '과장', '유권자', '소비자' 등등의 힘은 어디에서 올까? 회사가 없으면 CEO라는 명함이 무

현대 미술에서 황소 머리
피카소(1881~1973)는 녹슨 자전거 안장에서 황소 얼굴을 보았다. 현대 미술이라는 구조에서는 자전거 안장도 갤러리에 놓이고 감상하게 된다. 자전거라는 구조 속에서 안장이던 것이 현대 미술이라는 구조에서는 황소 얼굴이 된 것이다. 작품은 피카소의 〈황소 머리〉다.
© Pablo Picasso

슨 소용 있겠는가. 공원에 덩그러니 홀로 앉아 있을 때 '과장'이라는 꼬리표는 별 가치가 없다. 한 사람의 가치와 능력은 그가 어떤 '구조' 속에서 어느 위치를 차지하는가에서 온다.

　세상을 읽으려면 사람들 하나하나만 보아서는 안 된다. 사회 전체가 돌아가는 판세, 즉 구조를 짚어 내야 사회를 제대로 이해할 수 있다. 이처럼 '구조주의'란 사회가 움직이는 구조를 드러내며 세상을 설명하려는 사상을 말한다.

양반걸음은 왜 촌스러울까?

　그러나 사회 구조를 드러내기는 쉽지 않다. 구조는 공기와도 같아서 좀처럼 눈에 띄지 않기 때문이다. 숲속에 있으면 오히려 숲을 보기가 어렵다. 마찬가지로 구조 안에 있는 우리가 사회를 움직이는 구조를 깨닫기란 정말 힘들다.

예를 들어 보자. 우리에게 '양반걸음'은 무척 낯설다. 초등학생이 팔자걸음으로 팔을 휘휘 저으며 다녔다가는 야단을 맞을지도 모른다. 그런데 지금은 그냥 '기이한 걸음걸이'일 뿐인 양반걸음이 100여 년 전만 해도 우아하고 당당한 걷기 자세였다.

이렇게 된 이유는 사회 구조에 있다. 이 땅에 지금과 같은 학교가 생긴 것은 100여 년 전이다. 학교에서는 공부뿐 아니라 걷기와 '바른 자세'도 가르쳤다. 학생들은 조회 시간 등을 통해 새로운 걷기 방법을 익혔다. 친구들과 발을 맞추어 가슴을 펴고, 가볍게 손을 흔들며 경쾌하게 걸어야 했다. 왜 이렇게 걸었을까?

산업 사회는 공장과 회사를 중심으로 움직인다. 공장과 회사는 기계처럼 팽팽 돌아가야 한다. 그러려면 모두 함께 움직여야 한다. 게다가 속도도 중요하다. 나 혼자만 튀게 움직였다간, 전체가 삐거덕거릴지도 모른다.

산업이 중심이 되는 사회 '구조'에서 양반걸음은 어울리지 않는다. 그러니 당연히 우리에게도 눈꼴사납게 다가올 테다. 일본도 마찬가지였다. 일본에는 땅을 스치듯 걷는 '난바'(なんば)라는 걸음이 있었다. 지금은 스모에나 겨우 모양새가 남아 있을 정도로 거의 찾아보기 힘든 걸음걸이다. 심지어 일본이 산업화하던 무렵, 난바로 걷는 사람은 '문명개화에 반대하는 자'로 여겨지기까지 했다.

조선 시대에 누가 지금처럼 빠르고 씩씩하게 걸어 다녔다면 어떻게 되었을까? 아마도 촐싹댄다며 손가락질을 받았을 것이다. 이처럼 구조는 우리가 어떻게 생각하고 행동해야 하는지를 정해 주기도 한다. 사회를 지배하는 구조를 알면 세상이 어떻게 돌아가 는지가 분명하게 보인다.

에크리튀르, 차별 없는 세상을 만들려면

구조는 사람들을 눈에 안 띄게 차별하고 억누르기까지 한다. 언 어학자 롤랑 바르트(1915~1980)는 '에크리튀르'(écriture)로 이를 설명한다. 에크리튀르는 영어의 '모드'(mode) 정도로 옮길 수 있 는 말이다.

'policeman', 'chairman', 'boxer' 같은 낱말들을 떠올려 보라. 우리말에도 '출제자', '경력자' 같은 단어가 많다. 언뜻 보면, 이 말 들이 뭐가 문제인지 눈에 들어오지 않는다. 그러나 여기에는 'man', 'er', '자'(者, 놈 자), 곧 남성을 나타내는 꼬리말이 붙어 있다.

이런 말들을 자연스럽게 쓰는 상황에서는 남녀평등이 제대로 될 리 없다. 여자 police 'man', 여성 출제 '자'는 도대체 남자일까, 여자일까? 이런 낱말들은 당연히 경찰관은 남자이고, 문제를 내는 이도 남자여야 한다는 성차별을 담고 있다. 남성의 '에크리튀르' 를 띠고 있는 말의 구조 속에서 남녀가 똑같이 대접받기는 어렵다.

그렇다면 어떻게 해야 할까? 당연히 '에크리튀르'를 바꾸어 야 한다. 영어를 쓰는 나라에서는 더 이상 'policeman', 'chairman'이라는 말을 쓰지 않는다. 그 대신 'police-person', 'chair-person'같이 공평한 낱말을 사용한다.

롤랑 바르트는 어떤 차별도, 억누름도 담고 있지 않은 에크리튀르를 꿈꾸었다. 그는 어떤 편견도 담기지 않은 구조를 '영 도'(degré zéro)라고 부른다. 하지만 이런 구조가 과연 있을까? 없다면 우리가 이런 구조를 만들 수 있을까?

나는 보이지 않는 권력에 길들여진다

미셸 푸코(1926~1984)는 이 물음에 고개를 가로젓는다. 구조는 그 자체로 사람들을 옥죄어 든다. 그는 구조를 '권력'으로 여긴다. 푸코는 학교, 교도소, 병원을 들여다보며 우리 시대의 구조를 드러내려 한다.

만약 누가 나를 '길들이려' 한다면 어떨까? 본때를 보인답시고 나에게 손찌검을 한다면? 당장 욱하고 치받을지 모르겠다. 대놓고 억누르려 할 때 이를 고분고분 받아들이는 사람은 별로 없다.

하지만 아침에 지각을 해서 벌칙을 받아야 한다면 어떨까? 당신을 차별하려는 것이 아니라 기준에 못 미치기 때문에 지원금을 줄 수 없다고 한다면? 사람들은 별 불만 없이 받아들일 테다. 이처럼 권력은 구조를 통해 사람들을 조금씩 길들여 나간다.

푸코가 보기에 학교, 교도소, 병원은 모두 똑같은 구조로 움직인다. 학교는 학생들이 하루 시간을 어떻게 보내고 행동해야 할지를 세세하게 정해 놓았다. 아침 8시까지는 학교에 와야 하고, 수업 시간에 선생님 말씀을 들을 때는 가슴을 펴고 바르게 앉아 손을 무릎 위에 올려놓아야 한다는 식이다. 감옥도 똑같다. 죄수들의 하루 일과는 철저하게 정해져 있고, 작업장·감방 안에서의 생활 규칙도 잘 짜여 있다. 병원은 또 어떤가. 병원에서는 병의 종류별로 환자를 어떻게 다루고 관리해야 하는지를 세세하게 정해 놓는다.

구조는 사람들을 힘으로 윽박지르는 법이 없다. 그냥 '규칙을 지키라.'고 안내할 뿐이다. 규칙에서 벗어나면? 무엇을 어겼느냐에 따라 돌아오는 벌칙도 다르다. 이런 경우에는 함부로 반항하기도 쉽지 않다. 이렇게 규정을 하나하나 따르다 보면, 우리는 어느새 구조에 길든 인간이 된다.

독재 사회에서는 우리를 억누르는 권력자가 누구인지 한눈에 보인다. 그가 사라지면 우리는 자유를 찾을 수 있다. 그러나 '시스템'이 지배하는 사회에서 우리는 독재자 없이도 억눌려 살아간다. 물론 사회 질서가 뿌리내리고 여기에 잘 길들수록 세상살이는 편해질 테다. 그러나 안정된 나라일수록 국민들은 쉽게 우울증에 빠진다. 까닭 없이 자신이 자꾸만 작아지고 초라해지는 기분에 시달리는 경우도 많다.

숲속을 자유롭게 뛰어다니는 야만인과 안전한 도시에서 궁싯거리는 우리를 견주어 보라. 우리는 야만인보다 훨씬 더 잘 먹고 안전하게 잠든다. 그러나 얻는 것이 있으면 잃는 것도 있는 법, 우리는 과연 무엇을 잃었을까?

부조금은 거래가 아니다, 도대체 왜?

우리 사회를 지배하는 주된 구조는 무엇일까? 현대 사회는 무엇보다 '돈'을 중심으로 움직이는 듯싶다. 그런데 우리는 인류가 돈이 지배하는 세상을 극구 피하려 했다는 사실을 쉽게 잊어버린다.

옛 양반들은 돈을 만지려고조차 하지 않았다. 하인을 통해 건네고 받았을 뿐이다. 돈을 주고받아야 하는 때에도 '경우'와 '의리'를 앞세웠다. 지금도 결혼식·장례식 등의 부조에는 이런 전통이 남아 있다. 그가 나한테 한 만큼 상대에게 부조 '금'을 주곤 하지만, '거래'라는 느낌은 애써 피하려고 한다. 왜 그럴까?

돈에는 얼굴이 없다. 돈은 누구도 가리지 않으며 어느 누구에게나 똑같이 대한다. 예를 들어 길거리를 가다가 무거운 보따리를 든 친구를 만났다고 해 보자. 안쓰러운 마음에 짐을 대신 들어 주었다. 그런데 수고했다며 친구가 만 원을 건네면 어떤 기분이 들까? 돈을 받았다는 기쁨 대신 섭섭하고 황당한 마음이 들지 않을까?

내가 한 행동은 '우정'과 '의리'라는 구조 속에서 이루어진 것이다. 그런데 상대방이 '돈'의 구조로 나의 행동을 가늠하면, 우정과 의리는 사라지고 기계적인 계산만 남게 된다. 돈이 앞면에 나서면 소중한 관계도 의미가 없어져 버린다. 어느 문화권에서나 돈거래를 오랫동안 부끄러운 일로 여겼던 이유다.

물론, 돈이 사회 구조를 지배하는 사회는 합리적이다. 주고받아야 할 몫이 딱 부러지기에 시비할 일도 적다. 경제가 커 나가고 나라의 살림살이가 좋아질수록, 사회에는 돈 중심의 시스템이 점점 더 깊이 뿌리를 내린다. 정과 의리에 휘둘릴 여지가 사라진다는 뜻이다. 세상은 점차 투명해지며 경제도 효율적으로 움직인다. 그렇지만 외로움과 불안이 세상에 널리 퍼지는 까닭은 무엇일까? 조금씩 더 치밀하게 우리를 관리하려 드는 구조를 우리는 어떤 태도로 대해야 할까?

철학 물음

입학 사정관 제도는 대학에서 신입생을 뽑을 때 성적만을 잣대로 삼지 않고 인성이며 적성 등 다양한 측면을 고려하여 선발하기 위해 도입되었다. 그렇다면 내가 최고의 학생으로 꼽힐 수 있는 나름의 선발 기준을 제시해 보라. 이 선발 기준을 내세웠을 때 다른 사람들이 반발하지는 않을까? 선발 기준이란 그 자체로 인재를 가늠하는 '구조'다. 내가 만든 '구조'로 지금 대학들의 선발을 대신한다면 사람들의 저항이 적어질까, 많아질까?

더 읽어 볼 책

★ 우치다 타츠루, 『푸코, 바르트, 레비스트로스, 라캉 쉽게 읽기』
★ 발리스 듀스, 『그림으로 이해하는 현대 사상』
★ 김찬호, 『돈의 인문학』

해체주의

해체는
정의롭다!

이성적인 것이 꼭 바람직할까?

건축가 르코르뷔지에(1887~1965)는 비행기 조종석 의자에 감탄
했다. 군더더기 없이 꼭 필요한 골격만 있는 모습, 의자란 결국 앉
기 위한 도구일 뿐이다. 편안하게 앉을 수 있기만 하면 되지, 무슨
장식이 필요하겠는가. 르코르뷔지에가 설계한 건물들도 다르지
않았다. 그는 건축에서 합리적이고 기능적인 측면을 강조했다.

1923년, 프랑스 기업가 프뤼게는 르코르뷔지에에게 노동자 주
택 건축을 맡겼다. 그는 최선을 다해 거주자들을 위한 '합리적인
집'을 지었다. 장식 없이 넓은 콘크리트 면, 밝게 빛나는 조명 등
을 갖춘 단순하면서도 편리한 집이었다.

그런데 노동자들은 르코르뷔지에의 건물이 달갑지 않았나 보
다. 그들은 건축가의 생각에는 아랑곳하지 않았다. 평평한 콘크리

트 지붕 위에 물매 지붕(지붕면이 경사진 지붕)을 덮어씌웠고 창문에는 여닫이문을, 벽에는 꽃무늬 벽지를 발랐다. 마당에는 다양한 장식을 늘어놓았다. 건물은 금세 전체적인 통일성을 잃었다. 그래도 사람들은 집이 훨씬 '살 만해졌다'고 여겼다.

세상은 이성과 합리를 바람직하게 여긴다. 더 나아가 사람들은 체계와 질서가 뿌리내리는 모습을 '발전'으로 받아들인다. 그러나 이성적이고 체계적인 것이 우리 삶에도 편하고 좋을까? 해체주의는 이런 의문을 세상에 던진다.

죽음의 복음

자크 데리다(1930~2004)는 해체주의를 연 철학자다. 그는 합리성을 강조하는 서양 문명을 근본부터 짚어 본다. 데리다에 따르면, 서양 문명은 이원론에 뿌리를 두고 있다.

예를 들어 보자. 빛이 있으면 어둠이 있다. 남성이 있으면 여성이 있고, 이성이 있으면 감성이 있다. 이처럼 쌍을 이루는 낱말들은 서로 다른 쪽에 기대어 있다. 어둠이 없다면 어떻게 빛을 설명할 수 있겠는가? 마찬가지로 여성이 없으면 남성을, 감성이 없으면 이성을 설명할 길이 없다. 이처럼 의미는 낱말 사이의 차이로 꾸려진다.

서양 문명은 '차이'를 '차별'로 이끈다. 빛과 어둠 가운데 빛을, 남성과 여성 가운데는 남성을, 이성과 감성 가운데 이성을 더 중요하고 근본적이라 여기는 식이다. 그러고는 어둠과 여성, 감성은 덜떨어지고 부끄러운 것으로 취급한다.

그뿐 아니라 발전이란 어둠과 여성, 감성을 누르고 없앨 때 이루어진다. 기독교의 성경에도 태초에 '빛'과 '이성'이 있었다고 하지 않던가. 더구나 여성은 줄곧 남성을 유혹하고 타락시키는 존재로 나올 뿐이다. 데리다가 서양 문명을 로고스(이성) 중심주의, 남성주의라고 하는 이유다.

하지만 빛과 남성, 이성이 반대편 없이 홀로 있을 수 있는가? 당연히 없다. 그럼에도 서양 문명은 한쪽만을 바람직하고 올바르다고 밀어붙인다. 어둠이 없는 빛, 여성이 없는 남성, 감성이 없는 이성은 '유령'과 다르지 않다. 실제로는 가능하지 않은 생각이라는 뜻이다. 한쪽만이 남게 될 때, 모든 개념은 결국 그 의미를 잃어버리기 때문이다.

쌍을 이루는 개념 중 한쪽만 강조하는 이원론은 세상을 파멸로 이끌 뿐이다. 이분법에 뿌리를 둔 서양 문명은 숱한 폭력을 낳았다. 서양의 중세 기독교 신앙만 해도 그렇다. 선과 악으로 세상을 나눈 채, 악을 없앤다는 명분 아래 얼마나 많은 사람들을 괴롭히고 내몰았던가. 정신과 육체, 내세와 현세를 가른 뒤, 육체와 현세를 억눌러야 한다는 믿음은 결국 '죽음의 복음'일 뿐이다.

차이를 차별로 이끄는 이원론은 서양 문명 깊숙이 자리 잡고 있다. 이를 넘어서지 않는다면 세상의 갈등과 폭력은 사라지지 않는다.

이원론을 넘어서려면 어떻게 해야 할까? 데리다는 '차이'(dif-ference) 대신 '차연'(差延, differance)을 앞세운다. 차연은 데리다가 만든 낱말이다. 그는 difference의 가운데 e를 a로 바꾸어 새로운 뜻을 담았다. 차연이란 '차이'와 '연기'(延期, to defer)라는 의미를 함께 담고 있다.

우리의 말은 차이에 뿌리를 두고 있다. 차이를 떠나서는 어떤 낱말도 의미를 담지 못한다. 현상과 본질, 근본과 현상 등 반대되는 낱말과의 차이를 떠올려야 단어가 쉽게 이해되는 법이다. 그러나 차이가 뚜렷해지는 순간, 이는 곧 차별로 이어지기 쉽다.

데리다는 한편으로는 차이를 받아들인다. 우리의 생각이 언어로 이루어지는 한, 이해를 위해서라도 차이를 없앨 수 없는 탓이다. 하지만 차별로 이어지지 않게끔 의미를 규정짓는 일을 뒤로 미룬다(연기). 이것이 차연이 뜻하는 바다. 그는 이렇게 말한다.

하나로 (의미를) 고정시키려는 욕망이야말로 유치하고 순진하기 짝이 없는 악마적 근성이다.

그는 낱말을 다양하게 정의하며 말장난을 벌인다. 의미를 고정시키지 않기 위해서다. 차연은 결국 단어들을 '산포'(散布)로 이끈다. 산포란 낱말들이 고정된 뜻을 잃고 여러 의미로 흩어져 버리는 모습이다.

데리다가 뜻한 바는 불교에 견줄 때 쉽게 다가올 듯싶다. 불교에서는 마음을 뜻하는 단어가 무척 많다. 중도(中道)[*], 반야(般若)^{**}, 공성(空性)^{***}, 여래장(如來藏)^{****} 등 50여 개가 훌쩍 넘는다. 왜 이토록 많은 낱말이 있을까?

이유는 마음의 여러 모습을 생생하게 드러내기 위해서다. 마음을 하나의 뜻으로 설명하고 정의 내리는 순간, 마음의 다양한 측면은 사라져 버린다. 차연도 마찬가지다. 하나의 정의로 의미가 굳어지는 순간, 낱말의 생생한 모습은 사라진다. 그리고 차이는 금세 차별로 나아간다. 그래서 데리다는 차연이 개념도 단어도 아니라고 말한다.

그의 글은 이해가 불가능합니다

데리다 씨의 글은 상당 부분 정교한 농담과 말장난으로 이루어져 있습니다. (……) 많은 철학자들은 데리다 씨의 작업에 당혹해하고 있습니다. 그의 익살스러운 몸짓은 현대 프랑스 철학을 조롱거리로 만들었습

---

* 치우치지 않은 바른 도리 또는 집착과 분별을 떠난 경지.
** 온갖 분별과 망상에서 벗어나 존재의 참모습을 앎으로써 성불에 이르게 되는 마음의 작용.
*** 온갖 것이 모두 공(空)이라는 이치를 깨우칠 때 나타나는 본성.
**** 여래(부처를 달리 이르는 말)를 마음속에 간직하고 있다는 비유적인 표현으로, 중생의 청정한 본마음을 가리킨다.

니다. (······) 무엇보다 그의 글쓰기 스타일은 이해가 불가능합니다. 그의 글을 일관성 있는 주장으로 바꿔 보면 하찮은 소리들일 뿐입니다.

1992년, 데리다가 영국 케임브리지 대학에서 명예박사 학위를 받게 되었을 때 이를 반대한 철학자들이 발표한 글의 일부다. 데리다의 주장은 무척 어렵다. 더 당황스러운 점은 데리다가 스스로 "전달하려는 메시지가 없다."고 여러 차례 강조했다는 사실이다.
주장하려는 바가 없다면 그의 말은 도대체 무엇이란 말인가?

훈데르트바서 하우스
화가이자 건축가인 훈데르트바서(1928~2000)가 설계한 건물이다. 근대성을 상징하는 직선에서 벗어나 곡선을 활용했으며, 자연을 배제하지 않고 인간과 공존하는 집을 만들었다. 근대성을 비판하는 해체주의는 건축에도 활발하게 적용되어 우리의 일상을 바꾸고 있다.

해체주의는 건축, 패션, 문학 비평 등 곳곳으로 퍼져 나갔다. 해체주의는 지금도 사람들을 당황스럽게 한다. 예컨대 건축에서는 오랫동안 'less is more'가 정석이었다. 단순하고 합리적인 것이 바람직하다는 뜻이다. 사실, 단순한 직육면체 모양의 건물이 공간을 쓰는 데는 가장 요긴하다.

그러나 해체주의 건축가들은 'less is bore'라고 말한다. 단순하고 합리적인 것은 지겨울 뿐이다. 해체주의를 따르는 건물에는 직선이 별로 없다. 곡선과 대각선이 제멋대로 섞여 있다. 재밌기는 한데, 무엇을 뜻하는지는 잘 모르겠다. 정리 안 된 '무질서한 에너지'(messy energy)를 그대로 드러내는 식이다.

해체주의 패션도 다르지 않다. 상표를 밖으로 드러내 옷을 뒤집어 입은 것처럼 보이게 하거나, 좌우의 모습이 똑같지 않은 식이다. 이들은 질서를 조롱하는 듯 보인다. 문학에서 해체주의 비평은 작품의 완결성, 작가의 진짜 의도 등은 믿지 않는다. 그리고 작품을 둘러싸고 다양한 말장난을 풀어 놓는다. 이들이 주장하려는 바는 과연 무엇일까?

해체는 정의롭다

데리다 전문가인 김보현 교수는 데리다의 가치를 이렇게 평가한다.

모든 노력을 다해 물을 붓고 있는 사람에게 다가와 밑이 빠진 독이라고 말해 준 것 하나만으로도 그의 사유는 의미 있다.

서양 문명을 떠받치는 이분법은 '밑 빠진 독'과 같다. 진리니 정의니 자유 같은 가치를 부르짖을 때, 우리는 누군가를 올곧지 못하다며 차별하고 억누르게 될 테다. 절대적인 가치, 더 올바르고 제대로 된 것이 있다는 믿음은 세상을 억압과 폭력으로 이끈다.

해체주의는 허무주의가 아니다. 해체주의는 결코 세상을 알 수 없고 무질서하다고 말하지 않는다. 다만, 서구와 동양, 이성과 감성, 백인과 유색인, 남성과 여성 등 세상을 둘로 나누어 한쪽을 차별하는 이원론이 근거 없음을 드러내 보일 뿐이다. 어느 한쪽은 다른 쪽 없이는 존재할 수 없다.

해체주의는 솔직하다. 인간이 절대적으로 옳고 바람직한 것이 무엇인지 알 수 없다는 사실을 인정한다. 이 점에서 해체주의는 정의롭기까지 하다. 세상의 주된 것, 바람직한 것, 올곧은 것이 없다면, 진리를 내세우며 상대를 공격할 명분이 없다. 나아가 모두가 중심이고 옳고 바람직할 수 있다. 한 사람 한 사람의 생각이 그 자체로 다 가치 있고 소중할 수 있다는 뜻이다.

그러나 해체주의는 이원론을 없애자고 주장하지는 않는다. 앞서 살펴보았듯, 인간의 생각과 언어는 이원론을 넘어설 수 없다. 다만 이를 넘어서기 위해 노력할 뿐이다. 김보현 교수는 데리다의 노력을 '초점이 맞지 않은 사진'에 견준다. 초점이 맞지 않은 사진

한 장 한 장은 뜻하는 바가 없다. 그러나 여러 장이 쌓이고 모이면, 무엇을 의미하는지가 조금씩 드러난다.

차별을 막기 위해 차이를 분명하게 하지 않으려는 해체주의의 노력에는 '뚜렷하지 않지만 분명한' 메시지가 있다. 불교의 고승들은 달을 가리키는 손가락을 보지 말라고 충고한다. 봐야 할 것은 달이다. 해체주의자들의 말장난에 머리 싸매기보다, 말과 행동으로 전하려는 그들의 의도에 더 주목할 일이다. 물론, 해체주의는 한 가지로만 해석되지 않는다. '여러 갈래로 흩어지는' 이해를 그 자체로 즐길 일이다.

철학 물음

동성애는 오랫동안 정신병으로 여겨져 왔다. 나아가 동성애는
심각한 '범죄'로 처벌받기도 했다. 이성에 대한 사랑은
'정상'이었고, 동성에 대한 사랑은 '이상'했다. 그러나 이제는
많은 문화권에서 동성애는 성적 '취향'의 문제로 여겨질 뿐이다.
그렇다면 인간 아닌 다른 무엇에 절절하게 사랑을 느끼는
경우는 어떤가? 스마트폰을 인간보다 더 사랑한다면? 이 경우를
'이상하다'고 설명할 수 있는 근거는 무엇인가?

더 읽어 볼 책

★ 김보현, 『데리다 입문』

★ 김상환, 『해체론 시대의 철학』

★ 자크 데리다, 『해체』

★ 제프 콜린스, 『데리다』

포스트모더니즘

발전보다 웰빙을,
통일보다 다양성을!

부아쟁 계획

1920년대 파리. 건축가 르코르뷔지에는 종종 차에 치일 뻔했다. 마차와 차, 사람들이 뒤엉킨 파리의 거리. 잠시 한눈팔았다간 사고를 당하기 십상이었다. 르코르뷔지에는 파리를 혼란 속에 내버려 두어서는 안 되겠다고 결심했다. 그리하여 1925년, 유명한 부아쟁 계획을 내놓는다.

부아쟁 계획을 들으면 입이 떡 벌어질지 모르겠다. 우리 식으로 하자면, 서울의 강북 절반가량을 밀어 버리자는 식의 주장이었기 때문이다. 다닥다닥 붙은 집, 좁고 구불구불한 거리를 모두 없앤다. 그런 다음 60층짜리 십자형 타워 18동을 세운다. 원래 살던 주민들을 모두 품을 만한 엄청난 규모다. 또 차가 다니는 도로는 지하로 숨기고, 땅 위에는 너른 녹지를 펼쳐 놓는다. 숲과 공원으로 가득한 공간에 높은 건물이 질서 있게 들어선 모양새다. 이렇게 되면 파리에는 더 이상 혼란이 없을 테다.

부아쟁 계획은 몽마르트르 언덕 즈음까지 닿아 있었다. 부아쟁 계획이 현실화되었다면, 파리의 명물 몽마르트르는 사라지고 없었을 것이다. 건축 기술자였던 르코르뷔지에의 눈에 몽마르트르는 오래되고 구질구질한 동네일 뿐이었다. 다행히(?) 계획은 흐지부지되었다. 돈이 너무 많이 들었던 탓이다. 하지만 르코르뷔지에는 승승장구했다. 그는 시대가 원하는 바를 정확히 꿰뚫고 있었다. 합리성과 질서, 그리고 성장과 발전. 바야흐로 '모던'의 꿈이 활짝 꽃피던 시대였다. 파리에서 이루지 못했던 그의 꿈은 세상 곳곳으로 퍼져 나갔다. 서울을 비롯한 우리 도시들에도 르코르뷔지에의 꿈이 듬뿍 담겨 있다.

합리, 질서, 계획, 발전 – 모던의 시대

모던(modern)은 라틴어 모데르나(moderna)에서 왔다. 이는 '새로움'이라는 뜻이다. 우리말로는 근대(近代)로 옮겨지곤 한다. 1980년대까지 우리나라에서도 '조국 근대화'라는 구호가 곳곳에 쓰이곤 했다. '근대화'에 담긴 뜻을 따져 보면, 모던이 무엇을 뜻하는지가 분명하게 다가올 테다.

근대화란 '합리적인 세상 만들기'다. 무엇을 하건 '과학적으로' 일을 꾸미고 이루려는 자세가 중요하다. 미신과 권위는 사회를 온통 헝클어뜨려 놓는다. 설득을 하고 싶다면 종교나 높은 자리 따위에 기대려 해선 안 된다. 오직 수치와 증거만 가지고 고개를 끄덕이게 만들어야 한다.

그리고 감정과 막연한 느낌을 따라서도 안 된다. 감정은 일을 망쳐 놓을 뿐이다. 오직 이성적인 생각만이 해결책을 내놓는다. 합리성이 뿌리내리고 과학이 발전할수록, 세상은 더더욱 살기 좋아질 테다. 역사는 끊임없이 발전하는 중이지 않던가. 따라서 무질서하게 쌓여 있는 과거의 흔적은 밀어 없애야 한다. 그리고 합리적으로 세상을 읽고 계획을 세워 미래를 열어 나가야 한다. 이처럼 근대화는 문명개화를 앞세운다.

모던의 이상은 우리의 조국 근대화에도 그대로 녹아 있다. '새마을 노래'에서처럼 우리는 "초가집도 없애고 마을 길도 넓히고" 살기 좋은 마을을 만들고자 했다. 나아가 '도시 개발 계획'에 따라 옛 마을은 사라지고 넓고 번듯한 아파트가 들어섰다.

삶의 속도는 점점 빨라졌다. 아울러, 모든 것은 숫자와 목표치에 따라 '객관적으로' 평가되었다. 모던의 시대, 근대화는 발전과 성장을 뜻했다. 과학이 사회를 아름답고 살기 좋게 만들리라는 장밋빛 꿈이 세상을 지배했다.

포스트모더니즘, 근대화의 괴물과 맞서라!

부아쟁 계획은 왜 실현되지 못했을까? 파리에서 르코르뷔지에는 '야만적이고 냉혹한, 그리스도의 적'이라는 비판을 받았다. 그의 도시 개발 계획은 세계 곳곳으로 널리 퍼져 갔다. 그런데도 르코르뷔지에는 격렬한 비판에 부딪혔다.

부아쟁 계획이 나온 지 90여 년이 흐른 지금, 르코르뷔지에의 문제점이 무엇이었는지를 우리는 현실에서 깨닫곤 한다. 대규모 아파트 단지를 떠올려 보라. 모던의 가르침을 따르는 모더니스트들은 도시를 질서 있게 가꾸었다. 그러나 질서와 함께 정겨웠던 이웃은 사라져 버렸다.

아이들이 뛰어놀고 음식 냄새 가득했던 골목길의 살가움은 널찍하고 안전한 길이 주는 '질서' 속에서는 자리할 곳이 없다. 곳곳마다, 마을마다 달랐던 독특한 정취도 희미해졌다. 이제는 어딜 가나 밋밋한 콘크리트 건물만 있을 뿐이다. 모더니스트들은 발전을 외쳤다. 그러나 발전과 계획은 전통을 사라지게 했다. 서구의 모습대로 되는 것이 꼭 '발전'이라 할 수 있을까?

부탄이나 네팔 같은 나라는 경제의 잣대로 보면 형편없는 수준에 있다. 그러나 행복의 수준으로 가늠하면 세계에서 가장 살기 좋은 나라에 든다. 그렇지만 우리는 부탄과 네팔을 '후진국'으로 꼽는 데 주저하지 않는다. '주관적이고' '감정적인 것'은 평가의 기준으로 옳지 않다고 여기기 때문이다. 모던의 논리에서는 모든 것이 수치에 따라 딱 부러지게 설명되어야 한다. 여기에서 벗어나는 것들은 '별로 중요하지 않은 것', '없애야 할 것'으로 여겨져 버림받는다.

1960년대에서 1980년대에 이르는 조국 근대화의 시기, 우리는 엄청난 경제 성장을 일구었다. 그러나 많은 것을 잃기도 했다. 이미 1970년대부터 우리 사회에서는 전통 문화를 비롯한 우리 것을 찾자는 목소리가 높아졌다. 2000년대에 들어서는 옛길을 다시 살리고 마을과 이웃을 복원하는 움직임도 많이 일어났다. 고가 도로를 들어내고 청계천을 다시 살린 일, 서울 북촌 등의 한옥을 보호하려는 움직임도 여기에 해당한다.

이쯤 되면 왜 파리의 지식인들이 부아쟁 계획에 넌더리를 냈는지 이해할 만하다. 모든 일에는 대가가 따른다. 근대화는, 모더니즘은, 세상을 발전시킬지 모른다. 그러나 동시에 많은 것을 잃게 한다. 포스트모더니즘은 이러한 모더니즘의 한계를 뛰어넘기 위한 사상이다.

'로빈슨 크루소'를 뒤집다

포스트모더니즘은 이미 낱말 자체에서부터 무엇을 뜻하는지가 분명하게 드러난다. 포스트모더니즘이란 모더니즘의 '포스트'(post)로 나온 사상이다. 포스트란 '이후', '다음'을 뜻한다. 이처럼 포스트모더니즘에는 모더니즘을 넘어서겠다는 의지가 분명하게 담겨 있다. 우리말로 포스트모더니즘을 '탈'(脫)근대로 옮기는 이유다.

포스트모더니즘은 우리 삶 곳곳에 스며 있는 '생활 철학'에 가깝다. 따라서 철학자들의 주장을 들여다보지 않아도, 주변을 꼼꼼하게 살피면 포스트모더니즘이 무엇인지 금방 알 수 있다.

거리를 둘러보라. 특히 1990년대 이후에 지어진 건물들을 살펴보자. 1970~80년대에 지어진 건물들은 붕어빵같이 비슷하다. 육면체에 번듯한 외형, 창문들이 질서 있게 늘어선 모습. 서울의 동부이촌동·압구정동 등지에 남아 있는 옛 아파트 단지에는 르코르뷔지에가 추구한 모습이 살아 있다.

그러면 1990년대 이후에 세워진 건물들은 어떤가? 유명한 건축물치고 비슷한 느낌을 주는 건물은 별로 없다. 제각각 독특한 개성을 뽐낸다. 심지어 직육면체 모양을 한 것도 찾아보기 힘들다. 예컨대, 새로운 서울 시청 건물은 파도 모양을 하고 있다. 빌딩하나하나가 독특한 분위기를 지니고, 저마다 아우라를 뿜어낸다. 이처럼 포스트모더니즘은 개성과 다양성을 앞세운다.

또한 포스트모더니즘은 더 이상 '발전'을 최고로 여기지 않는다. 우리 시대에는 참살이(well-being)가 경제 성장만큼이나 중요해졌다. 미셸 투르니에(1924~2016)의 소설 『방드르디, 태평양의 끝』에는 발전을 대하는 포스트모더니즘의 생각이 잘 담겨 있다.

방드르디(vendredi)란 프랑스어로 금요일, 즉 프라이데이(friday)를 뜻한다. 소설에서 방드르디는 로빈슨 크루소가 거느린 노예 소년인 프라이데이다. 디포(1660~1731)의 소설 『로빈슨 크루소』에서는 로빈슨이 프라이데이를 문명인으로 길들인다. 『방드르디, 태평양의 끝』에서는 거꾸로 프라이데이가 로빈슨을 야만인으로 이끈다.

로빈슨은 무인도에서 문명사회를 일구느라 열심이다. 그러나 프라이데이는 어처구니없다는 표정을 짓는다. 태평양 한복판의 무인도, 뭐하러 사서 고생이란 말인가? 프라이데이의 하루는 나태함과 호기심으로 가득하다. 배고프면 먹을 것을 찾고, 쉬고 싶으면 쉰다. 자연 속에서 신기한 것과 만나면 재밌게 논다. 이게 프라이데이 생활의 전부다.

그러나 로빈슨 크루소는 프라이데이의 삶이 인간답지 않다고 여긴다. 그의 눈에 프라이데이는 게으르고 덜떨어진 야만인이다. 로빈슨은 무인도를 '대영 제국의 영토'로 가꾸려고 노력한다. 시간에 맞춰 일어나고 과업과 목표를 세워 일과를 엄격하게 지키는 식으로 말이다. 하지만 뭐 하러 이래야 한단 말인가? 농사지을 땅이 늘고 노동에 들여야 할 품이 늘어난다 해 보라. 그럴수록 아름다운 자연 풍경은 사라지고 삶을 즐길 여유도 사라질 테다.

포스트모더니즘의 주장은 프라이데이의 생각과 다르지 않다. 발전이 행복을 가져오지만은 않는다. 리오타르(1924~1998) 같은 포스트모더니즘 학자는 이제 인류에게서 '거대 서사'는 사라졌다고 잘라 말한다. 거대 서사란 역사의 목표를 정하는 것을 뜻한다. '경제는 발전을 향해 나아간다', '모두가 평등한 세상이 역사의 목적지다' 등등으로 말이다.

각자의 삶은 그 나름대로 소중하다. 이처럼 포스트모더니즘은 발전보다 웰빙을, 모두가 좇아야 할 이념보다 개성을, 냉철한 이

'개성 있는' 공주와 기사

영화 〈슈렉〉의 공주는 가냘프지 않다. 공주를 구하는 기사인 슈렉 또한 근육질이 아니다. 게다가 이들은 멋진 백마가 아니라 볼품없는 당나귀와 함께 다닌다. 영화 〈슈렉〉은 어여쁜 공주와 멋진 기사라는 기존의 생각을 깼다. 획일성에 도전하고 다양성과 개성을 존중하는 포스트모더니즘의 가치관은 상업적으로도 널리 이용된다.

성보다 섬세한 감정을, 문명과 통일보다 자연과 다양성을 중요하

게 여긴다.

포스트모더니즘은 불임의 유행이다?

앞서의 기준으로 우리 주변을 둘러보라. 포스트모더니즘은 이

제 우리에게는 '상식'이 되었다. 경제 성장을 이룬 선진국에서는 포스트모더니즘이 사회에 널리 퍼진 분위기라 해도 좋겠다.

모두의 삶을 그 자체로 소중하게 보듬는 사회, 각자의 느낌과 감성을 중요하게 여기는 분위기, 억지로 끌고 가기보다 다양한 목소리를 인정하려는 태도. 포스트모더니즘은 앞서 가는 나라가 갖추어야 할 모든 덕목을 다 보여 주는 듯싶다.

그러나 포스트모던의 시대, 우리는 과연 행복한가? 다양성을 존중한다고 하면서도 억압과 폭력은 더욱 심해지고 있지는 않은가? 실제로 빈부 격차는 날로 커져만 간다. 문화도 유행에 따라 비슷한 모양새를 띠지 않는가. 가진 자들만 권력을 누리는 현실도 크게 달라진 듯싶지 않다. 경제 성장과 문화 발전을 위해 희생하라는 목소리도 좀처럼 잦아들지 않는다. 포스트모더니즘의 시대라고 하면서도, 되레 모더니즘이 앞세우는 통일이나 성장 등의 가치는 더 강해지는 느낌이다. 왜 그럴까?

테리 이글턴(1943~)은 포스트모더니즘을 '아무런 전망도 저항도 하지 못하게 하는 불임의 유행'이라며 강하게 몰아붙인다. 예를 들어 보자. '인종 차별은 나쁘다'는 주장은 차별을 받는 사람들만 고개 끄덕일 소리가 아니다. 인종 차별이 역사에서 사라져야 한다는 주장은 진리에 가깝다.

그러나 포스트모더니즘은 '진리'나 '역사 발전'을 받아들이지 않는다. 따라서 반론을 펴기 위해 사람들을 적극적으로 모으지도 못한다. 이것 자체가 다양한 생각을 억누르는 행동이기 때문이다.

모두의 생각이 가치 있다면, 올곧지 못한 주장에 반론을 펴야 할 이유 또한 흐릿해진다. 발전해야 한다는 생각과 목표 의식이 스러진 사회, 사람들은 세상일에 관심이 없다. 연예인 소식이나 스포츠 뉴스가 정치나 인권 같은 이슈와 똑같은 가치를 가지고 이야기되는 시대, 과연 문제는 없을까?

모든 사상은 시대의 문제를 담고 있다. 모더니즘은 차별이 심하고 경제가 주저앉은 시대를 이기기 위한 사상이었다. 포스트모더니즘은 모더니즘이 낳은 환경 파괴, 획일화 등의 문제점을 해결하는 가운데 태어났다. 이제 포스트모더니즘의 시대도 한계에 다다른 느낌이다. 포스트모더니즘을 또다시 '포스트'시킬 사상은 무엇일까?

철학 물음

북한의 동상들은 하나같이 씩씩하다. 주먹을 불끈 쥐고 근육은
불거져 튀어나와 있다. 시선은 희망에 가득 차 저 먼 곳을
바라보고 있다. 하지만 그들의 현실은 미래가 보이지 않는
시궁창이다. 반면, 잘사는 나라에서 홍보나 광고에 등장하는
캐릭터들은 귀엽고 앙증맞다. 다양성을 중시한다는 점에서
'포스트모던'적이다. 그럼에도 그들의 국가는 강대하고 경제는
튼실하다. 이를 참조하여 우리 사회에서는 질서보다 '창의'와
'창조'를 외치는 목소리가 많은 이유를 생각해 보자.

더 읽어 볼 책

★ 김욱동, 『포스트모더니즘』

★ 데이브 로빈슨, 『니체와 포스트모더니즘』

★ 데이비드 하비, 『포스트모더니티의 조건』

★ 테리 이글턴, 『이론 이후』

사회주의 리얼리즘

예술은 사회를
변혁해야 한다

가냘픈 몸매는 언제부터 아름다웠을까?

인류의 아름다움은 노동으로 거무칙칙해진 얼굴에서 피어난다.

마르크스의 말이다. 햇볕에 그을린 얼굴은 건강해 보인다. 노동
으로 굳은살 박인 손은 강인하고 믿음직스럽다. 열심히 일하느라
몸에 밴 땀 냄새는 존경심을 자아낸다.

하지만 항상 그럴까? 우리가 공장 노동자들을 좋게만 바라볼
까? 오히려 업신여기며 멀리하지는 않는가? 사람들이 좋아하는
아이돌 스타들을 보라. 하얗고 뽀얀 얼굴에, 손은 야들야들하고
곱다. 군살 없는 날씬한 몸은 가냘프기까지 하다. 아름다움에 넋
을 놓기 전, 곰곰이 따져 보자. 저런 몸으로 얼마나 노동할 수 있
을까? 거친 일이라곤 하나도 안 해 본 모습 아니던가?

마르크스의 말대로라면, 아이돌의 외모는 되레 욕을 먹어야 한다. 일하지 않고 놀고 즐기며 사는 삶을 떠올리게 하는 탓이다. 그럼에도 우리는 노동으로 다져진 모습보다 하얀 얼굴에 가냘픈 몸매를 아름답게 여긴다. 사회주의 리얼리즘은 이러한 우리의 선입견을 짚어 준다. 우리는 많은 재산으로 부를 누리며 베짱이처럼 즐기는 이들의 모양새를 아름답다고 여기도록 '길들었다'. 하지만 사회가 건전해지려면 노동으로 다져진 모습을 아름답게 느껴야 하지 않을까? 그래야 일하는 사람이 대접받는 바람직한 세상이 될 테다. 사회주의 리얼리즘은 우리의 편견을 드러내고 바로잡으려 한다.

전형성 — 보이는 것 말고 봐야 할 것을 봐라

리얼리즘은 '현실을 있는 그대로 보여 주려는 운동'이다. 좁게는 1850년대, 프랑스에서 널리 퍼졌던 미술 운동을 가리킨다. 그 전까지 화가들은 그리스 신화나 전설을 즐겨 그렸다. 이른바 신고전주의자들이다. 감정을 담아 자연을 아름답게 그리는 낭만주의도 유행했다. 반면 리얼리즘 화가들은 있는 그대로의 모습을 그리려 했다. 예컨대, 쿠르베(1819~1877)는 자연이나 인체를 정확하게 보이는 대로 묘사했다.

사회주의 리얼리즘은 여기서 한 걸음 더 나아간다. 물론, 사회주의 리얼리즘도 '있는 그대로의 현실'을 작품에 담으려 한다. 그

러나 '어떤 현실'을 담느냐 하는 데서 사회주의 리얼리즘은 다른
태도를 취한다.

갈수록 수출이 어려워지고
나라 빚이 세계에서 세 번째라는데
소비를 억제하고 저축을 하자는데
물가를 꼭 붙들어야 한다는데
잔업에 지쳐 온 나에게
테레비에선 예쁜 여자가
VTR, 오디오, 에어컨을 광고하며
최소한 칼라 TV에 냉장고 세탁기는
필수품이라고, 요염한 미소를 던지며
차원 있게 먹고 입고 쓰라고 한다

10분간의 휴식 시간에
우리는 옹기종기 담배를 나누며
요즘 세상사가 뭐가 뭔지 모르겠다며
하여튼 노동자만 점점 죽어난다고 탄식한다
정말 뭐가 뭔지 모르겠다
나라 형편이 이리도 어려운데
농토 메꾼 골프장엔 대낮에도 자가용이 가득 차고
콘도미니엄이 불티나고 유명 브랜드 로열티가 늘어나고

사회주의 리얼리즘

고급 중형 승용차는 생산이 달리고
사우나 안마소가, 호텔이 곳곳에 솟아나고
고급 요정 요릿집이 불야성을 이루고
수십억 들여 세계 미인대회, 가요제, 운동경기 유치하고
정말 이래도 되는 건지 겁만 난다 (······)

— 박노해, 「모를 이야기들」 일부(『노동의 새벽』, 느린걸음, 2004)

박노해의 시는 1980년대 노동자가 품었음 직한 생각을 '사실
적으로' 보여 준다. 그러나 작품 속에서 그리는 '생각'이 그냥 '사
실'은 아니다. 일하는 이들은 찌들어 가는데도 사회는 점점 부유
하게 바뀌는 '현실'이다.

사회주의 리얼리즘이 담으려는 '사실'이란 바로 이런 것이다.
엥겔스(1820~1895)는 예술은 "전형적인 상황에 있는 전형적인 성
격을 충실하게 재현해야 한다."고 말한다. 전형적인 상황이란 시
대의 문제를 오롯이 보여 주는 장면을 말한다. 전형적인 성격이란
그 속에서 사람들이 당연한 듯 취하는 태도다.

예컨대, 북한 가극 〈피바다〉에서 땅 주인은 하나같이 피도 눈물
도 없는 악랄한 인물로 그려진다. 이와 달리 인민들은 착하고 여
린 모습이다. 물론, 현실의 사람들은 이보다 훨씬 다양할 테다. 자
비로운 지주도 있으며, 약삭빠르고 못된 농민도 있다. 그러나 사
회주의 리얼리즘에서는 '억압받는 자와 억압하는 자'라는 사회의
현실을 보여 주기 위해 이렇듯 전형적인 틀로 세상을 그린다. 사

람들이 사회의 핵심 갈등을 제대로 느끼고, 분노하고 행동하게 하기 위해서다. "보이는 것 말고 봐야 할 것을 봐라." 사회주의 리얼리즘의 핵심을 간추리면 이 한마디로 정리할 수 있다.

낙관적 전망 ― 노동자들이 원하는 기운찬 예술

예술은 인민에게 봉사해야 한다. 예술은 수백만 노동자들이 현실을 바로 볼 수 있게 해야 한다. 나아가, 사건들을 정확하게 이해하고 평가할 수 있게 해야 한다. 사회 개조에 적극 참여할 수 있도록 말이다.

레닌의 말이다. 이처럼 사회주의 리얼리즘에서 예술이란 사람들을 사회주의로 이끌어 가기 위한 '강력한 수단'이다. 사람들은 목표가 뚜렷할 때 더욱 힘이 나는 법이다. 사회주의는 모두가 평등하며 인간답게 사는 사회를 목적으로 한다. 따라서 사회주의 리얼리즘은 사회가 나아가야 할 목표를 분명하게 일러 준다. 모두가 평등하며 노동자가 대접받는 세상이 어떤지 직접적으로 보여 주는 식이다.

이해가 되지 않는다면 북한의 미술 작품들을 떠올려 보라. 북한의 그림 속에서는 사람들의 표정이 언제나 똑같다. 이를 드러내고 밝게 웃고 있으며, 표정은 당차고 희망으로 가득하다. 북한의 현실이 과연 이럴까? 물론 그렇지 않다. 수백만 명이 굶어 죽었다는 고난의 행군*은 아직도 진행형이다. 삶은 신산스럽기 짝이 없을 테다. 그럼에도 그림 속 사람들의 표정은 행복해 보인다. 이 그림을 보면서 북한 인민들은 무엇을 느낄까?

정치학자 워커 코너(1926~)는 말한다. "정치적으로 중요한 것은 실제로 존재하는 것이 아니라, 존재한다고 사람들이 생각하는 것이다." 무엇을 이루기 위해 고생하는지 아는 사람은 까닭 없이 시달리는 이들보다 힘든 현실을 잘 견뎌 낸다. 사회주의 리얼리즘은 사람들에게 우리가 이루어야 할 목표를 '인민들이 쉽게 이해할 수 있게끔 사실적으로' 분명하게 일러 준다. 그들의 논리에 따르면 노동자들이 원하는 것은 '기운찬 예술'이다. 사회주의 리얼리즘 작품들은 늘 '낙관적 전망'을 담고 있다. 현실은 괴롭지만 노력하면 결국 모두가 잘사는 사회주의를 이루리라는 믿음을 보여 주는 식이다.

지도자의 모습은 더 그렇다. 북한의 초상화를 다시 살펴보자. 김일성, 김정일, 김정은의 모습은 늘 통통하게 살집이 잡혀 있다. 표정에도 늘 여유가 서려 있다. 거친 파도가 몰려오고, 산의 어둠이 깊게 드리운 배경에서도 자신감이 넘친다. 반면에 '미제의 승냥이'들은 하나같이 삐쩍 마른 몸에 강퍅한 표정을 하고 있다.

지도자의 넉넉한 몸은 조선 민족의 너그럽고 여유로운 마음을 나타낸다. 또한 지도자의 자신감 있는 모습은 인민들이 갖추어야

* 1990년대 중·후반 북한이 국제적 고립과 자연재해 등으로 극도의 경제적 어려움을 겪은 시기에, 이를 극복하기 위해 제시한 구호. '고난의 행군'은 1938년 말~1939년 김일성 주석이 이끄는 항일 빨치산이 만주에서 혹한과 굶주림을 겪으며 일본군의 토벌 작전을 피해 100여 일 동안 행군한 데서 유래했다.

낙관적 전망을 담는 사회주의 리얼리즘
남녀 모두 평범한 시민이지만 당찬 자세로 서 있다. 얼굴 또한 확신에 찬 표정이다. 사회주의 리얼리즘은
서민의 고단한 일상을 있는 그대로 담기보다는 새로운 세계로 함께 가자고 제안한다. 동유럽 국가 리투
아니아의 수도 빌뉴스 거리에 있는 동상이다.

할 이상적인 모습을 표현한다. 깡마르고 왜소한 외모와 교활한 태
도는 적들의 추악함으로 하루빨리 없애야 할 것들이다. 이렇듯 사
회주의 리얼리즘은 사회가 나아가야 할 방향을 분명하게 보여 주
며 의욕을 일깨우는 '혁명 개조를 위한 강력한 수단'이다.

1990년 소련이 무너진 뒤, 사회주의 국가들 가운데 현재 남아 있는 나라는 별로 없다. 북한, 중국, 베트남 정도가 버티고 있을 뿐이다. 그나마도 북한을 빼고 나머지는 '무늬만 사회주의'인 경우가 대부분이다. 겉으로는 사회주의를 내세우지만 실제로는 뼛속까지 자본주의로 바뀌었다는 뜻이다.

이런 분위기에서 사회주의 리얼리즘은 기괴하고 우스꽝스럽다는 인상만을 준다. '우리식 사회주의'를 소리 높여 외치는 북한식 사회주의 리얼리즘 작품은 가슴 벅차기는커녕 헛웃음만 자아낸다. 사회주의 이상을 가득 담은 중국의 그림들도 억지스럽다는 느낌만을 안길 뿐이다.

레닌은 "인간은 교정할 수 있다."고 자신 있게 외쳤다. 나아가 트로츠키(1879~1940)는 "새롭게 개선된 인간을 만드는 것, 그것이 사회주의의 미래다."라고 말했다. 예술은 이를 위한 중요한 도구였다.

그러나 사회주의 리얼리즘의 목표가 이루어졌다고 보는 사람은 거의 없다. 사회주의 리얼리즘은 변혁을 이끌기보다 예술가의 창의성을 옥죄기만 했다는 평가가 지배적이다. 그런데 사회주의 리얼리즘에 꼭 부정적인 측면만 있을까?

플라톤(기원전 427~기원전 347)은 예술가들을 나라에서 쫓아내야 한다고 소리 높였다. 젊은이들의 정신을 흔들며 건강하지 못하게 하기 때문이란다. 유행가 가사를 곱씹어 보라. 대부분은 미래를 개척할 용기를 품기보다, 사랑 타령이나 감정놀음에 휩싸이게 만들어 버리지 않는가.

사회주의 리얼리즘은 이미 관 속에 들어간 죽은 예술이다. 그러나 사회주의 리얼리즘이 품었던 이상과 목표만큼은 곱씹어 볼 가치가 있다.

철학 물음

자기 가정이나 학교, 직장의 모습을 연극으로 만든다고 해보자. 문제와 해결 방안이 잘 드러날 수 있도록 인물들의 성격과 행동을 정리해 보라. 각 인물에게서 특히 부각되어야 할 측면은 무엇인가? 극이 전달하려는 바를 잘 살리기 위해 각각에서 의도적으로 무시하고 생략해야 할 특징은 무엇인가? 이렇게 재구성된 인물들은 실제의 그들과 비슷한가, 다른가?

더 읽어 볼 책

★ 김혜숙·김혜련, 『예술과 사상』

★ 박노해, 『노동의 새벽』

★ 한수영 외, 『대중을 위한 철학』

3장

국가

좋은 나라를
만들겠다는 약속

제국주의

백인의 의무를
짊어지라

우리의 지배를 고맙게 생각하라

1914년 영국과 프랑스, 독일, 미국, 일본 등 힘센 나라들이 지구 땅의 85퍼센트를 차지하고 있었다. 경제력 또한 엄청났다. 해가 지지 않는 나라로 통한 대영 제국만 해도, 1860년에 이미 세계 철강 생산의 2분의 1, 공업 제품 무역량의 40퍼센트를 차지할 정도였다. 열강들은 땅따먹기 하듯 산업과 군대를 앞세워 세계 곳곳을 정복해 나갔다. 역사학자들은 19세기 말에서 20세기 초에 이르는 이 시기를 '제국주의 시대'라 부르곤 한다.

제국주의는 이제 결코 좋은 뜻으로 다가오지 않는다. 세상에서 미국을 비난하는 단체들은 흔히 미국을 '미제'라 부른다. 이는 '미국 제국주의'라는 뜻이다. 우리도 일본이 우리를 억누르던 시기를 일제(일본 제국주의) 강점기라 하지 않던가.

하지만 제국주의에 대한 평가는 간단하지 않다. 1980년대 영국의 마거릿 대처(1925~2013) 총리는 영국이 지배했던 국가들에 "영국이 그대들을 다스렸다는 사실을 다행으로 생각하라."고 주장하곤 했단다. 이 말을 들은 나라 지도자들이 발끈했다는 기록은 찾아볼 수 없다. 제국주의자들은 '식민지 근대화론'을 앞세우곤 한다. 자신들이 통치함으로써 뒤떨어졌던 나라들의 산업과 문화가 발전할 수 있었다는 거다.

제국주의는 두 차례의 세계 대전을 겪으며 점점 사라져 갔다. 그런데도 여전히 외교의 세계에서는 제국주의라며 상대를 비난하는 소리가 종종 들린다. 제국주의란 과연 무엇일까?

제국과 제국주의

제국주의(imperialism)는 제국(empire)에서 온 말이다. 제국은 여러 나라나 민족으로 이루어진 국가를 일컫는다. 로마 제국, 신성로마 제국, 중국의 진 제국 등을 예로 들 수 있겠다. 여러 나라를 다스리려면 누구나 고개를 끄덕일 만한 공통 규범이 필요하다. 그래서 로마법처럼 제국은 어디서나 공평하게 적용되는 법을 만든다.

제국의 권력자들은 자신의 지배 아래 있는 시민들에게서 세금을 거두고 국방의 의무를 지운다. 또한 그만큼의 혜택을 주기도 한다. 일단 제국의 깃발 아래 있으면 안전하다. 제국이 지켜 주기 때문이다. 그뿐만 아니라 제국은 각 나라의 정치나 종교에 일일이 간섭하지 않는다. 세금을 내고 복종한다면 굳이 뿌리내린 삶의 방식을 바꿀 필요가 없었다.

명·청 등 중국의 제국과 이웃 나라들의 관계도 그랬다. 중국의 영향 아래 있던 나라들은 제국에 조공을 바쳤다. 그러나 이는 일방적인 착취가 아니었다. 중국의 황제들은 받은 공물보다 많은 물자를 상사(賞賜, 상으로 물품을 내려 줌)로 돌려주었다. 서로 '선물'을 주고받으며 황제의 권위를 확인하고 제국의 질서 속에서 평화를 이어 나가는 식이었다.

그래서인지 '제국'이라는 단어가 주는 느낌은 지금도 그다지 나쁘지 않다. 미국 뉴욕의 엠파이어 스테이트 빌딩(Empire State Building)처럼 '엠파이어'라는 말은 지금도 종종 건물이나 호텔 이름에 쓰이곤 한다.

그러나 제국주의는 무척 부정적인 뜻으로 쓰인다. 제국주의라고 하면, 역사학자들은 흔히 19세기 이후 힘센 나라들의 잔인했던 침략을 떠올리곤 한다. 이들은 산업에 필요한 원료를 구하고, 물건을 팔 시장을 찾기 위해 세계 곳곳을 차지했다. 이처럼 제국주의란 '한 나라나 민족이 무력 또는 경제·정치를 통해, 다른 나라나 민족을 지배하고 통제하는 것'을 일컫는다.

홉슨의 제국주의론

제국주의 연구는 1902년에 영국의 경제학자 홉슨(1858~1940)이

『제국주의론』을 펴내면서 본격화하였다. 홉슨은 제국주의가 등장한 까닭을 경제적인 데서 찾는다. 산업이 발전하면서 유럽에서는 빈부 격차가 심해졌다. 부자인 사람들은 엄청나게 돈을 벌었지만 쌓인 돈을 투자할 곳이 마땅치 않았다. 대다수 시민은 가난해서 물건을 살 돈이 없었다. 따라서 시장도 좀처럼 살아나지 않았다.

그래서 돈 많은 이들은 새로운 투자처를 찾으려고 해외로 눈을 돌렸다. 그러나 이는 결국 대부분의 시민에게는 도움이 되지 않았다. 유럽 밖에서는 훨씬 적은 돈으로 일손을 구할 수 있었다. 그러니 국내에서 공장을 돌리기보다 해외에서 사업을 하는 경우가 많아졌다. 그럴수록 나라 안 사람들의 형편은 어려워졌다. 일자리 구하기는 더욱 힘들어졌고 국내 시장도 쪼그라들었다.

홉슨에 따르면, 제국주의로 이익을 보는 사람들은 돈을 굴리는 금융업자, 해군을 떠받치는 군수업자, 그리고 수출과 해운업을 하는 이들뿐이었다. 그런데도 당시 유럽 사람들 대부분은 제국주의에 열광적인 지지를 보냈다. 왜 그랬을까?

홉슨은 그 이유를 '선전'에서 찾는다. 생각해 보라. 우리나라의 영토가 날로 넓어지고 국력이 하늘을 찌른다면 어떨까? 이러한 사실은 그 자체만으로도 국민들에게 뿌듯한 감동과 위대한 제국의 일원이라는 자부심을 준다. 시민들은 기꺼이 국가를 위해 희생하겠다는 결심을 할 테다. 게다가 주변에서는 다른 힘센 나라들이 달려들고 있다. 따라서 위대한 역사를 이어 가기 위해서라도 제국의 발전에 박수를 보내며 힘을 모아야 한다. 제국주의는 이런 논

제국의 선전

1913년 독일 제국에서 발행한 우편엽서의 그림이다. 왼쪽에는 독일 군함이 위용을 자랑하고 있고, 오른쪽에는 기마병이 진군하고 있다. 가운데 인물은 독일 제국의 황제 빌헬름 2세다. 강한 군사력을 바탕으로 영토를 넓히겠다는 의지가 보인다. 제국주의는 이처럼 '위대한 제국'을 선전하는 것에서 시작된다.

리로 사람들의 지지를 이끌어 냈다.

영국 케이프 식민지*의 총독을 지낸 세실 로즈(1853~1902)는 "혁명을 피하고자 한다면 제국주의자가 될 수밖에 없다."고 말하기까지 했다. 소외된 이들의 불만을 잠재우려면 복지 혜택을 늘려야 한다. 여기에는 돈이 많이 든다. 더구나 빈부 격차를 줄이고 부정부패를 없애기 위한 개혁도 쉬운 일이 아니다. 따라서 국민에게 '개혁' 대신 '국가의 영광'을 약속하는 쪽이 훨씬 낫다. 이렇듯 제국주의자들은 빛나는 우리의 미래를 위해 어려운 현실을 견디라

---

* 아프리카의 가장 남쪽 지역에 있던 영국의 식민지. 지금은 남아프리카 공화국이 독립해 있다.

는 식의 논리로 국민을 다독이곤 했다.

백인의 의무를 짊어지라

제국주의적 침략이 꼭 경제적인 목적에서만 이루어진 것은 아니었다. 자신들이 다른 국가나 민족을 억누른다고 생각하지 않았던 제국주의자들도 많았다. 이들은 오히려 자신들이 뒤떨어진 국가와 민족을 발전된 문화와 산업으로 이끈다고 생각했다.

19세기에는, 세상은 결국 민족들 간의 싸움판이며 이 가운데서 강한 민족이 약한 민족을 누르고 살아남는 게 '진리'라는 생각이 널리 퍼졌다. 이른바 '사회 진화론'이다. 제국주의자들은 사회진화론을 인종주의와 자연스레 연결 지었다. 우월한 백인들이 열등한 인종들을 누르고 지배하는 게 자연의 이치에 맞는다는 투다. '제국의 계관 시인'이라 불리는 영국의 키플링(1865~1936)은 이렇게 노래하기까지 했다.

백인의 의무를 짊어지라.
너희의 가장 뛰어난 자식을 보내어 유랑의 설움을 맛보게 하라.
너희가 정복한 이들의 어려움을 돌보기 위해.

일본 제국주의자들도 마찬가지였다. 그들에 따르면 조선인들은 "자세히 들여다보면 멍청해 보이고 입은 헤벌어져 있으며, 눈에 총기가 없고 뭔가 모자라는 인종"이었다. 더 나아가 "더럽고 게으르고 무지하고 위생 관념까지 없고 복잡한 업무를 해낼 능력이 없는 족속"이었다. 따라서 '우수한 일본인'들이 이들을 지배하고 다스려서 문명 세계로 이끄는 것이 자연의 이치로 볼 때도 옳다는 논리를 폈다.

길가의 돌조차 자유를 부르짖고 있다

제국주의는 2차 세계 대전이 끝난 뒤 빠른 속도로 사라져 갔다. 사실 제국주의는 경제적인 측면에서는 별 도움이 되지 않았다고 한다. 식민지를 유지하는 데 들어가는 비용이 만만치 않았던 까닭이다. 게다가 식민지의 저항도 거셌다. 도쿄 제국 대학의 어떤 교수는 조선에 다녀 와서 이렇게 말하기까지 했다. "조선에 가 보라. 길가의 돌조차 자유를 부르짖고 있다!"

누가 자신을 억누르고 지배한다는 사실은 분한 마음을 불러일으킨다. 그뿐만 아니라 1차·2차 세계 대전의 비용을 대기 위해, 제국주의 국가들의 착취는 더욱 심해졌다. 세계 곳곳에서 제국주의에 대한 저항이 불같이 일어났던 이유다.

제국주의는 식민주의와 다르다. 식민주의는 땅에 대한 욕심이 크지만, 제국주의는 땅보다 이익에 대한 욕구가 크다. 따라서 제국주의자들은 별 소득은 없는 데다가 저항만 불러오는 영토에 대한 지배는 과감히 포기했다. 2차 세계 대전 이후 식민지가 거의

다 사라진 까닭이다.

하지만 과연 제국주의가 사라졌다고 할 수 있을까? 더 싼 노동력과 풍부한 자원, 새로운 시장을 개척하려는 노력은 지금도 계속되고 있다. 세계적인 기업이 늘어나는데도, 일자리는 줄고 빈부격차는 심해진다.

옛 로마에서도 영토가 늘어날수록 사회 문제가 커졌다. 본국 밖에서는 훨씬 적은 비용으로 풍부하게 물자를 생산할 수 있었다. 이것이 로마로 흘러들어 오자, 로마의 농부들은 경쟁력을 잃었다. 본토 밖에 투자한 부자들은 더더욱 많은 부를 쌓았지만, 대부분의 시민들은 형편이 어려워졌다.

권력자들은 시민들을 두려워했다. 그들에게는 '투표권이라는 방패'가 있었기 때문이다. 시민들이 등을 돌리면 자기들의 권력이 사라질 수 있었다. 그래서 '빵과 서커스'로 요약되는 복지 정책을 계속 늘려 나갔다. 그럴수록 본토 밖의 사람들에 대한 착취는 심해졌고, 로마 안의 시민들은 무기력해졌다. 로마 제국이 성장하면서 주저앉은 이유다.

우리 시대의 모습은 옛 로마와 얼마나 다를까? 전 세계의 시장이 하나가 되고, 노동과 자본이 자유롭게 움직이는 요즘이다. 세상이 풍요로워지는데도 제국주의를 비판하는 목소리가 높아지는 까닭은 무엇일까?

철학 물음

친일파는 '식민지 근대화론'으로 자신들의 과거를 정당화한다.
일본의 지배 때문에 무능한 조선 왕조가 지배했을 때보다
살림살이가 더 나아질 수 있었다는 얘기다. 그래서 자기들도
협력할 수밖에 없었다는 거다. 사실 여부를 떠나, 식민지 근대화론
자체가 정당화될 수 있는 주장인지 검토해 보라. 잘살 수만 있다면
힘센 자 밑에 들어가 고개를 숙여야 하는가?

더 읽어 볼 책

★ 박지향, 『제국주의』
★ 사이토 다카시, 『세계사를 움직이는 다섯 가지 힘』
★ 이원복, 『가로세로 세계사』

민족주의

'피와 흙'에서
'상상의 공동체'로

사라진 살색

예전에 우리나라 크레파스와 물감에는 '살색'이 있었다. 미술 시간, 사람 얼굴 그릴 일이 좀 많던가. 그러나 지금은 살색이라는 말을 찾아볼 수 없다. 왜 그럴까? 2020년, 우리나라 다문화 인구는 167만 명에 이르게 된단다. 20세 이하 인구는 5명 중 1명, 갓 태어 난 아기는 3명 중 1명이 다문화 가정의 자녀라는 것이다. 사정이 이렇다면 살색이 한 가지일까? 살색은 이제 '살구색'으로 불린다. 피부색이 까맣거나 흰 한국인이 이제는 이상한 일이 아니다.

'국기에 대한 맹세'도 은근슬쩍 바뀌었다. 2007년, "조국과 민 족의 무궁한 영광을 위하여"라는 구절은 "자유롭고 정의로운 대 한민국의 무궁한 영광을 위하여"로 달라졌다. 이제 '민족'은 우리 사회에서 조금씩 물러나고 있다.

한때는 '민족주의자'라는 꼬리표가 자랑스럽던 시절이 있었지만, 지금은 꼭 그렇지만은 않다. 심지어 어떤 이들은 민족주의자들을 파시스트들인 양 여기기도 한다. 극우 단체들은 하나같이 '민족'을 앞세우지 않던가. 우리에게 민족주의란 과연 무엇일까?

민족중흥의 역사적 사명

1980년대까지만 해도, 민족주의는 대한민국의 신앙과도 같았다. 일제 강점기에 민족은 소중한 이념이었다. 독립투사들은 '민족 해방'과 '조국 광복'을 위해 목숨을 걸었다. 이른바 '저항적 민족주의'다.

1968년, "국민 윤리의 기둥이며 국민 교화의 지표"라고 불렸던 '국민 교육 헌장'이 만들어졌다. 헌장의 첫 구절은 이랬다. "우리는 민족중흥의 역사적 사명을 띠고 이 땅에 태어났다." 그 당시는 온 국민이 경제 개발에 매달리던 시대였다. 우리는 무엇 때문에 경제를 발전시켜야 했던가? 바로 '민족의 발전'을 위해서였다. 민족은 경제 개발을 이끄는 논리로 자연스레 받아들여졌다.

민주화 투쟁이 한창이던 1980년대에도, '민족'과 '민주'는 시위대가 흔히 앞세우던 낱말이었다. '단일 민족'이라는 자부심 또한 통일을 향한 바람을 절절하게 했다. 민족은 대한민국의 독립과 경제 발전, 민주화를 이끄는 키워드였다.

왜 우리는 민족에 목숨을 걸었을까? 이 물음에 단재 신채호 (1880~1936)는 분명한 답을 준다. 우리 모두는 '단군의 자손'으로 한 핏줄이기 때문이다. 하지만 그의 주장은 억지스럽다. 우리 가운데는 한반도 밖에서 온 성씨들도 많다. 베트남 리씨 왕조의 후손인 화산 이씨, 위구르족 장수 장순룡의 후손인 덕수 장씨, 여진족 장수 이지란의 후예인 청해 이씨 등이 대표적인 예다. 그런데도 우리 모두가 하나의 핏줄이라 할 수 있을까?

단재의 설명은 명쾌하다. 단군의 후손은 '신성한 부여족'이다. 이들은 한반도에 있던 다섯 종족(선비족, 중국인, 말갈족, 여진족, 그리고 토인[土人]이라 불리는 토착민)을 무릎 꿇렸다. 그리고 이들을 모두 하나의 민족으로 만들었다. 단재 신채호는 「독사신론」(讀史新論)에서 당당하게 말한다.

미국인들이 정복당한 아메리카 원주민에게 조상이라고 제사 지내지 않듯이, 러시아인들이 몽골족들에게 제사 지내지 않듯이 (……)

단재의 설명에 따르면, 우리 역사는 '신성한 부여족'인 단군 핏줄의 흐름이다. 조상 가운데 다른 피를 가진 사람이 있어도 상관없다. 단군 아래로 들어왔다면, 우리는 모두 한민족이다. 아메리카 원주민이 미국인이 된 것과 마찬가지 이치에서다. 다만 '피가

다른 자'들이 역사의 중심에 서서는 안 된다. 이 땅에 사는 우리는 단군의 이름 아래 하나가 되어야 한다. 그리고 이 땅에서 역사를 일구어 나가야 한다.

이처럼 단재에게 민족은 '피와 흙'으로 엮인 사이다. 부모에게 효도하고, 가족끼리 사이좋게 지내야 하는 것은 당연하다. 마찬가지로, 단군을 공통의 조상으로 모신 우리 민족도 당연히 서로 우애 좋게 살아야 한다.

이런 논리는 일본과 중국에서도 마찬가지였다. 일본의 역사학자 야마지 아이잔(1865~1917)은 자신들을 '야마토 민족'이라고 불렀다. 야마토는 '우랄 알타이 민족의 한 갈래'로, 아이잔은 이들이 일본 열도에 살던 아이누족, 말레이 종족 등을 정복하고 '일본 민족'을 이루었다고 말한다. 그때부터 이들 모두는 일본 최초의 지배자인 진무(神武) 천황*의 자손이 되었다는 것이다.

중국의 역사학자 양계초(1873~1929)도 비슷한 논리를 편다. 그는 황제(黃帝)**를 중국인의 시조로 내세운다. 중국 서쪽 곤륜산에서 태어난 황제는 중국 전체를 한족이 중심이 된 하나의 민족으로 만들어 나갔다.

이쯤 되면 민족이 왜 소중한가에 대한 답은 뚜렷한 듯싶다. '피와 흙'을 나눈 사이이기 때문이다. 가족이 소중한 것처럼, '대가

---

* 일본 1대 천황으로, 전설의 인물임.
** 중국의 건국 신화에 나오는 제왕. 중국을 처음으로 통일한 군주이자 문명의 창시자로 숭배받고 있다.

족'인 민족도 소중하다!

상상의 공동체

하지만 민족은 '사기극'같이 보이기도 한다. 민족이라는 단어
만 해도 그렇다. 학자들에 따르면, 1906년 이전에는 민족이라는
말이 거의 쓰이지 않았다. 민족은 nation을 옮긴 말이다. nation
은 국가라고도 번역된다. 영어권에서 국가와 민족은 비슷한 의미
로 사용된다. 서양에서 nation은 프랑스 대혁명(1789~1799) 즈음
에야 널리 쓰이기 시작했다. 사실상 민족이라는 말이 쓰인 지는
불과 200여 년밖에 되지 않은 셈이다.

따라서 역사학자 앤더슨(1936~2015)은 민족은 '상상의 공동체'
일 뿐이라고 잘라 말한다. 그의 말을 들어 보자.

같은 민족이라 해도, (마을 같은) 가장 작은 집단에서조차 대부분 자기
동료들을 알지 못하고 만나지도 못한다. 심지어 그들에 관한 이야기
도 듣지 못한다. 그럼에도 구성원 각자의 마음에 서로 친하다는(com-
munion) 이미지가 살아 있다.

민족이라는 '환상'은 신문이나 방송을 통해 만들어졌다. 똑같
은 정보를 접하고 생각을 나눌수록, 사람들은 '한배를 탄 민족'이
라고 스스로를 믿게 된다. 게다가 학교는 역사를 '우리의 역사'로

정리해 가르친다. 이렇게 사람들은 하나의 민족으로 길든다.

앤더슨의 설명에 고개를 젓기란 쉽지 않다. 히틀러도 '아리안족의 영광'을 소리 높여 외쳤다. 그러나 아리안족은 디엔에이(DNA)로도, 역사적으로도 증명하기 어려운 '신화'일 뿐이었다. 한민족, 중화 민족, 일본 민족 등도 마찬가지 아닐까? 민족이란 근거 없는 믿음일 가능성이 높다.

민족주의 = 근대화 = 산업화 = 발전

학자들 대부분은 민족이 '근대에 나온 발명품'이라는 데 반대하지 않는다. 그러나 이유 없이 오래가는 이념은 없다. 민족주의는 지금도 세계 곳곳에서 위력을 떨치고 있다. 이스라엘과 팔레스타인의 갈등, 중국에서 벌어지는 티베트 독립 운동, 서남아시아 지역의 쿠르드족 독립 운동 등등, 세상의 여러 민족들은 여전히 갈등 중이다. 민족이 한낱 상상의 공동체일 뿐이라면, 무엇 때문에 이토록 큰 문제들이 생기는 걸까?

사회학자 어니스트 겔너(1925~1995)는 민족주의가 퍼진 이유를 경제적인 데서 찾는다. 산업화는 고르게 이루어지지 않았다. 먼저 힘을 키운 국가는 다른 나라에 군침을 흘렸다. 더 많은 부를 차지하기 위해서다. 빼앗으려는 나라는 민족이라는 이름 아래 하나로 뭉쳤다. 약한 나라도 민족이라는 이름 아래 힘을 모아 이에 맞섰다.

민족이라는 생각이 없던 시절, 사람들은 스스로를 '왕의 신민'

민족으로 뭉쳐 싸우자!
1920년 우크라이나에서 만든 우편엽서의 그림이다. 가운데 우크라이나 전통 의상을 입고 우뚝 선 여인이
사람들의 힘을 모으고, 가장자리의 사람들은 침략해 온 러시아 군대에 맞서 싸우는 모습이다. 민족주의
는 서양 열강들이 세계를 삼키려 하는 시기에 자라났다.

으로 여길 뿐이었다. 이런 상태에서 모두가 힘을 합치기는 어렵
다. 귀족과 노비가 어깨를 맞댈 이유가 있을까? 나라가 튼튼해질
수록, 노비들은 계속 노예 처지에 머물게 될 것이다. 그리고 귀족
들은 신분이 천한 이들과 함께하기를 더욱 꺼릴 테다.

그러나 모두에게 '하나의 민족'이라는 연대감이 자리 잡으면
서, 이들은 '민족의 이름으로' 기꺼이 손을 맞잡았다. 이제 민족주
의 아래 모든 이가 평등해졌다. 그리고 국가는 '왕의 나라'가 아닌
'우리의 나라'로 여겨졌다.

민족주의가 한껏 꽃핀 시기는, 서양의 열강들이 세계를 삼키려
곳곳으로 퍼져 나가던 때와 겹친다. 민족주의는 산업 발전, 경제

성장과 함께 세상에 뿌리내렸다. 민족주의는 곧 근대화이자 산업화, 경제 발전이었던 셈이다.

민족에서 애국으로

민족주의는 이제 생명을 다한 느낌이다. 역사학자 홉스봄 (1917~2012)도 민족주의를 마뜩지 않게 여긴다. 그에 따르면, "분열적이고 종족적인 민족주의에는 미래가 없다."

바야흐로 세계화 시대 아닌가. 세계는 점점 하나의 시장으로 합쳐지고 있다. 이런 시대에 '우리 민족끼리'라는 생각은 가난과 다툼만 낳는다. 여전히 '순수한 조선 혈통'을 외치는 북한의 현실, 곳곳에서 벌어지는 민족 갈등을 볼 때는 그렇다.

하지만 많은 학자들은 민족주의와 세계화가 충돌하지 않는다고 말한다. 예컨대, 프랑스는 관용으로 이름 높은 나라다. 언어와 생활 방식, 종교가 다른 이들도 프랑스에서는 잘 어울려 살아간다.

그런데 프랑스에서 '프랑스적인 것'이 희미해진다면 어떨까? 관용도 '자기 것'이 있을 때 가능한 법이다. 여러 문화가 그냥 섞이는 모습은 무질서한 '잡탕'에 불과하다. 세계화에 필요한 관용이 제대로 뿌리내리려면 '우리 것'부터 분명해야 한다. 그러니 민족의 정체성을 세우는 일은 여전히 중요하다.

나아가, '국가'는 어느덧 '민족'을 대신해 가고 있다. 유럽의 국가 대표 선수 가운데는 흑인도 적지 않다. 우리나라에서도 귀화한

한국인이 국가를 대표하는 경우가 늘어나고 있다. 이렇듯 세계화 시대에 '민족주의'는 어느덧 '애국주의'로 바뀌는 모양새다. 사람들은 이제 민족을 '혈통'이 아닌 '국적'으로 받아들인다. 하긴, 민족을 뜻하는 nation은 국가를 뜻하기도 한다.

그러나 민족주의는 여전히 싸움을 낳는 이념이다. 우리와 일본, 중국은 역사와 영토를 놓고 끊임없이 부딪치고 있다. 이때, 뿌리 깊은 민족 갈등은 문제 해결을 어렵게 한다. 게다가 통일 문제도 민족주의와 맞닿아 있다. '혈통의 단일성'이라는 믿음이 깨진 지금, 남북이 꼭 통일되어야 하는 까닭은 어디에 있을까?

민족주의는 우리 사회에서 여러 가지 의미로 통한다. 물론 여전히 남북을 하나의 민족으로 여기는 '한반도 민족주의'가 우세하긴 하다. 그러나 대한민국 국적을 가진 이들을 중심으로 뭉치자는 '대한민국 민족주의', 세상 곳곳의 동포들까지 하나의 공동체로 만들자는 '한민족 민족주의' 등도 자리를 잡아 가고 있다. 미국인 아버지, 한국인 어머니를 둔 하인즈 워드* 같은 이들도 이제는 당연히 '한민족'으로 여겨지지 않던가.

민족주의는 지금도 발전하고 있는 이념이다. 민주주의나 애국주의처럼 사회의 화합을 이끄는 이념이 되기도 한다. 그런가 하면 우리 민족만 우월하다는 식의 나치즘 같은 괴물이 되기도 쉽다. 민족주의를 여전히 주의 깊게 바라보아야 하는 이유다.

---

* 한국계 미국인 전 미식축구 선수. 미국 국적이지만 2006년 슈퍼볼에서 뛰어난 실력을 보이자 한국인 혼혈인이라는 이유로 대한민국 언론의 조명을 받았다.

철학 물음

우리나라는 이미 다민족 국가다. 북한은 여전히 '우리 민족끼리'를
외친다. 민족주의는 통일을 떠받치는 강력한 이념이다. 우리는
역사적으로 한 민족이었기에 다시 하나로 합쳐져야 한다는
논리다. 다민족 국가 시대에 한반도의 통일을 대한민국 모든
시민들이 받아들일 수 있게 하려면 어떤 근거가 필요할까?

더 읽어 볼 책

★ 어네스트 겔너, 『민족과 민족주의』

★ 이선민, 『민족주의, 이제는 버려야 하나』

★ 임형택 외, 『전통, 근대가 만들어 낸 또 하나의 권력』

★ 탁석산, 『한국의 민족주의를 말한다』

파시즘

불안한 민주주의를 흔드는
악마의 유혹

파시즘을 이루는 X, Y

살림살이는 늘 지지리 궁상이다. 그런데도 정부는 별 대책을 내놓지 못한다. 자존심도 구겨진 상태다. 주변의 힘센 나라들은 거들먹거리며 우리를 위협한다. 정부는 바보같이 당하기만 한다. 더 큰 문제는 희망이 보이지 않는다는 사실이다. 꿈이니 전망 같은 낱말은 사라진 지 오래다. 젊은이들은 취업 때문에, 나이 든 사람들은 먹고사는 문제로 아등바등한다. 이런 어려운 시기에 노조는 또 언제 들고일어나 기업을 엉망으로 만들어 놓을지 모른다. 현실이 이런데도 정치가들은 민주주의를 한답시고 매일 싸움질만 할 뿐이다.

상황이 이럴 때면, 어디선가 파시스트들이 나타나기 마련이다. 그들은 힘주어 외친다. 우리는 원래 이렇지 않았다. 우리는 뛰어난 사람들이었다. 교활하고 사악한 X 때문에 이 지경까지 떠밀려 버렸다.

우리에게 희망이 없을까? 그렇지 않다. 우리에게는 강력한 지도자 Y가 있다. 그를 중심으로 똘똘 뭉치면 예전의 영광을 되찾을 것이다. 강한 자는 살고, 약한 자는 잡아먹힌다. 우리는 강해질 수 있으며, 살아남아야 한다. 우리의 영광을 되찾자!

모든 파시즘은 이와 같은 상황과 논리 위에서 싹텄다. 예컨대, 히틀러의 나치스는 1차 세계 대전에서 패배해 비참해진 독일에서 생겨났다. 그들에게 자신을 수렁에 빠뜨린 X는 유대인이었다. 강력한 지도자 Y인 히틀러를 중심으로 뭉치면 독일은 살아나리라 믿었다. 일본은 어땠을까? 그들에게 X는 일본에 눈독을 들이던 서양의 힘센 나라들이었다. 강력한 지도자 Y는 천황이었다. 천황을 중심으로 똘똘 뭉쳐 서양에 맞서면, 아시아까지도 차지하리라 믿었다. 이탈리아에게는? X는 나라 경제를 위태롭게 하는 공산주의였고, 강력한 지도자 Y는 무솔리니(1883~1945)였다. 무솔리니의 영도를 따르면, 이탈리아는 옛 로마의 영광을 되찾을 것이라 생각했다.

합리적인 희망을 꿈꿀 수 없다면

파시즘은 흔히 '독재 권력'이라는 의미로 쓰인다. 파시즘이라는 말은 라틴어 파스케스(fasces)에서 유래했다. 파스케스는 로마의 최고 행정가가 들고 다니던 상징이었다. 도끼에 나뭇가지들을 둘둘 묶은 모양인데, 도끼는 지도자를, 나뭇가지는 전체 시민을 뜻했다.

무솔리니는 강력한 지도력과 단결을 나타내는 파스케스의 의미를 놓치지 않았다. 파시즘이라는 말은 그가 이탈리아 국가 파시스트당을 만들면서 세상에 널리 쓰이게 되었다. 파시즘이란 한마디로, '지도자를 중심으로 전체 국민을 하나로 단결시키는 강력한 독재 권력'을 뜻한다.

등 따습고 배부른 상황이라면 파시즘은 헛소리처럼 들린다. 자유를 억누르고 지도자에게 절대 복종하라는 요구가 달가울 리 없다. 그러나 배가 가라앉는 상황에서는 어떨까? 살아남기 위해서 선장의 말에 무조건 따라야 한다면?

파시즘은 위기 상황에서 힘을 얻곤 한다. 파시스트들은 시민들의 불안과 불만을 정확하게 읽고, 이를 해결해 줄 대안은 자기밖에 없다는 논리를 폈다. 밑바닥 노동자들에게는 자신들만이 살림살이를 펴게 할 수 있다고 외친다. 돈 있는 이들에게는 자신들만이 노동자들의 불만을 잠재우고 경제를 살릴 수 있다고 주장한다. 힘없는 나라에 실망한 시민들에게는 자신들만이 잃어버린 국가의 자존심을 되살릴 수 있다며 또박또박 말해 준다.

사람은 듣고 싶은 말을 해 주는 이에게 혹하게 마련이다. 사기꾼에게 잘 넘어가는 이유는 여기에 있다. 합리적인 방법으로는 희망을 찾지 못하는 상황, 사람들은 지푸라기라도 잡는 심정이 되었다. 이때 자신들만이 현실을 깨치고 나갈 수 있다며 확신에 차 외치는 파시스트들은 아주 매력적으로 다가온다.

과장하고, 확신하고, 반복하라

과연 파시스트들에게는 뾰족한 수가 있을까? 그들은 절대 합리적으로 따져 묻거나 생각하려 하지 않는다.

군중을 움직이고자 한다면, 확신을 공격적으로 거듭 말해야 한다. 과장하고, 확신하고, 반복하라. 주장이 옳음을 보여 주겠다며 논리를 펼치려 하지 마라.

군중 심리를 연구한 귀스타브 르봉(1841~1931)의 말이다. 파시스트들은 이 말을 제대로 따랐다. 파시스트들은 될 만한 이유가 있기에 믿기보다, 간절히 원하기에 될 수 있다고 믿는다. 나약한 자들은 조건과 가능성을 따지려 든다. 진정 뛰어난 자는 현실보다 자신의 의지를 믿는다. 그리고 '의지의 힘'으로 답답한 현실을 강하게 뚫고 나간다.

절망 속에서는 현실을 외면하기 쉽다. 끔찍하고 희망이 없는 탓이다. 그럴수록 환상과 꿈은 크게 다가온다. 현실보다 자신들이 내거는 이상을 앞세우는 파시즘이 사람들을 끌어당기는 이유다.

파시스트들은 민족이라는 환상을 내세운다. 히틀러는 독일인을 아리안족으로 여겼다. 원래 아리안족은 역사에 없는 민족이다.

이는 언어학자들이 연구하다 만들어 낸 가정일 뿐이다. 유럽어와 인도어는 비슷한 점이 많다. 그렇다면 이 둘은 본디 하나의 뿌리에서 나왔을 수 있다. 이를 설명하기 위해 언어학자들은 유럽어와 인도어의 조상 말을 썼던 아리안이라는 민족을 상상으로 떠올려 봤을 뿐이다.

히틀러는 이를 진짜 민족으로 여겼다. 그리고 아리안족을 덜떨어진 다른 인종을 지배하던 우수한 독일 민족의 조상이라고 우겼다. 옛 고구려와 만주 벌판은 우리에게는 '로망'으로 다가온다. 히틀러 시대 독일인들에게 '아리안족의 영광'도 비슷한 느낌으로 다가왔을 듯싶다. 마찬가지로, 무솔리니는 이탈리아의 조상인 로마의 찬란한 과거를 강조했다. 일본의 파시스트들은 천황을 중심으로 아시아를 이끌어 나가는 위대한 일본 민족의 모습을 되뇌었다.

역사와 민족 앞에 누가 감히 자신의 이익을 내세우겠는가. 민족이 사는 길이 내가 사는 길이다. 자신만 챙기는 삶은 치졸하고 비겁하다. 진정한 삶은 민족의 앞날을 위해서 나 자신을 과감히 희생할 때 열린다.

이제부터 1789년은 역사에서 없다

또한 파시스트들은 사회 진화론을 따른다. 자연에서는 강한 자만 살아남는다. 인간 사회도 다르지 않다. 강한 민족은 살아남고, 약한 민족은 사라진다. 그러면서 인류는 점점 강하고 건강해진다.

약하고 병든 부류는 경쟁에서 밀려나 스러지기 때문이다.

그래서 파시스트들은 전쟁을 바람직하게 여긴다. 평화는 병들고 나약한 것들이 판치는 세상을 만들 뿐이다. 전쟁이야말로 진정 누가 우수하고 건강한지를 가늠해 준다. 반면 약한 자들은 끊임없이 잔머리를 굴려, 평화가 마치 최선의 상태인 양 꾸며 댄다. 그래야 자신들이 살아남기 때문이다.

히틀러에게는 유대인들이 바로 악하고 교활한 자들이었다. 히틀러는 전쟁이 위생학적으로도 옳다고 여겼다. 인류가 건강하려면 병균 같은 민족을 쓸어 버려야 한다. 이 점에서 전쟁은 인류의 건강을 지키는 위생학과도 같다. 또한 생존 투쟁에서 살아남으려면 지도자를 중심으로 집단 전체가 똘똘 뭉쳐야 한다. 지도자라면 강력한 카리스마를 지녀야 하는 이유다.

나치스가 권력을 차지한 1923년, 선동가 괴벨스*(1897~1945)는 이렇게 말했다. "이제부터 1789년은 역사에서 없다." 1789년은 프랑스 대혁명이 일어났던 해다. 프랑스 대혁명으로 자유, 평등, 박애의 정신이 세상에 널리 퍼졌다. 그러나 파시스트들은 이를 '인류의 타락'으로 본다. 전체보다 개인을 더 소중하게 여기는 생각은 옳지 않다. 전쟁터 같은 세상에서 살아남으려면, 자유와 평등보다 국가와 민족을 먼저 생각해야 한다. 전체가 살아야 개인도 사는 법이다.

---

* 나치스 정권의 선전 장관. 교묘한 선동 정치로, 1930년대 나치스의 세력을 크게 확장했다.

민족의 영광을 위해 전쟁을 수행하라!

피 묻은 칼을 든 군인, 잘 먹어 살찐 성직자, 머리에 똥이 든 정치가, 머리에 요강을 뒤집어 쓴 언론인, 나치스 복장을 한 사나이가 모두 전쟁을 부추기고 있다. 언론인은 감정을 배설하는 기사로 사람들을 자극하며, 나치스 복장을 한 사나이는 머릿속에서 기마병의 용맹스러운 전진을 생각하며 전쟁을 벌여야 한다고 목소리를 높인다. 배타적 민족주의로 기우는 독일의 시대상을 풍자한 작품으로, 그로스(1893~1959)의 〈사회의 기둥이란 자들〉이다.

파시즘이 지배하던 시대, 세상은 어땠을까? 심리학자 슈테판 마르크스(1951~)는 히틀러 시절 독일인의 기억을 들려준다.

1921년생인 페데른 여사는 '그 아름다웠던 시절'을 열정적으로 들려주었다. 당시의 '멋진 조직'과 '질서', 도보 여행, 특히 나치스 전당 대회 때 히틀러 앞에서 선보인 노래와 춤 같은 '멋진 행사'를 아름답게 그렸다. 그러면서 자신이 '좋은 기억'만을 가지고 있음을 계속 미안해했다.

히틀러가 권력을 쥐고 있던 시절, 독일의 형편은 엄청나게 나아졌다. 1936년, 미국의 실업률은 20퍼센트에 이르렀다. 반면, 그 무렵 독일에서는 오히려 일할 사람이 부족할 지경이었다. 1차 세계대전 이후, 고통에 시달리던 독일인에게 히틀러가 '구원자'처럼 여겨졌던 이유다. 무솔리니도 10년 넘게 이탈리아를 다스렸다. 그 시기 이탈리아도 적잖은 경제 성장을 이루었다. 파시즘이 지배하던 시기, 일본의 경제도 세계를 상대로 전쟁을 꾸릴 정도로 자라났다.

더구나 파시즘은 삶을 건강하고 가치 있게 여기도록 해 주었다. 나와 가족의 입에 풀칠만 하면 된다는 식의 삶은 비루해 보인다. 파시즘은 국민들 하나하나의 삶에 '위대한 의미'를 주었다. 내가 살아가는 이유는 '국가와 민족'을 위해서다. 사람들은 역사에 길이 남을 위대한 업적을 이루는 과정에 자신이 한몫하고 있다고 여겼다. 모두가 하나 되어 역사적인 과업을 이루고 있다는 믿음은 그 자체로도 큰 감동을 안겨 준다.

우리에게도 비슷한 경험이 있다. 1970년대, 우리나라는 '민족의 중흥'을 위해 강력한 지도자 아래 뭉쳤다. 그 결과 크게 경제 성장을 이루었다. 그 시절을 떠올리는 중장년층의 표정에는 뿌듯한 자부심이 피어오르곤 한다. 밑바닥에서 시작해 나라를 일으켰다는 자랑스러움 말이다. 파시즘의 분위기가 지배하던 '그 시절'은 아름다웠다.

파시즘, 되살아나는 악마의 유혹

그런데 과연 파시즘의 시대가 아름답고 바람직했을까? 누구를 파시스트라고 부르는 일은 이제 가장 모욕적인 욕설로 여겨진다. 파시즘은 짧은 영광과 긴 고통을 안겨 주는 사상이다. 파시즘은 인권을 하찮게 여긴다. 국가와 민족을 위한다는 구실로, 누군가는 끌려가서 고문을 받고 죽임을 당한다. 지도자의 뜻과 다른 생각은 꺼내기조차 위험했다. 순간의 분발이 좋은 기록으로 이어질 수는 있다. 그러나 눈먼 질주가 영원한 성공을 가져올 리는 없다. 시간이 갈수록 행복은 줄고 불행은 늘어났다.

나아가, 파시즘의 민족주의는 세상을 슬픔과 두려움으로 가득 차게 한다. 아리안족의 영광이 빛날수록, 다른 민족들은 비참한 노예처럼 되어 가지 않았던가. 몇몇만 행복하고 대부분은 불행한 상태가 세상의 제대로 된 모습일 리 없다.

그럼에도 파시즘은 언제나 유혹과 그리움으로 다가온다. 경제가 바닥을 기고 있는 상황, 민주주의를 한답시고 국론이 갈려 우왕좌왕하는 현실을 보라. 예전처럼 강력한 독재자가 나타나, 국가 전체를 카리스마 있게 이끌어 가는 모습을 꿈꾸는 사람이 없다고 할 수 있을까? 파시즘은 언제나 다시 반복될 수 있는 '악마의 유혹'임을 잊어서는 안 된다.

철학 물음

내 삶이 신산스럽고 미래가 보이지 않는 까닭은 '누구' 또는 '무엇'때문인가? 이 '누구' 또는 '무엇'을 없애고 내 삶을 제대로 세우려면 어찌해야 하는가? 그대의 논리를 파시스트들의 주장과 견주어 보라. 과연 그대의 삶은 '그 사람' 또는 '그것' 때문에 꼬인 것일까?

더 읽어 볼 책

★ 마크 네오클레우스, 『파시즘』

★ 슈테판 마르크스, 『나치즘, 열광과 도취의 심리학』

★ 임지현 외, 『우리 안의 파시즘』

프런티어 정신

팽창 없이는
타락을 막을 수 없다

미국 역사의 독립 선언

고단하고 가난한 이들이여, 내게 오라.

자유롭게 숨 쉬기를 간절히 원하며 한데 모인 군중,

오갈 데 없이 항구에 가득 찬 가엾은 이들,

집 잃고 사나운 비바람에 시달린 이들이여, 내게 오라.

미국 뉴욕의 자유의 여신상에 적혀 있는 시의 일부분이다. 가난한 이민자들은 유럽에서 미국으로 끊임없이 몰려들었다. 힘들고 긴 항해의 끝, 이들을 가장 먼저 맞이하는 것은 자유의 여신상이었다. 미국은 궁핍을 피해 보려는 사람들, 억눌린 삶에서 벗어나려는 이들로 가득 찼다. 하지만 정작 미국은 가난하지도, 허약하지도 않았다. 1776년 독립을 선언한 이후, 미국은 불과 200여 년

만에 세상에서 가장 부유하고 강한 국가로 거듭났다. 무엇이 유럽의 변두리에 지나지 않던 가난한 이민자들의 나라를 강대한 국가로 만들었을까?

1893년, 시카고 역사학 대회에서 프레더릭 터너(1861~1932)는 「미국 역사에서 프런티어의 의미」라는 글을 내놓았다. 터너에 따르면, 미국이 미국다운 이유는 프런티어 정신 때문이다. 이 주장은 당시 미국 사회에 엄청난 영향을 끼쳤다. 학자들은 심지어 터너의 주장을 일컬어 '미국 역사의 독립 선언'이라고까지 한다.

대륙은 늘 서쪽으로 향한다

프런티어(frontier)란 경계를 말한다. 미국의 역사는 경계를 서쪽으로 넓혀 가는 과정이었다. 영토 확장은 역사상 어느 나라에나 있었다. 나라를 크게 만들기 위해서는 다른 국가나 민족을 침략할 수밖에 없다. 이는 엄청난 반발을 사게 마련이어서, 애써 차지한 영토는 지배받게 된 사람들의 끊임없는 저항 때문에 다시 쪼그라들곤 했다.

하지만 미국의 사정은 전혀 달랐다. 그들에게는 서쪽으로 무한정 펼쳐진 황무지가 있었다. 미국 정부가 말하는 프런티어란 1제곱마일당 2명 이하의 사람들이 사는 땅이다. 미국인들은 사람이 없는 원시의 땅을 개척함으로써 자신들의 문화를 가꾸어 나갔다.

이민자는 대부분 유럽에서 온 사람들이었다. 그런데 서부로 뻗어 가는 동안, 유럽의 문화는 서서히 미국적인 것으로 바뀌어 갔다. 허허벌판에서는 옛 생활 방식이 통할 리 없다. 모든 것을 새롭게 익히고 알아서 터득하며 살아야 한다. 맨땅에서 시작하는 상황, 유럽에서의 생활 방식과 아메리카 대륙의 야생의 삶이 뒤섞여 독특한 색깔을 띠게 되었다. 개척자들은 계속 서쪽으로 나아갔다. 그럴 때마다 문명은 처음부터 다시 시작하는 과정을 거듭했다.

사람들이 빽빽하게 모여 사는 유럽에서라면, 일단 사회에 새로 들어온 사람들은 돈 많고 힘 있는 이들의 말을 따라야 했을 테다. 그러나 아메리카에서는 달랐다. 이들은 사회가 못마땅하면 마을을 박차고 나와 다시 서부로, 서부로 향했다. 미국인들의 유연한 태도와 끊임없이 변화하며 나아가는 자세는 개척의 역사를 통해 만들어진 셈이다.

진짜 황금의 나라는 먼 곳에 있다

프런티어는 계속해서 서쪽으로 이동해 갔다. 그러면서 예전에 프런티어였던 곳은 점차 안정된 마을로, 번잡한 도회지로 바뀌어 갔다. 발전 과정은 대개 다음과 같다. 아무도 살지 않던 땅을 맨 처음 개척하는 이들은 소를 키우는 사람들이다. 이들은 너른 땅에서 가축을 키우며 살아갔다. 개척 시기, 미국 정부는 토지 선점법으로 땅을 넓힌 자들의 권리를 지켜 주었다. 따라서 미국에서 땅은 먼저 차지한 사람이 임자였다.

이들은 끊임없이 밀려드는 이민자들에게 땅을 팔고 다시 서쪽
으로 간다. 땅을 사서 정착하는 사람들은 대개 농부들이다. 농사
를 짓는 이들은 몇 집씩 모여 살기 마련이다. 길을 내고 다리도 놓
고 하다 보면, 어느덧 학교와 관청 건물을 갖춘 번듯한 마을이 들
어서게 된다. 그다음으로는 기업가들과 자본가들이 따라온다. 가
치가 높아진 땅을 팔고 사는 과정에서 이득을 챙기기 위해서다.
이들은 여기저기서 투자도 이끌어 낸다. 이제 땅에서는 개척지의
모습을 찾아보기 힘들다. 철도가 놓이고 산업이 자라나면서, 한때
황무지였던 땅은 도시로 거듭난다. 이런 일이 영토가 넓어지는 과
정에서 계속되었다. 그러면서 미국의 문화가 서서히 만들어졌다.
터너의 말을 직접 들어 보자.

> 빙하가 움직이면서 퇴적물과 흔적을 남기듯, 프런티어가 정착지로 바
> 뀐 뒤에도 여전히 프런티어의 특징은 남는다. 프런티어가 서쪽으로 나
> 아갈수록, 유럽의 영향은 꾸준히 사라져 갔다. (……) 이와 같은 프런티
> 어의 전진, 그 가운데서 성장한 인간과 프런티어의 정치적·사회적인
> 결과를 연구해야만 미국 역사에서 진정 미국다운 부분을 이해할 수
> 있다.

터너의 말처럼, 지금의 미국 문화에는 개척지 시대의 정서가 오
롯이 남아 있다. 미국의 법과 제도에는 개척지에서 생긴 일을 처
리하는 가운데 만들어진 것이 많다. 예컨대, 유럽인들은 사형을

마뜩지 않게 여긴다. 개인이 총을 가지고 다니는 것도 엄격하게 금지한다. 반면 미국에서는 사형 제도에 찬성하는 사람들이 많다. 개인의 총기 휴대에도 너그러운 편이다. 법은 멀고 주먹은 가까운 상황, 나쁜 자들을 죽이고 내 총으로 나 자신을 보호해야 살아남을 수 있었을 테다. 내가 땅을 개발하고 길도 냈는데, 나중에야 정부가 나타나 이래라저래라 간섭한다면 기분 좋을 까닭이 없다. 미국인들이 정부의 개입을 싫어하고 개인의 권리를 앞세우는 데도 개척지의 문화가 묻어 있다.

나라가 세워진 지 200년 만에 미국은 엄청나게 팽창했다. 그런데도 개척은 꾸준히 이루어졌다. 사람들은 진짜 황금의 나라는 먼 곳에 있다고 믿는 듯했다. 이런 상황에서는 사회 갈등도 일어나기 어려웠다. 사는 곳이 마음에 들지 않을 때는 새로운 땅을 찾아 떠나면 그만인 까닭이다. 지역감정도 자라날 틈이 없다. 사람들이 끊임없이 들고 나기 때문이다. 하도 이동이 심해서, 몇 년만 흐르면 마을 구성원 전체가 바뀌는 일도 흔했다고 한다.

프런티어의 종언

1890년, 미국의 국세 조사 보고서는 마침내 프런티어의 종언을 선언한다. 미국인의 발걸음이 대서양에서 태평양까지 미침으로써, 더 이상 개발할 미개지(free land)가 존재하지 않는다는 뜻이다. 1893년, 터너가 논문을 쓴 까닭은 여기에 있었다. 이제 미국 정신의 뿌리를 이루던 프런티어가 사라지면서 미국 역사의 1장이 끝났다는 것이다. 그 뒤 미국은 어떻게 나아갔을까?

미국인에게 서부 개척 시기와 프런티어 정신은 영원한 꿈으로 남아 있다. 프런티어 개척기가 끝난 뒤, 미국에서는 서부극이 엄청나게 쏟아져 나왔다. 1926년부터 1967년에 이르는 40년 동안 미국에서 만들어진 할리우드 영화의 4분의 1가량이 서부 영화였을 정도다. 특히 1950년대에는 서부 영화가 텔레비전을 점령하다시피 했다. 시청률 10위까지의 프로그램 가운데 서부 영화가 7개를 차지한 적도 있었다.

프런티어 문화는 단순한 향수에 그치지 않았다. 프런티어 개척이 끝난 뒤로, 미국은 해외 진출에 눈을 돌렸다. 하와이를 점령하고 에스파냐와의 전쟁을 통해 쿠바와 필리핀을 차지했다. 도미니카 공화국, 멕시코까지 세력을 뻗치더니 두 차례의 세계 대전을 거치면서 유럽에까지 진출했다. 오늘날 미국은 전 세계를 쥐락펴락하는 패권 국가로 거듭난 상태다. 그렇다면 미국인들에게 디엔에이(DNA)처럼 박혀 있는 프런티어 정신은 앞으로 어떤 모습으로 바뀌게 될까?

팽창 없이는 타락을 막을 수 없다

터너에 따르면, 미국은 끊임없이 팽창을 해야 굴러가는 나라다. 이는 자본주의와도 닮은꼴이다. 자본주의도 끊임없이 새로운 시장을 찾아내야 한다. 그래야 투자가 꾸준히 이루어지고 경제도 발전하기 때문이다.

만약 팽창을 멈추면 어떻게 될까? 사회에 불만이 쌓여도 사람들은 예전처럼 '기회의 땅'을 찾아 떠날 수 없다. 갈등은 당연히 심해질 테다. 거래처가 새로 열리지 않으니 경제 성장도 지지부진할 수밖에 없다. 어려운 상황을 풀어 보려고 이러저러한 편법들이 판을 칠지도 모른다. 그럴수록 부정부패도 많아진다. 결론은 분명하다. "팽창 없이는 타락을 막을 수 없다." 사회가 고인 물이 되지 않으려면 계속해서 팽창할 수밖에 없다는 뜻이다.

실제로 미국 역사에서는 끊임없이 프런티어라는 말이 등장했다. 케네디 전 대통령(1917~1963)도 '뉴 프런티어'를 앞세웠다. 소련과 치열하게 경쟁하던 상황, 그는 '우주 개발'을 앞세웠다. 영토를 넓히던 조상들처럼 우주라는 신천지를 좇은 셈이다.

하지만 미국의 프런티어 정신이 과연 바람직하기만 했을까? 사실, 미국의 프런티어는 비어 있는 땅이 아니었다. 그곳에는 이미 아메리카 원주민들이 살고 있었다. 터너는 미국인들의 애국심과 단결력은 아메리카 원주민과 싸우면서 만들어졌다고 고백한다. 서부 개척의 역사는 원주민들을 죽이고 몰아낸 기록이기도 하다. 미국인들은 원주민 부족들의 목줄을 끊기 위해 버펄로를 멸종시키다시피 했다. 원주민들은 주로 버펄로를 잡아먹고 살았다. 버펄로가 사라지자 원주민들의 살길도 막막해졌다.

개척해야 할 '변방'이 사라졌는데도, 미국인들에게는 프런티어

미국인의 진출은 신의 뜻?
미국인들은 영토를 넓히는 것이 신의 뜻이라고 주장했다. 이 그림에는 신이 이끌어 미국인들이 서쪽으로
진출하는 것으로 그려져 있다. 왼쪽에는 버펄로를 비롯한 동물과 아메리카 원주민들이 쫓겨나는 모습이
보인다. 가스트(1842~?)의 풍자화 〈미국인의 진보〉다.

시절의 모습이 살아 있다. 원주민에 맞서기 위해 미국인들이 단결
했듯, 미국의 '적'은 에스파냐, 독일, 소련을 거쳐 테러리스트 집
단에 이르기까지 끊이지 않는다. 용감한 기병대가 아메리카 원주
민들을 물리쳤듯, 지금도 세계 최강인 미국의 군대는 적들을 몰아
붙인다.

19세기, 미국의 정치가들은 '명백한 운명'(Manifest Destiny)을
부르짖곤 했다. 미국은 선이고 다른 세계는 악이다. 따라서 미국
은 선을 퍼뜨리기 위해서라도 세상을 지배해야 한다. 이는 신이

정해 준 명백한 운명이다! 하지만 명백한 운명이 21세기에도 통할까? 미국의 뿌리가 되는 프런티어 정신을 곱씹게 되는 이유다.

철학 물음

미국의 영혼은 프런티어를 개척해 나가면서 형성되었다고 한다. 우리나라는 1960년대 초까지 세계에서 가장 가난한 나라 가운데 하나였다. 겨우 50여 년 만에 대한민국은 무역 대국으로, 경제 협력 개발 기구(OECD) 가입 국가로 거듭났다. 경제 성장으로 다져진 우리나라의 영혼은 어떤 모습인가? '대한민국의 정신'은 무엇인가?

더 읽어 볼 책

★ 강준만, 『미국사 산책 4』
★ 차하순, 『사관이란 무엇인가』

대동아 공영권

정신적 허상의
처참한 몰락

흑선이 폭발시킨 은둔의 천 년

사실 일본이 세상 밖으로 나온 지는 그리 오래되지 않았다. 백여 년 전만 해도 섬나라 일본은 존재감이 크지 않은 나라였다. 물론 왜구가 이웃 나라들의 골칫거리이기는 했다. 그렇지만 임진왜란 등 몇 번의 사건을 빼고는 일본이 주변국 정세에 영향을 끼친 적은 별로 없었다. 문화적으로도 일본은 늘 수입국의 위치였을 뿐이다.

그러던 일본이 1854년, 세상 밖으로 고개를 내밀었다. 아니, 강제로 끌려 나왔다는 표현이 더 정확할 듯싶다. 네 척의 흑선(黑船)을 이끌고 입항한 미국 페리(1794~1858) 제독의 개항 요구 앞에, 일본은 무력할 수밖에 없었다. 서구 열강들이 아편 전쟁*으로 동

---

* 1840~1842년 청나라의 아편 수입 금지 조치 때문에 일어난 청나라와 영국 사이의 전쟁. 청나라가 영국에 패하여 홍콩을 할양하고 상하이 등 다섯 항구를 개항했다.

북아 최강자였던 청나라마저 무너뜨려 버린 마당에, 저항해 봐야 소용없다는 사실을 일본의 권력자들은 잘 알고 있었다.

그때부터 20년도 채 못 되어, 일본은 동북아의 최강자로 떠올랐다. 오랫동안 은둔했던 일본의 저력은 무섭기 그지없어서, 말 그대로 욱일승천(旭日昇天)의 기세로 퍼져 나갔다. 그러나 일본의 세계 무대 '데뷔'는 처참한 몰락으로 끝나고 말았다. 침략 전쟁으로 아시아 전체를 온통 혼란에 빠뜨리더니, 급기야는 전쟁에 패해 전범국으로 추락해 버렸다. 세계 역사상 유례를 찾아보기 힘든 급격한 성장과 추락이었다고 할 수 있을 것이다.

일본은 나라의 문을 연 뒤 어떻게 그 짧은 시간 안에 그토록 빠르게 성장할 수 있었을까? 그리고 상냥하고 예의 바른 국민성과 달리 왜 그들의 제국은 그토록 잔인했을까? 해답은 일본의 사상에서 찾을 수 있다.

중국과 조선은 진보가 뭔지 모른다

일본은 오랫동안 고립되어 있었지만 그렇다고 세상에 대해 무지하지는 않았다. 네덜란드 상인들과 계속 교류하고 있었기 때문에, 일본에는 1700년대부터 서양 학문, 곧 난학(蘭學, 네덜란드의 학문)을 연구하는 학자들이 꽤 많았다. 미국이 개항을 요구했을 때 이미 일본은 세상의 중심이 중국에서 서구로 이동하고 있다는 사실을 간파하고 있었다.

또한 중국인이 중화사상을 지닌 것과 달리, 일본인에게는 자기네가 세상의 중심이라는 생각이 없었다. 그만큼 '서양 오랑캐'에 대한 거부감이 적었기에 외국 문화의 흡수도 빨랐다. 그들에게 서양 문명은 중국과 조선을 대신할 또 다른 선진 문물에 지나지 않았던 것이다. 1만 엔 지폐에도 등장하는 후쿠자와 유키치*(1835~1901)의 말을 들어 보자.

우리 일본의 국토는 아시아의 동쪽에 위치하고 있지만 그 국민정신은 아시아를 벗어나 서양 문명으로 향해 있다. 불행히도 우리 이웃으로는 중국과 조선이 있다. 이 두 나라는 진보가 뭔지를 전혀 모른다. (······) 오늘날 중국과 조선은 우리에게 아무런 이익도 되지 못한다. (······) 만일 서양이 이 두 나라를 침략한다면 일본도 서양과 보조를 함께하는 편이 차라리 낫다.

아시아를 벗어나자는 이른바 탈아론(脫亞論)의 내용이다. 서양은 이제 일본의 발전 모델이 되었다. 빠르게 서구화의 길을 걷는 가운데, 농업과 신분 제도에 기반을 둔 무신 정권인 바쿠후**(幕府)의 권위도 따라서 무너져 갔다. 원래 독재 정권은 외국에 대해 폐쇄적이며, 개방이 확대될수록 몰락하는 특성이 있다. 개혁 세력

---

* 일본의 계몽가·교육가로, 서구 문화를 받아들여 봉건 관료주의에 대항하는 등 일본 사회 전반에 큰 영향을 끼친 인물이다.
** 원래 '대장이나 장군의 진영'을 뜻하는 말로, 무사들이 정치에 관한 사무를 보는 관청을 가리킨다.

은 바쿠후의 대안으로 천황을 내세웠다. 그 당시까지 천황은 실질적인 통치자인 쇼군(바쿠후의 수장)의 '권력 장식품' 정도에 지나지 않았지만, 명목상으로는 만세 일계(萬世一系)로 상징되는 엄연한 일본의 군주였기 때문이다.

1868년, 메이지 유신*으로 일본의 실질적인 통치자 위치를 회복한 천황은 근대식 개혁을 단행해 갔다. 이 과정에서 도입한 징병제와 의무 교육 제도는 근대화에 크게 기여했다. 이전에는 사무라이만이 무기를 지닐 수 있었지만, 농민들도 칼을 차고 총을 들 수 있게 되면서 사무라이가 따로 필요 없는 시대가 찾아온 것이다. 나아가 유럽식 군대 생활은 그 자체로 근대 교육의 효과를 내서, 모든 청년들은 군대에서 신분 철폐와 신문명의 효과를 체험할 수 있었다.

천황 숭배 사상의 탄생

메이지 유신을 거치면서 중세 농업 국가였던 일본은 서구식 자본주의 국가로 탈바꿈했다. 어느덧 아시아에서 서구 열강과 대등한 정도의 국력을 갖추게 되자, 일본은 비로소 모방 단계에서 벗어나 자신의 정체성을 고민하기 시작했다. 1887년, 제국

* 19세기 말, 일본은 12세기부터 이어져 온 봉건적인 바쿠후 체제를 마감하고 천황 중심의 중앙 집권적 통일 국가로 탈바꿈했다. 이때 탄생한 정부는 토지·조세 제도를 새로 정비하는 등 강력한 개혁 정책을 실시했는데, 사회·정치·문화 전반에 걸친 일본의 이러한 변화를 메이지 유신이라 한다.

헌법의 초안을 심의하는 과정에서 추밀원* 의장 이토 히로부미
(1841~1909)가 발언한 내용을 보자.

이번에 헌법을 제정하는 데는 일본의 기축(중심축)이 무엇인가를 먼저
확정하지 않으면 안 됩니다. (……) 유럽에서는 종교가 기축이 되어 사
람들의 마음을 다잡아 주고 있습니다. 그러나 일본에서는 종교의 힘이
미약하여 무엇 하나 국가의 기축이 될 만한 게 없습니다. (……) 일본에
서 기축으로 삼아야 할 것은 오로지 황실뿐입니다.

천황 숭배 사상이 어떻게 생겨났는지를 보여 주는 대목이다. 서
양 사회에서는 기독교가 사회 통합에 큰 역할을 한다. 그러나 무
인들이 힘으로 지배했던 역사가 긴 일본에서는 국가 통치 철학이
라 할 만한 이념이 상대적으로 적었다. 물론 여느 동북아 국가들
과 마찬가지로 유교가 정치 이념으로 널리 쓰이긴 했지만, 개혁론
자들에게는 낡은 이념으로만 보일 뿐이었다.

이런 상황에서 천황은 서양의 기독교처럼 사회를 하나로 뭉치
게 하는 이념으로 작용했다. 신으로 여겨진 천황은 '이름과 옥새
만으로 자신의 정치적 사명을 행사할 뿐' 시시콜콜 정치에 간섭하
지는 않았다. 실제 권력은 육군과 해군, 궁정과 우익 정치가로 나
누어진 복잡한 파벌들의 균형과 갈등에서 나왔다.

천황 중심주의는 필연적으로 독재와 전체주의로 흐를 여지가

* 천황의 국무 자문 기관.

있었다. '충효 일치'라는 구호처럼, 메이지 유신 시대의 천황은 한 가정의 가장에 비유되곤 했다. 천황에게 충성하는 일은 부모에게 효도하는 것과 같다. 부모가 마음에 안 든다고 해서 내 맘대로 부모 자리에서 끌어내릴 수는 없는 일이다. 천황에 대해서도 마찬가지다. 천황뿐 아니라 천황을 모신 자들 또한 웃어른이다. 따라서 그들의 뜻에 맞서려 해서는 안 된다.

사정이 이러니, 천황의 이름만 팔면 관료들의 독재는 얼마든지 정당화될 수 있었다. 실제로 다이쇼 데모크라시*로 상징되는 일본의 민주주의는 역사적으로 뿌리내리기도 전에 급속히 쇠퇴하고 군부 독재가 판을 치게 되었다.

팔굉일우, 일본 아래 하나 된 세계

1894년, 청일 전쟁**에서 이긴 일본은 1904년 러일 전쟁***에서도 승리를 거두었다. 일본의 우익들은 서구를 따라잡는 수준에서 벗어나 서양을 앞지르고 있다는 자신감에 넘쳤다. 이 시기의 대표적인 군국주의자 기타 잇키(1883~1937)는 이렇게 말했다.

---

* 1905~1925년, 일본에서 일어난 민주주의적 개혁을 요구하는 운동을 가리키는 말.
** 1894~1895년에 청나라와 일본이 조선에 대한 지배권을 놓고 다툰 전쟁. 이로 인해 동아시아에 제국주의 시대의 막이 열렸다.
*** 1904년 2월부터 1905년 9월까지 한반도와 남만주에 대한 지배권을 둘러싸고 러시아와 일본 사이에 일어난 전쟁.

일본인들은 소아를 포기하고 그들 존재의 근원을 천황에게서 찾으라. 일본인들은 순수한 정신을 가졌다는 점에서 다른 모든 민족보다 우월하며 본성이 서양 국가들의 시민들과 완전히 다르다.

이때부터 일본은 본격적인 제국주의의 길로 접어들었다. 자신을 서구 열강을 대신해 아시아를 지배할 절대 강자로 여기기 시작한 것이다. 그리고 1937년, 만주 침탈이 본격화하면서 이른바 대동아 공영권 구상이 수면 위로 떠올랐다. 그 무렵 교토 제국 대학의 교수였던 고야마 이와오(1905~1993)가 1942년에 펴낸 『세계사의 철학』이라는 책에는 대동아 공영권의 의미가 명료하게 드러나 있다.

먼저 그는 세상의 어떤 국가도 혼자서는 존재할 수 없으며 생존을 위해 연합해야 한다고 말한다. 그런데 이미 '세계의 공장'이 되어 버린 서구 열강은 원료와 시장을 얻기 위해 많은 식민지를 필요로 하고 있다. 그러면서 그들은 식민지에 모두가 평등하고 자유롭다는 자유주의 사상을 퍼뜨리고 있다. 그러나 실제로 그들이 지배하는 세상은 혼란과 전쟁으로 가득 차 있다.

따라서 그는 일본이 서구 열강을 대신하여 아시아의 맹주로 대동아 공영권을 다스려야 한다고 주장한다. 여기서 대동아 공영권은 "지리적·운명적 공동 연대를 기초로 한 새로운 도덕으로 묶이는 특수한 세계"를 의미한다. 이제 일본은 모두가 평등한 세상을 만들겠다고 속이고는 약탈만 일삼는 서양의 자유주의 침략자들을 아시아에서 몰아낼 것이다. 그리고 나라들 각각에 맞는 위치와

대동아 공영권 지도

2차 세계 대전 때 일본이 발행한 '대동아 공영권 전도'로, 동북아시아와 동남아시아에 이르는 '대일본 제국의 영토'가 표시되어 있다. 일본은 조선, 만주, 타이완, 필리핀, 싱가포르, 버마, 인도네시아, 사이판 등을 점령하거나 괴뢰 정부를 세웠다. 지도에는 일본이 아시아를 지배하겠다는 강한 의지가 담겨 있다.

역할을 부여함으로써 번영과 평화를 이룩해 낼 것이다.

　그러나 만주 사변[*], 난징 대학살[**], 중일 전쟁[***]으로 이어지는 일

---

[*]　1931년 9월, 만주를 군사 작전에 필요한 인원과 물자를 보급하고 지원하는 기지로 만들기 위해 일본이 일으킨 만주 침략 전쟁.
[**]　1937년 12월~1938년 1월에, 중국의 수도였던 난징과 그 주변에서 일본군이 중국인 포로와 일반 시민 약 35만 명을 학살한 사건을 말한다.
[***]　중국 대륙에서 1937~1945년에 일어난 중국과 일본의 전쟁.

본의 행보는 아시아의 '공영'과는 거리가 멀었다. 일본은 자신들 아래서 천지가 하나가 된다는 팔굉일우(八紘一宇)를 꿈꾸었지만, 일본이 손을 내밀었던 아시아의 모든 나라는 그에 맞서 싸웠다. 그 때까지 세상의 영원한 변방과 같았던 일본에는 세계를 경영할 자질도 아량도 없었던 것이다. 중국과 전쟁을 벌이면서는 민간인 학살, 포로 학대 등을 금지하는 국제 조약을 지키지 않아도 된다고 할 정도였다.

앵글로 아메리카 금수들을 쳐부수자!

1940년, 일본은 독일이 프랑스를 침공한 것을 계기로 독일, 이탈리아와 삼국 동맹을 맺었다. 1941년에는 중국 침략을 위한 자원을 확보하려고 프랑스령 인도차이나 반도를 점령했다. 이에 미국은 일본에 대한 석유 수출을 금지해 버렸다. 이러한 조치는 석유가 나지 않는 일본의 생명선을 끊는 일이나 마찬가지였다. 그리하여 일본은 마침내 진주만 기습*을 단행하고 말았다.

그러나 미국과의 전쟁은 자살 행위와 같았다. 당시 일본의 국민 총생산은 미국의 8.2퍼센트에 지나지 않았다. 게다가 비행기, 자동차, 공업 노동력은 각각 5배, 450배, 5배나 차이가 났다. 한마디로 자기보다 10배나 덩치 큰 거인에게 달려드는 꼴이었다.

---

* 1941년 12월, 일본 해군 기동 부대가 하와이 오아후 섬 진주만에 있는 미국 태평양 함대 기지를 기습 공격한 사건. 이 사건으로 태평양 전쟁이 시작되었다.

이 때문에 군 내부에서조차 인도차이나와 중국에서 철군하여 미국과의 전쟁을 피해야 한다는 목소리가 높았다. 그러나 적 앞에서 의견이 갈릴 때는 대개 강경한 주장이 힘을 얻는 법이다. 해군과 육군의 의견이 다르고 관료들 사이에서도 견해가 엇갈리는 상황에서, 일본은 특유의 '정신주의'를 앞세워 미국에 대한 기습을 단행했다.

미국에서는 '태평양 전쟁', 일본의 극우파는 '대동아 전쟁'이라고 부르는 이 4년간의 전투에서, 일본은 어떤 면에서도 미국을 압도하지 못했다. 그러나 나치 독일이 유대인을 악의 근원으로 보았듯, 일본 극우파는 영국의 처칠(1874~1965)과 미국의 루스벨트(1882~1945)로 대표되는 '앵글로 아메리카 금수'들을 무찌르자며 전 국민을 몰아붙였다. 타락한 서구 문명을 일본의 정신적 강인함과 불굴의 의지로 깨뜨리자는 논리였다.

일본의 정신주의는 처절한 결과를 가져왔다. 대포와 기관총의 시대에 일본군은 총검을 들고 돌진하는 백병전으로 맞섰다. 어지간한 보병 부대에는 기관총조차 보급되지 않았다. 총알이 많이 든다는 이유에서였다. 병사들이 죽창을 들고 탱크로 돌진하는 현실에서, 일본 군부는 "정신력으로 이겨 낼 수 있다."며 객관적인 현실을 보려 하지 않았다.

전장에서 직접 싸우는 사무라이를 숭배하던 일본 군부는 정보나 보급의 중요성을 소홀히 했다. 정보를 객관적으로 분석하여 냉철하게 전략을 짜기보다 자신들의 희망과 소망에 비추어 왜곡하

며 '정신의 힘'을 앞세웠다. 그 결과는 처참한 패전의 연속일 뿐이
었다.

일본은 정신적으로 사망한 것과 다름없다

1945년, 패망을 코앞에 둔 일본 군부는 세계 역사상 전무후무
한 전략을 세웠다. 자살 공격을 국가 정책으로 내세운 것이다. 이
른바 가미카제 특공대가 그것이다. 일본은 점점 광신적인 종교 집
단처럼 변해 갔다. 자기 헌신, 인내, 희생은 일본의 국민정신으로
끝없이 강조되었으며, 과거 사무라이들만의 특권이었던 자결이
전 국민의 의무로 확대되었다. 모든 국민이 적 앞에서 죽음으로
맞서라는 일억 옥쇄(一億特攻)는 단순히 공허한 외침이 아니었다.

이런 가운데 수많은 군인과 민간인이 자결을 강요당했다. 미국
이 오키나와 섬을 점령하기 위해 공격했을 때, 일본은 무려 11만
명의 사망자를 내고서도 굴복하지 않았다. 광기 어린 정신주의에
사로잡힌 일본 군부는 이미 현실을 보지 않았다 . 두 발의 원자 폭
탄을 맞고 나서도 마찬가지였다. 승산 없는 전쟁이었지만 항복 또
한 쉽지 않았던 것이다. 일본 군부는 끝까지 항쟁을 주장했다. 심
지어 어떤 장군은 "이대로 전쟁을 그만둔다면 일본은 정신적으로
사망한 것과 다름없습니다."라며 울먹이기까지 했다.

1945년 8월 15일, 마침내 천황은 결단을 내린다. 자신이 직접
항복 방송을 한 것이다. 당시 해군 대장이었던 요나이 미쓰마다

는 훗날 이렇게 회고했다. "원자 폭탄은 어찌 보면 신이 주신 선물이었습니다. 그리하여 일본 국내 상황 때문에 전쟁을 그만둔 것이 아니라고 말하지 않아도 되었으니까요."

일본은 미국이라는 외세에 의해 시작된 광기 어린 패권주의를 스스로 치유하지 못했다. 그 결과 또다시 미국의 힘을 빌려 자신들이 지닌 정신의 병을 치유한 꼴이 되고 말았다.

일본의 정신적 방황, 그 끝은?

은둔하던 일본의 첫 외출이나 다름없었던 침략 전쟁은 비참하게 막을 내렸다. 그러나 세계를 상대로 전쟁을 벌였던 일본의 저력은 무서웠다. 전후 일본은 빠른 성장을 거듭하여, 현재 세계적인 경제 대국으로 우뚝 서 있다.

그러나 일본의 정신적 공황 상태는 아직도 해소된 것 같지 않다. 일본 총리를 지낸 사토 에이사쿠(1901~1975)는 "미국에 반대되는 길이라면, 어떤 길을 가든지 국가는 고통받는다."고 단언했다. 자신이 형님 나라가 되어 아시아 국가들에 각자의 위치를 잡아 주겠다며 태평양 전쟁을 일으켰지만, 이제는 미국의 '동생'으로 자리 잡기로 일본은 결론을 내린 듯하다. 반면, 극우 인사로 잘 알려진 이시하라 신타로(1932~)는 "미국이 일본을 무능하고 영적으로 공허한 나라로 만들어 버렸다."고 비판했다. 일본 내에서도 국가의 방향성을 둘러싼 갈등이 이어지고 있는 것이다.

경제력과 국력만으로 존경받는 나라가 되는 것은 아니다. 자기만의 국가 철학과 전망을 갖추지 못한 나라는 정신적으로 표류하고, 결국은 좌초되기 마련이다. 외세에 따른 급격한 근대화와 몰락, 오늘날 극우파들의 선동에 또다시 휘둘리고 있는 일본의 방황은 이 점을 여실히 보여 준다.

철학 물음

일본의 대동아 공영권은 서양 '오랑캐'를 몰아내고 아시아가 하나
되어야 한다고 외쳤다. 그 결과는 아시아와 서구 세계 모두에게
재앙이었다. 21세기, 아시아와 모든 세계가 하나로 뭉쳐 번영해야
한다는 사상을 만들 수는 없을까? 대동아 공영권은 유교식 가족의
모습으로 세계 질서를 잡아야 한다는 논리를 폈다. 이 세상 모든
사람이 평화롭게 조화를 이루며 살기 위해서는 어떤 사상, 어떤
가치에 뿌리를 두어야 할까?

더 읽어 볼 책

★ 이창위, 『우리의 눈으로 본 일본 제국 흥망사』

★ 루스 베네딕트, 『국화와 칼』

★ 이안 부루마, 『근대 일본』

★ 미야카와 토루 · 아라카와 이쿠오 편, 『일본 근대 철학사』

마오이즘

중국식 사회주의는
현재 진행형

농민은 물이고, 군대는 물고기다!

1934년, 홍군은 장제스[*](1887~1975)의 군대에 크게 패했다. 둥지를 틀었던 장시성 루이진을 버린 그들은 서북쪽 산시성까지 무려 2만 5000리를 도망쳤다. 이른바 대장정이라 불리는 멀고도 힘든 행군이었다. 길을 떠났던 8만 6000명 가운데 목적지에 다다른 이들은 8000여 명뿐이었다.

그럼에도 홍군은 친절했다. 그들을 지휘하던 마오쩌둥은 늘 소리 높여 외쳤다. "농민은 물이고, 군대는 물고기다!" 홍군은 농민들에게 털끝만큼도 피해를 안기지 않았다. 자고 떠난 자리는 말끔히 정리했고, 빌려 쓴 물건은 반드시 돌려줬다. 나아가, 도움을 줄

---

[*] 중국의 군인이자 정치가. 국민당이 주도하는 새 중앙 정부를 세운 뒤 초대 총통에 취임했으나, 중국 공산당과의 전투에 패하여 정부를 타이완으로 옮겼다.

수 있으면 기꺼이 베풀었다. 이런 군대를 누가 밀쳐 내려 할까?

홍군은 차츰 사람들의 마음을 샀다. 장제스의 군대에 견주면 한 줌에 지나지 않았던 그들은 드디어 중국을 차지하게 되었다. 홍군은 지금의 중국 군대인 인민 해방군의 예전 이름이다. 이들을 이끈 마오쩌둥은 중화 인민 공화국을 세운 '건국의 아버지'다. 마오쩌둥의 사진은 지금도 베이징 톈안먼 광장에 걸려 있다. 그의 사상, 즉 마오이즘은 중화 인민 공화국의 뿌리를 이루고 있다.

인민 전쟁의 3원칙 - 지구전, 유인 작전, 인민 지지

중화 인민 공화국은 사회주의 국가다. 사회주의는 가난한 자들과 가진 자들 사이의 갈등을 눈여겨본다. 치열한 생존 경쟁, 살아남는 이들은 늘 소수다. 가진 자는 더 부자가 되고, 못 가진 자들은 점점 더 가난해지곤 한다. 경쟁에서 밀린 다수는 가난으로 빠져들어 벼랑 끝으로 내몰린다. 가난한 자들은 힘을 합쳐 부자들에게 맞선다. 마침내 그들은 혁명을 통해 가진 자들의 세상을 뒤엎고 모두가 평등한 사회를 이룬다. 여기까지가 마르크스와 레닌이 말한 사회주의 사상이다.

마오쩌둥도 사회주의자였다. 그러나 그는 현실적인 사람이었다. 마르크스와 레닌은 노동자가 중심이 되어 평등한 세상을 이끈다고 했다. 공장과 상업이 발달한 도시를 중심으로 혁명이 일어난다는 뜻이다. 그래서 당시 사회주의자들은 노동자들을 일깨우려고 열심이었다.

하지만 마오쩌둥의 생각은 달랐다. 그는 농민이 인구의 80퍼센트를 차지했던 중국의 현실을 받아들였다. 그리고 "농촌 혁명을 통해서 도시를 포위해 공산화하는 전략"을 세워야 한다고 주장했다. '느리고 꾸준하게'를 뜻하는 중국어 '만만디'(慢慢的)는 마오쩌둥의 특징을 잘 보여 준다. 그 시기 홍군은 이중으로 싸움을 벌여야 했다. 먼저, 그들은 침략자 일본에 맞서야 했다. 동시에 사회주의를 몰아내려는 장제스의 군대와도 싸워야 했다. 문제는 홍군의 힘이 형편없이 약했다는 점이다.

마오쩌둥은 정면 승부를 피했다. 그는 게릴라전을 고집했다. 적이 강한가? 그러면 도망쳐라. 100퍼센트 이길 자신이 없을 때는 피하는 게 상책이다. 그러면서 적의 허점을 노려라. 적이 적은 수로 흩어졌을 때, 또는 방심했을 때를 노려 벼락같이 내리쳐라. 그리고 또 도망쳐라.

적이 중요한 지점을 점령했는가? 신경 쓰지 마라. 문제는 어디를 차지했는지에 있지 않다. 중요한 것은 사람들의 마음을 얻는 일이다. 도시는 숱한 농촌 마을들이 식량과 필요한 물자를 뒷받침해 주어야 굴러간다. 농민들의 지지를 받고 있다면 적의 점령도 한순간일 뿐이다. 전쟁을 오래 끌수록, 승리는 우리 쪽으로 더 가까이 오게 되어 있다. 그러니 조급하게 승부를 내려 하지 말고 적을 우리 진영 깊숙이 끌어들여라. 그리고 농민들을 내 편으로 만드는 노력을 게을리하지 마라.

지구전, 유인 작전, 인민 지지. 마오쩌둥이 말하는 '인민 전쟁'
의 핵심이다. 그의 인민 전쟁은 현실에서도 그대로였다. 마오쩌둥
의 전술은 일본군과 장제스를 끈질기게 괴롭혔다. 도시를 점령하
면 뭐하겠는가. 도시의 배후인 드넓은 농촌은 늘 홍군 차지였다.
홍군은 도시에 갇힌 장제스의 군대를 뒤흔들어 댔다.

마오쩌둥은 지주들에게서 땅을 빼앗아 농민들에게 나눠 주었
다. 그러니 어찌 농민들이 마오쩌둥의 편이 아닐 수 있겠는가?
1946년 일본이 물러나고 장제스와 마오쩌둥의 군대가 맞붙었을
때, 병력 차이는 430만 대 120만이었다. 나중에 마오쩌둥 편은
380만 명으로, 160만 명이나 늘어났다. 농민들이 스스로 군에 들
어온 덕분이었다. "농민은 물이고, 군대는 물고기다!"라는 마오쩌
둥의 믿음은 결국 승리를 거두었다. 무엇보다 인민을 앞서 생각하
는 '인민 민주주의'는 마오이즘의 핵심을 이룬다.

모순은 계속된다

1949년 10월 1일, 마오쩌둥은 톈안먼 광장에 섰다. 그리고 인
민들 앞에서 '중화 인민 공화국'이 태어났음을 선언했다. 중화 인
민 공화국은 사회주의 국가다. 그렇지만 마오이즘을 따르는 '중
국식 사회주의 국가'다. 중화 인민 공화국의 국기인 오성홍기도
마오이즘을 잘 담고 있다.

오성홍기에는 큰 별 하나와 작은 별 네 개가 그려져 있다. 가장

큰 별은 중국 공산당을 뜻한다. 작은 별 네 개는 노동자, 농민, 소(小)자본가, 민족 자본가를 뜻한다. 원래 사회주의에서는 자본가를 '노동자의 적'으로 여긴다. 그러나 마오쩌둥은 꼭 그렇게 보지 않았다.

그는 이렇게 말한다. 세상에는 영원한 적도, 동지도 없다. 세상은 늘 '모순'으로 가득 차 있다. 모순이란 서로 맞서는 것끼리 부딪친다는 뜻이다. 가진 자와 못 가진 자, 지배하는 자와 지배받는 자는 끊임없이 부딪친다. 역사는 이렇게 모순되는 것들이 서로 다투는 가운데 굴러간다.

그런데 일본과 중국이 전쟁을 벌일 때는 어떨까? 이때 역사를 이끄는 모순은 노동자와 자본가가 아니다. 여기서는 일본 침략자와 중국 민족의 다툼이 중심이다. 이때는 노동자, 농민뿐 아니라 소자본가와 민족 자본가들도 한편이다. 같은 중국 민족이라는 점에서 그렇다. 심지어 홍군과 싸우던 장제스까지도 일본과의 전쟁에서는 같은 편이다. 그러나 전쟁이 끝나고 나면 사정이 달라진다. 이번에는 장제스가 이끄는 국민당과 마오쩌둥이 이끄는 공산당이 모순의 중심이다.

소자본가와 민족 자본가들은 어떻게 될까? 마오쩌둥은 유명한 『모순론』에서 '적대적 모순'과 '비적대적 모순'을 나눈다. 소자본가와 민족 자본가들은 농민, 노동자와 같은 부류는 아니다. 그러나 처지와 의견이 다르다고 모두 적은 아니다. 이들 사이는 비적대적 모순이다. 서로 대화와 토론, 사회주의 학습 등을 거쳐 의견을 하나로 모아 가면 된다.

이렇듯 사회주의 국가가 만들어졌다 해도 모순과 갈등은 계속된다. 사회주의 안에서 토론과 사상 교육이 계속되어야 하는 이유다. 실제로 마오쩌둥이 지배하던 중국 안에서는 여러 차례 정풍(整風) 운동이 벌어졌다. 정풍이란 사회주의와 거리가 먼 생각을 정리하고 떨구어 낸다는 뜻이다.

대약진 운동 — 대재앙의 시작

중화 인민 공화국의 출발은 좋았다. 물가는 안정되고 부패도 사라졌다. 그래서 1953년, 마오쩌둥은 국가 총노선이라는 경제 개발 계획을 자신 있게 발표했다. 농업 중심이던 국가를 공업 중심으로 바꾸는, 특히 철강 등 중공업 부문을 발전시키는 계획이었다.

이 계획은 큰 성공을 거두었다. 국내 총생산은 9퍼센트나 성장했으며, 식량 생산량도 늘었다. 하지만 마오쩌둥은 마음이 급했다. 사회주의자들은 모두가 평등하게 잘사는 사회를 꿈꾼다. 하루속히 그런 사회를 이루려면 경제를 더 빨리 성장시켜야 했다.

1958년, 두 번째 경제 개발이 시작되던 해, 마오쩌둥은 전년보다 무려 25퍼센트 이상 높아진 생산 목표를 내걸었다. 이른바 대약진 운동이다. 그런데 이는 결국 돌이키기 힘든 재앙이 되었다.

사실, 사회주의 사회는 독재로 흐르기 쉽다. 거듭된 정풍 운동 탓에 사람들은 좀처럼 반대 의견을 내지 못했다. 관리들의 충성

경쟁도 끝이 없었다. 관리들은 생산량이 목표치에 훨씬 못 미치는 데도 초과 달성했다며 거짓 보고를 일삼았다. 정부는 서류에 적어 낸 생산량을 그대로 믿었다. 당연히 그만큼을 농장과 공장에서 거두어 갔다. 농민과 노동자들은 애먼 이유로 굶주리고 헐벗게 되었다. 대약진 기간 동안 무려 3000만 명 이상이 굶어 죽었다고 한다. 물론 여기에는 흉년도 큰 몫을 했다.

계속된 성공은 사람의 눈을 멀게 하는 법, 마오쩌둥은 대약진 운동의 실패를 좀처럼 인정하지 않았다. 그는 흉년과 사이가 나빠진 소련의 원조 중단을 실패의 원인으로 꼽았다. 하지만 1959년, 마오쩌둥은 대약진 운동 실패에 대한 책임을 지고 국가 주석에서 물러나야 했다. 그만큼 실패는 모든 사람의 눈앞에 분명하게 드러나 있었다.

혁명은 계속되어야 한다 ― 문화 대혁명

마오쩌둥은 원래 실사구시(實事求是)를 중요하게 생각했다. 뜬구름 잡는 이론보다 현실을 더 중요하게 여겼다는 뜻이다. 그러나 이 무렵 마오쩌둥은 달라져 있었다. 마지못해 권좌에서 내려오긴 했지만 혁명은 계속되어야 한다고 읊조렸다. 그는 대약진 운동의 실패가 정책 탓이라기보다, 사회주의를 무너뜨리려는 자들의 음모 때문이라고 굳게 믿었다. 마오쩌둥은 청소년들과 젊은이들을 부추겼다. 사회주의에 반대하는 자들, 즉 반동분자들을 쫓아내라고 말이다. 이른바 문화 대혁명의 시작이었다.

1966년 시작된 문화 대혁명은 중국을 쑥대밭으로 만들었다. 마오쩌둥을 따르는 젊은이들은 스스로를 홍위병이라 불렀다. 이들은 마오쩌둥에게 반대하는 모든 이들을 공격했다. 심지어 사회주의 이전의 모든 중국 사상과 문화도 반사회주의적이라는 이유로 무조건 파괴하고 무너뜨렸다.

물론 문화 대혁명은 마오쩌둥이 권력을 지키는 수단일 뿐이었다. 대약진 운동의 실패로 농민과 노동자의 마음은 이미 마오쩌둥에게서 멀어져 있었다. 지식인들도 거듭된 사상 검열과 탄압으로 좀처럼 나서려 하지 않았다. 마오쩌둥이 기댈 곳은 꼬여 버린 세상을 향한 분노를 터뜨릴 대상을 찾던 청년들뿐이었다. 문화 대혁명이라는 이름의 문명 파괴는 그 후로도 무려 10년이나 이어졌다.

검은 고양이든, 흰 고양이든 무슨 상관인가

1976년, 마오쩌둥은 숨을 거두었다. 그 뒤는 덩샤오핑(1904~1997)이 이었다. 절대 권력자의 뒤끝은 비참하기 마련이다. 스탈린(1879~1953)이 죽은 뒤, 그의 동상들은 내동댕이쳐졌다. 사회주의 국가 소련을 파탄으로 이끈 탓이다. 그러나 마오쩌둥은 달랐다. 마오쩌둥의 사진은 여전히 톈안먼 광장을 지키고 있다. 마오쩌둥 기념관은 지금도 그를 기리는 사람들로 붐빈다.

덩샤오핑의 '흑묘백묘론'은 유명하다. '쥐를 잡는 데 검은 고양

중국을 이끄는 마오이즘
흰 셔츠에 정장 바지를 입은 마오쩌둥(가운데)이 농부들을 이끌고, 농부들은 즐거운 표정으로 그를 따르는 모습이다. 그림에서 마오쩌둥이 사람들을 이끄는 것처럼, 마오이즘은 오늘날에도 여전히 중국을 이끌고 있다.

이면 어떻고, 흰 고양이면 어떠냐'는 뜻이다. 인민들의 살림살이를 펴 준다면 자본주의식으로 경제를 꾸려도 상관없다는 식이다. 덩샤오핑 이후, 중국 경제는 급속하게 피어났다. 중국은 해마다 10퍼센트 안팎의 경제 성장을 이루었다. 중국은 이제 미국에 뒤이은 세계 두 번째 경제 대국이다. 또한 3조 달러가 넘는 외화를 가진 세계 최대 외환 보유국이기도 하다.

중국 전문가 이중은 이렇게 말한다. "마오쩌둥은 산이요, 덩샤오핑은 길이다." 1953년, 마오쩌둥의 장남이 한국 전쟁에서 숨을 거두었다. 이 소식을 듣고도 마오쩌둥은 담담할 뿐이었다. "전쟁에는 희생이 따르는 법이지." 그는 대공무사(大公無私)를 앞세웠다. 항상 공공의 이익을 먼저 생각했다는 뜻이다. 나아가 그는 무엇보다 인민 전체가 평등하고 행복하게 사는 세상을 꿈꾸었다.

마오쩌둥의 꿈은 여전히 현재 진행형이다. 자본주의 사회는 경제 성장 자체를 목적으로 삼는다. 그러나 중화 인민 공화국은 여느 자본주의 나라들과 다를 바 없어 보여도, 여전히 산처럼 굳건한 마오쩌둥의 이상을 좇고 있다. 중국이 앞으로 어디로 나아갈지 알고 싶다면, 마오이즘을 꼼꼼하게 공부해 볼 일이다.

철학 물음

중국의 경제는 덩샤오핑의 실용주의 노선을 따른 뒤로 급격하게 성장했다. 그럼에도 중국은 여전히 마오쩌둥의 이념을 내세운다. 우리 또한 중국만큼이나 급속한 경제 성장을 경험한 바 있다. 그렇다면 대한민국이 가야 할 길은 어디인가? 단순히 부유한 나라이기만 하면 되는가? 중국에는 마오이즘이 있다면, 대한민국에는 '이 사상'이 있다고 소개할 만한 국가 이상이 있는가?

더 읽어 볼 책

★ 모택동, 『모택동 사상과 중국 혁명』

★ 이원복, 『새로 만든 먼 나라 이웃 나라 14』

★ 이철승, 『마오쩌둥: 현대 중국의 초석과 철학 사상』

주체사상

우리식 사회주의는
필승 불패

이밥에 고깃국을 먹는 꿈

경제는 결딴난 지 오래다. 1998년 무렵에는 수십만 명이 굶어 죽기까지 했다. 인민들은 정부에 더는 아무것도 기대하지 않는다. 장마당을 중심으로 각자 알아서 살아간다. 뇌물만 쓰면 뭐든 안 되는 게 없다. 곳곳이 썩을 대로 썩었다. 더 이상 '공화국'의 미래는 없는 듯싶다. 그래도 국가는 무너지지 않는다. 심지어 3대째 부자 권력 세습이라는 기적(?)을 이루기도 했다. 이 놀라운 나라는 조선 민주주의 인민 공화국이라는 긴 이름을 가졌다.

이 나라의 꿈은 단순하다. 1962년, 김일성(1912~1994)은 이렇게 말했다. "모두 기와집에서 이밥(쌀밥)에 고깃국을 먹으며 비단옷을 입고 사는 부유한 생활을 누리게 될 것입니다." 2010년, 그의 손자 김정은(1983~)은 이렇게 말했단다. "3년 내에 인민 경제를

평양의 주체사상탑
어두운 평양 거리에 주체사상탑이 홀로 우뚝 서 밝은 조명을 받고 있다. 북한에서 주체사상은 어둡고 힘
겨운 현실을 버티는 정신력의 상징이다. 북한의 공식 통치 이데올로기인 주체사상은 알려지지 않은 나라
인 북한을 이해하는 열쇠와 같다. ⓒ Gordeev20/shutterstock

1960~70년대 수준으로 회복하여 쌀밥에 고깃국을 먹고, 기와집
에서 비단옷을 입고 사는 생활 수준을 달성해야 한다."

사실상 발전이 없었다는 뜻이겠다. 그럼에도 이 나라가 가늘고
모질게 버티는 힘은 어디에 있을까? 일찍이 김정일(1942~2011)은
이렇게 말했다. "사상적 요인에 결정적 의의를 부여하고 사상 의
식의 역할을 높여 모든 것을 풀어 나가야 한다." 이렇게 보면 북한
은 '정신력'으로 버티고 있는 듯싶다. 북한의 공식 통치 이데올로
기인 주체사상이 흥미로운 이유다.

김정일에 따르면, '주체의 역사'는 1930년까지 거슬러 올라
간다. 만주 지린성 창춘의 카륜에서 열린 '공청 및 반제 청년 동
맹 지도 간부 회의'에서 김일성이 처음으로 '주체'를 말했다고 한
다. 그렇지만 이는 사실이 아닐 가능성이 크다. 1950년대까지만
해도, 북한은 '주체의 나라'가 아니었기 때문이다. 해방 직후인
1946년, '스탈린 대원수에게 드리는 편지'에서 김일성이 한 말을
직접 들어 보자.

조선 민족의 해방자이며 후원자이고 은인이며 벗인 위대한 스탈린 대
원수 만세! 이러한 북조선 인민의 해방과 발전이 오로지 당신의 두터
운 고려와 붉은 군대의 원조로 말미암아 이루어졌음을 조선 인민은
깊이 인식하고 당신에게 최대의 경의와 감격의 뜻을 올리는 바입니다.
당신의 원조가 끝끝내 있을 것을 우리 조선 인민은 확신하며 또한 그
것이 우리에게 승리를 필연케 하는 것이라고 생각합니다.

북한은 소련에 절절하게 매달렸다. 여기서 주체의 느낌은 어디
에도 없다. 원래 공산주의자들은 우리나라와 너희 나라를 가리지
않는다. 온 세상의 가진 것 없는 사람들(프롤레타리아)이 한데 뭉쳐
새 시대를 열어야 한다는 논리를 편다. 그래서 우리끼리 한데 뭉
쳐 우리 식대로 살아가자는 주체의 논리는 자리 잡기 어렵다.

하지만 1953년, 스탈린이 죽자 상황은 바뀌었다. 후임자 흐루쇼프(1894~1971)는 스탈린을 깎아내렸다. '인류의 지도자, 세계의 영감, 소비에트 인민의 아버지, 과학과 학문의 거장, 군사적 천재'라 추앙받던 스탈린을, 흐루쇼프는 '과대망상증 환자, 대량 살육자, 군사적 무식쟁이'로 깎아내렸다. 그러고는 더 이상 소련에 독재자는 없다고 강조했다. 소련은 '인민 전체의 국가'라면서 말이다.

김일성으로서는 당황스러운 소리였다. 김일성은 스탈린을 흉내 내고 있었다. 스탈린에 버금가는 '위대한 지도자'가 되려고 했다. 소련을 계속 따르자면, 하나로 모아 가던 권력을 다시 전체 인민에게로 돌려야 할 테다. 김일성으로서는 마뜩지 않았을 소리다.

게다가 1962년, 소련은 북한에 대한 경제 원조를 중단했다. 김일성은 계속 소련에 기댈 이유가 없었다. 못 미덥기는 중국도 마찬가지였다. 중국은 문화 대혁명 무렵의 혼란을 겪고 있었다. 북한은 홀로 서야 했다. 1965년 4월, 인도네시아를 방문한 김일성은 분명하게 말한다. "사상에서의 주체, 정치에서의 자주, 경제에서의 자립, 국방에서의 자위. 이것이 우리 당이 일관하게 견지하고 있는 입장입니다."

주체사상이 비로소 분명하게 굳어진 순간이었다. 북한은 주체사상의 뿌리를 '항일 운동'에서 찾았다. '간고하고 복잡한 항일 혁명 투쟁'을 이끄는 과정에서 '민족의 자랑스러운 역사'를 살리는 주체의 논리가 탄생했다는 식이다.

김일성은 주체사상을 반대자들을 찍어 내는 데 사용했다. 소련

등에 기댔던 자들은 '사대주의자'로 몰아 내쫓았다. 나라는 주체적으로 홀로 서야 했다. 그리고 중심에는 당연히 김일성이 있어야 할 터였다. 주체사상은 권력을 한데 모으기에 훌륭한 도구였다.

혁명과 건설의 주인은 인간

1970년대에 이르자, 북한에는 이제 김일성의 적이 없었다. 이로써 정치 문제는 말끔(?)해졌지만, 경제는 그렇지 않았다. 그때까지 북한은 나름대로 '사회주의 선진국'이었다. 경제력도 남한보다 앞섰다. 하지만 사회주의 특유의 무기력이 곳곳에서 나타나고 있었다.

사회주의 국가에서는 모든 것이 국가 소유다. 노력한다고 부자가 될 수도 없다. 모두가 '평생직장'에서 비슷한 봉급을 받는 상황, 노동자들에게는 딱히 열심히 일해야 할 이유가 없었다. 경제는 날이 갈수록 힘을 잃어 갔다.

북한은 이 문제를 '사회주의식'으로 풀려고 했다. 그들에 따르면, "자본주의는 배고픔과 몽둥이의 규율에 의거하지만, 사회주의·공산주의는 사람들의 높은 자각성에 의거한다." 한마디로 물질적 유인책보다 도덕성을 높임으로써 일할 의욕을 부추기겠다는 소리다. 모두가 잘 먹고 잘사는 사회를 만들겠다는 의무감, 그리고 사회에 힘을 보탠다는 보람. 두 가지를 일깨울 방법은 무엇일까?

여기서도 주체사상은 답이 되었다. 이때부터 주체사상은 '인

간 중심 사상'으로 거듭났다. 김일성 종합 대학 총장이던 황장엽*
(1923~2010)이 새로운 주체사상의 기틀을 놓았다. 그가 기초를 닦
은 주체사상은 "혁명과 건설의 주인은 인간"이라고 이야기한다.
그리고 인간의 특징으로 '자주성', '창조성', '의식성'을 앞세운다.

인간은 자주적이다. 지배받기를 싫어하고 스스로의 뜻대로 삶
을 열어 가려 한다는 점에서 그렇다. 또한 인간은 창조적이다. 짐
승은 본능대로 살 뿐이다. 그러나 인간은 궁리하며 자기 운명을
열어 간다. 인간은 의식적이기도 하다. 자기가 무엇을 위해 사는
지, 인생이 어디로 나아가는지를 끊임없이 고민한다는 뜻이다.

이런 논리를 따르자면, 왜 열심히 일해야 하는지가 분명할 테
다. 모두가 평등하게 잘사는 세상은 인류의 바람직한 미래다. 인
간이라면 이를 '의식'하고, '창조'적이고 '자주'적으로 삶을 열어
가야 하지 않겠는가.

주체사상에서는 '모든 일에 정치 사업을 앞세운다.'는 점을 분
명히 한다. 또한 '군중 노선'을 내세운다. 언제나 인민들과 함께한
다는 마음으로 하나 되어 일하라는 뜻이다. 황장엽은 당시 주체사
상의 아이디어를 천리마운동에서 찾았다고 말한다. 천리마운동**
은 생산량을 높이기 위한 운동이었다. 요란한 구호들로 뒤덮인 북
한의 공장을 떠올리면, 주체사상을 통해 이루려고 했던 바가 무엇

---

* 북한의 정치인. 주체사상 이론가이자 노동당 비서, 최고 인민 회의 의장 등을 지낸
　북한 최고위층 인사로, 1997년에 남한으로 망명하였다.
** 생산 증대를 겨냥한 북한의 노동 강화 운동. 하루에 천 리를 달리는 천리마와 같은
　속도로 사회주의 경제를 건설하자는 뜻이다.

이었는지를 알 수 있을 것이다.

김정일의 주체사상으로 — 대를 이어 충성하자!

1982년, 김정일은 「주체사상에 대하여」라는 글을 내놓았다. 북한에서 이 글은 주체사상의 고전으로 꼽힌다. 이 글의 큰 틀은 황장엽이 세운 주체사상을 따른다. 그러나 미묘하게 틀어지는 부분도 있다. '수령 중심론'을 강조한다는 점에서 그렇다. 김정일의 주장을 들어 보자. "사회적 존재인 사람에게 있어서는 육체적 생명보다는 사회적·정치적 생명이 더 귀중하다고 말할 수 있습니다."

한 사람의 삶은 죽으면 끝이다. 하지만 그가 사회에 끼친 역할과 의미는 사라지지 않는다. 육체적인 생명보다 사회적인 생명이 더욱 소중하다는 뜻이다. 더 나아가 사회생활은 혼자 할 수 없다. 늘 지도자가 있게 마련이다. 한 사람의 몸에서 가장 중요한 부분은 두뇌다. 그렇다면 사회 전체에서 가장 중요한 곳은 어디일까? 바로 '당과 수령'이다. 따라서 우리가 자유롭고 행복한 삶을 살려면 수령에게 충성을 바쳐야 한다. 이것이 이른바 김정일의 '혁명적 수령관'이다.

주체사상은 어느덧 '인간 중심 철학'에서 '수령 중심 철학'으로 바뀌어 버렸다. 김정일이 '한 사회 과학자에 대한 비판'이라는 식으로 황장엽을 공격해 댄 것도 이즈음부터다. 그에 따르면, 한 사회 과학자(황장엽)는 주체사상을 '인간이란 무엇이며 인생이란 어떤 것인가 하는 문제를 논하는 인생철학'으로 어그러뜨렸다.

이제 주체사상의 주인은 김정일이 되었다. 북한의 통치 이데올로기를 만드는 사람이 그라면, 김일성의 후계자는 누가 되어야 할까? 주체사상은 권력 세습을 위한 논리가 되었다. 1974년, 로동신문은 "대를 이어 충성하자!"라는 구호를 처음으로 앞세웠다. 그때부터 10년 뒤, 김정일은 '당 중앙'이라 불리며 후계자로 자리를 굳혔다.

강성 대국, 듣기만 하여도 가슴 후련한 이 한마디

1994년 '위대한 수령' 김일성이 숨을 거두었다. '공화국'은 안팎으로 휘둘렸다. 소련은 이미 무너졌고, 중국도 철저하게 시장논리를 따르는 '무늬만 사회주의 국가'일 뿐이었다. 쿠바 등 몇 나라를 빼고는, 세상에서 사회주의 국가는 거의 사라져 버렸다.

기댈 곳 없는 북한의 경제는 속절없이 무너졌다. 주체사상은 더이상 설득력이 없었다. '우리식 사회주의는 필승 불패'라며 외쳐댄들 무엇하겠는가? 문을 꼭 걸어 잠그고 우리끼리 힘을 모아서 굶어 죽자는 소리인가?

주체사상을 외치는 목소리는 잦아들었다. 1996년 이후, 북한의 언론에서는 좀처럼 주체사상을 앞세우지 않는다. 강성 대국*이 주

---

* 북한에서 '사상과 군사 강국의 위력으로 경제 건설'을 한다는 의미를 담고 있는 용어로, 1998년에 처음 등장하였다.

체사상을 요란스럽게 대신하는 모양새다.

> 강성 대국, 듣기만 하여도 힘과 용기가 샘솟고 민족적 자존심을 가슴
> 후련하게 폭발시켜 주는 이 한마디 (……) 사상의 강국을 만드는 것부
> 터 시작하여 군대를 혁명의 기둥으로 튼튼히 세우고 그 위력으로 경
> 제 건설의 눈부신 비약을 일으키는 것이 우리 장군님의 주체적인 강
> 성 대국 건설 방식이다.
>
> ─로동신문(1998. 8. 22.)

김정일은 '국방 위원장'으로 인민들 앞에 섰다. 그리고 군대를
무엇보다 우선하겠다는 '선군 정치'를 분명하게 했다. 북한이 쌀
을 달라며 세계에 손을 벌린 때도 이 무렵부터다. 경제도 못 살리
고, '주체의 자존심'도 구긴 김정일이 북한을 다스려야 하는 이유
는 무엇인가?

강성 대국은 훌륭한 답을 주었다. '공화국'을 위협하는 미 제국
주의 침략자들에 맞서기 위해서다! '이밥에 고깃국'은커녕, 지지
리 궁상이 된 까닭도 침략자들 탓이다. 우리가 살기 위해서는 김
정일 국방 위원장을 중심으로 똘똘 뭉쳐야 한다!

김정은의 북한, 주체사상의 미래는?

2011년 12월 19일, 김정일 국방 위원장이 세상을 떠났다. 김정

은 '대장 동지'가 그의 뒤를 이었다. 북한식으로 하면 '수령복-장군복-대장복'을 연이어 누리게 된 셈이다. 김일성 수령이 죽은 뒤, 김정일은 3년 동안 '유훈(遺訓) 통치'를 했다. 20여 년 넘게 후계자 준비를 했어도 김일성만큼의 강한 카리스마를 갖추기가 쉽지 않았던 탓이다.

어린 나이에 자리에 오른 김정은은 어떨까? 그도 당장은 아버지의 유훈을 받드는 모양새다. 강성 대국, 선군을 외치던 목소리는 어떻게 될까? 김정은이라면 주체의 나라 북한의 3대째 꿈인 이밥에 고깃국, 비단옷에 좋은 집에서 사는 꿈을 이룰 수 있을까? 그가 이끌어 갈 조선 민주주의 인민 공화국의 미래가 궁금하다.

철학 물음

북한은 어느덧 '왕국'이 되었다. 북한을 정상적인 나라로 여기는
사람은 없으며, 북한은 당연히 바뀌어야 한다. 그렇다고 북한이
남한과 똑같아지는 게 바람직할까? 북한 변화의 본보기가 될 만한
나라는 어디인가? 왜 그런가?

더 읽어 볼 책

★ B. R. 마이어스, 『왜 북한은 극우의 나라인가』

★ 김성보 · 기광서 · 이신철, 『사진과 그림으로 보는 북한 현대사』

★ 서재진, 『주체사상의 이반』

★ 이상우, 『북한 정치: 신정 체제의 진화와 작동 원리』

4장

경제

풍요로움을 향한
몸부림

자본주의

축적하고,
축적하라!

석탄이 많이 생산되어 석탄이 없다?

"아빠, 추운데 왜 난로를 켜지 않아요?"

"석탄이 없어서 그래. 아빠는 실업자가 돼서 석탄을 살 수가 없단다."

"아빠는 왜 직장에서 쫓겨났어요?"

"그건 석탄이 너무 많이 생산되어서란다."

아빠와 아이의 대화가 우스꽝스러운가? 곰곰이 따져 보면 웃음이 사라질 것이다. 우리 주변에서 흔히 벌어지는 일인 탓이다. 가게마다 상품이 가득하다. 그런데도 서민들의 생활은 궁상스럽기일쑤다. 기업들도 버겁기는 마찬가지다. 서민들은 물건 살 돈이 없어서 힘들고, 기업들은 상품이 팔리지 않아서 울상이다.

천 년 전 사람들이라면 이런 모습을 전혀 이해하지 못할 테다.

석탄이 남아돈다고? 가난한 이들에게 나눠 주면 되지 않는가? 어차피 혼자 다 쓰지도 못할 것이면서 왜 자비를 베풀지 않는가? 또 석탄이 충분할 때는 생산을 그쳐야 한다. 그런데도 왜 계속 캐내는가?

하지만 문제는 간단하지 않다. 우리는 자본주의 속에서 살아가기 때문이다. 자본주의에서는 남는 물건을 함부로 나눠 줄 수도 없고, 생산을 마음대로 그치기도 쉽지 않다. 왜 그럴까?

모든 것이 상품이 되는 사회

"자본주의란 모든 것이 상품이 되는 사회다." 사회학자 월러스 타인(1930~)의 말이다. 오늘날 사람들은 생활에 필요한 모든 것을 혼자서 만들어 내지 않는다. 혼자서 농사를 짓고 옷감도 짜며 집을 짓고 연필도 만들지는 않는다는 뜻이다. 이제 사람들은 농사만 짓거나 옷감만 짜는 식으로 일한다. 대개는 자기가 잘할 수 있는 일만 하고 나머지는 다른 이들의 도움을 받는다. 이렇듯 나누어서 일을 할 때가 모든 것을 혼자 할 때보다 훨씬 효율적이다. 이때 자신이 생산한 물건은 '상품'이 된다. 이것을 남에게 팔고, 이렇게 벌어들인 돈으로 자신도 필요한 물품을 산다.

농부를 예로 들어 보자. 쌀이 사회에 이미 충분히 공급된 상황이라면 농사를 그만두어도 될까? 농산품 팔기를 멈추는 순간, 쌀 농사 짓는 사람의 수입도 끊길 테다. 돈을 벌지 못하면 그는 필요한 다른 물건을 손에 넣을 수 없다. 따라서 쌀농사를 그만두어서는 안 된다. 그 대신 쌀에 대한 새로운 수요를 끊임없이 만들어 내야 한다. 거리 곳곳에 광고가 넘쳐 나는 이유다.

혼자서 모든 것을 자급자족하는 농부는 남는 농산물을 나눠 줘도 상관없다. 하지만 '상품'을 만들기 위해 농사를 짓고, 자신도 필요한 것을 사서 살아가는 농부는 그럴 수 없다. 자기가 생산한 상품이 공짜가 되면 수입도 사라져 버리는 탓이다. 그러면 살아갈 방법이 없다. 따라서 물건이 팔리지 않으면 쌓아 두고 버틴다. 자본주의 사회에서, 한편에서는 물자가 넘쳐 나는데 다른 한편에서는 굶주리는 까닭이 여기에 있다.

인클로저 운동

인류는 원래 자기가 쓸 물건을 스스로 만들며 살아왔다. 옛 시골을 떠올려 보라. 식량부터 입을 거리, 땔감, 농기구에 이르기까지, 모든 것을 마을 안에서 해결했다. 물건을 사고파는 일은 아주 드물었다.

15세기 영국에서는 사정이 달랐다. 이웃 나라 플랑드르(지금의 벨기에 북부 지역)에서 모직물 산업이 크게 일어난 탓이다. 모직물은 유럽에서 비싼 값에 팔렸다. 당연히 원료가 되는 양털의 수요도 늘어났다. 영국의 귀족들은 자기 땅에 있던 농부들을 쫓아낸 뒤, 그곳에 울타리를 치고 양을 길렀다. 이른바 인클로저 운동이다.

그러자 귀족들은 필요한 식량을 자기 땅에서 얻지 못하게 되었다. 그 대신 양털을 팔아 얻은 수입으로 밀과 곡식을 샀다. 쫓겨난 농부들은 어땠을까? 농부들도 무언가를 팔아서 먹을거리를 구해야 했다. 그들에게 팔 것이란 '일품'밖에 없었다. 세상에는 어느덧 무언가를 팔아서 자기에게 필요한 것을 사는 경제가 뿌리내렸다.

많은 학자들이 인클로저 운동을 자본주의의 출발로 여긴다. 여기서 놓치지 말아야 할 내용이 있다. 사고파는 일을 편하게 하려면 무엇이 있어야 할까? 물물 교환으로는 시장이 커 나가는 데 한계가 있다. 내 상품과 상대가 가진 것의 가치를 끊임없이 견주어 봐야 하는 까닭이다. 상업이 자라나려면 '돈'(화폐)이 뿌리내려야 한다. 돈은 상품의 가치를 계산하기 쉽게 한다. 게다가 값을 치르기도 좋다. 인클로저 운동이 널리 퍼진 데에는, 그 무렵 유럽에 뿌리를 내린 돈이 큰 역할을 했다.

자본가는 축적하는 자다

돈은 자본주의의 가장 큰 특징이다. 1만 원으로 짜장면을 사 먹었다면 이때 돈은 '음식물 교환권' 역할을 할 뿐이다. 이번에는 1만 원으로 짜장면 재료를 샀다고 해 보자. 그리고 짜장면을 만들어 팔아 1만 2000원의 수입을 남겼다. 이 경우 1만 원은 '자본금'이 된다. 자본금이란 '돈을 낳는 종잣돈'이라는 뜻이다.

자본주의 경제는 돈으로 움직인다. 자본주의에서 사람들은 끊임없이 돈을 모으려 한다. 종잣돈이 커질수록 이익도 늘어나기 때문이다. 1만 원으로 2000원을 벌었다면, 10만 원을 투자했을 때는 2만 원의 이문을 남기지 않겠는가? 종잣돈이 커질수록 이익도 늘어난다. "부자는 사치하는 자이지만, 자본가는 축적하는 자다." 경제학자 조준현의 말이다. 지금의 기업들도 자본금을 늘리려 쉴 새 없이 노력한다.

더욱이 자본주의에서는 돈이 된다면 무엇을 하건 크게 개의치 않는다. 이익의 차원에서 보자면 1만 원을 짜장면 재료에 투자하건, 옷감을 사서 옷을 만들어 팔건, 극장표를 사서 암표로 되팔건, 모두 똑같다. 투자해서 1만 2000원을 벌었다면 금액에서는 차이가 없기 때문이다. 똑같이 2000원의 이득을 남기지 않았던가.

이 점에서 자본주의는 평등하고 공정하다. 귀족이건 노예건 투자할 돈을 갖고 있으면 소중하고 능력 있는 사람으로 대접받는다. 직업의 귀천도 당연히 없다. 무슨 일을 하건 이윤은 화폐 액수로 남을 뿐이다. 자본주의가 민주주의와 함께 자라나는 이유다. 돈의 눈으로 볼 때 자본주의의 원칙은 한 가지밖에 없다. "축적하고, 축적하라!" 마르크스의 말이다.

다른 한편으로 자본주의는 잔인하기도 하다. 돈만 된다면 온갖 못된 짓을 서슴지 않고 벌인다. 지금도 세상 곳곳에서는 어린아이에게 중노동을 시키는 잔혹한 짓이 드물지 않게 벌어진다. 돈 앞에서는 가치와 양심도 제대로 힘을 쓰지 못한다. 자본주의의 어두운 모습이다.

자본주의에는 더 심각한 문제가 있다. '공황'이 그것이다. 투자할 자본이 늘어날수록 이익도 커진다. 늘어난 이익은 다시 자본이되어 쌓인다. 그러다 보면 자본은 끊임없이 늘어나고 이익도 자라날 테다. 그렇지만 언제까지나 이럴 수는 없다. 늘어난 돈만큼 투자할 시장이 없는 상황이 벌어지기 때문이다.

앞서의 예로 돌아가 보자. 1만 원을 투자해서 2000원을 벌었다. 세월이 흘러, 자본금이 100만 원이 되었다 해 보자. 이 돈을 투자하면 20만 원이 남아야 한다. 그런데 100만 원을 마땅히 쏟아부을곳이 없다면 어떨까? 짜장면도, 옷도, 영화도, 다른 투자자들이 이미 충분히 돈을 밀어 넣은 상태라면?

마땅한 투자처를 찾지 못한 100만 원은 '돈 놓고 돈 먹기'로 흐르곤 한다. 은행에 예금해서 이자를 기대하는 모습을 떠올리면 되겠다. 그런데 은행의 이자는 어디서 나올까? 이 또한 100만 원을누군가에게 투자해서 번 이익의 일부일 뿐이다. 결국 남아도는 돈100만 원은 이익을 거둘 곳을 찾지 못한다. 투자해서 손해를 본다는 뜻이다. 시간이 흐르면 100만 원은 어느덧 눈 녹듯 사라져 버릴 것이다. 이것이 '경제 공황'이다.

경기가 좋지 않을 때는 증권 가치가 한꺼번에 떨어지곤 한다. 신문에서 "수조 원이 증발했다."는 식의 표현을 쉽게 찾아볼 수있다. 공황이란 이런 모습이 오랫동안 극심하게 이어지는 상태를

빵을 얻기 위해 기다리는 사람들
대공황 시기에 일자리를 잃은 사람들이 무료로 나눠 주는 빵과 닭고기 수프를 받기 위해 기다리는 모습이다. 홀로 돌아 있는 이의 침울한 표정은 보는 이를 안타깝게 한다. 공황이 발생하면 가진 것이 없는 사람일수록 더욱 비참한 상황으로 내몰린다. 사진은 도로시어 랭(1895~1965)의 〈빵 배급 줄의 하얀 천사〉다.

일컫는 말이다. 이렇듯 자본금을 날리면 어떻게 될까? 당연히 상품을 만든 노동자들에게 봉급도 제대로 줄 수 없다. 이런 상황이 되면 시장의 상품들은 더더욱 안 팔린다. 사람들에게 물건 살 돈이 없기 때문이다. 그 결과 다시 이윤이 줄어들고 자본금도 사라져 버린다.

한편, 공황에는 좋은 점도 있다. 학자들은 공황을 '자본주의의 청소부'라고 부르기도 한다. 남아도는 자본을 정리해 버리기 때문이다. 하지만 그 와중에 숱한 사람들이 가난하고 비참한 처지에 몰린다. 공황 시기에는 아주 돈 많은 사람만이 살아남는다. 그리고 고만고만한 자본을 가진 이들은 재산을 날리고 가난해진다. 이런 과정을 반복하다 보면, 빈익빈 부익부 문제가 점점 심각해진다.

부자는 몇몇이고 생활에 허덕이는 사람은 대다수인 상태가 오래갈 수 있을까? 1929년 경제 대공황을 비롯해서 2008년 세계 금융 위기에 이르기까지, 자본주의는 위기의 연속이었다. 지금도 공황을 걱정하는 목소리가 높다. 자본주의의 미래는 어떻게 될까?

창조적 파괴, 자본주의의 미래는?

인클로저 운동 이후로만 따져도, 자본주의의 역사는 400년이 넘는다. 그동안 자본주의는 발전에 발전을 거듭했다. 도저히 살아남기 어려워 보이는 상황에서도, 자본주의는 때마다 돌파구를 찾아냈다. 경제학자 슘페터(1883~1950)는 자본주의의 특징을 '창조적 파괴'에서 찾는다. 자본주의를 이끄는 이들은 '기업가'다. 이들은 명령이나 관습에 따라 움직이지 않는다. 기업가란 이익을 남겨야 하는 사람들이다. 이들은 막다른 골목에 다다르는 순간, 모든 것을 파괴하고 뒤집는 모험을 벌인다.

물론, 이 과정에서 숱한 실패를 겪기도 한다. 그러나 전에 모르던 발전의 길이 열리기도 한다. 자본주의의 역사가 바로 그랬다. 시장에 모든 것을 맡기던 자유 방임 경제에서 국가가 생산과 소비에 적극 개입하는 계획 경제로, 다시 규제를 풀고 경쟁을 부추기는 신자유주의로, 자본주의의 모습은 언제나 바뀌어 왔다.

세계 경제는 바닥을 기는 중이다. 2008년에 터진 금융 위기의 충격이 아직 계속되고 있다. 자본주의는 생산량을 크게 늘려 놓음으로써 역사상 가장 큰 풍요를 낳았다. 그러나 자본주의는 황금만능주의, 빈부 격차의 확대 등 숱한 문제를 낳기도 했다. 자본주의 이후를 고민하는 목소리가 점점 높아진다. 자본주의는 위기를 또 어떻게 '창조적'으로 극복해 나갈까? 걱정 반, 기대 반이다.

철학 물음

화폐는 부자와 가난한 이의 격차를 한껏 벌려 놓았다. 화폐가
없다면 부의 격차가 끝없이 벌어지기는 어렵다. 예컨대, 만석꾼은
쌀을 언제까지나 쌓아 둘 수 없다. 썩고 변하기 때문이다. 그러나
화폐는 끝없이 모아서 저장할 수 있다. 썩지도 변하지도 않는
까닭이다. 심각한 빈부 격차를 해결하려면 화폐 문제를 제대로
다루어야 한다. 경제를 잘 굴러가게 하면서도 '빈익빈 부익부'
문제를 풀 수 있는 화폐 제도는 없을까?

더 읽어 볼 책

★ 리오 휴버먼, 『자본주의 역사 바로 알기』

★ 조준현, 『누구나 말하지만 아무도 모르는 자본주의』

★ 홍기빈, 『자본주의』

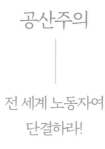

공산주의

전 세계 노동자여
단결하라!

사유재산, 모든 악의 근원?

500여 년 전, 영국에서는 도적떼가 들끓었다. 왕은 이들이 잡히는 족족 목을 매어 달았다. 얼마나 도둑을 많이 죽였던지, 교수대 하나에 스무 명이 대롱거릴 정도였단다. 그럼에도 강도의 무리가 줄기는커녕 늘어나기만 했다. 왜 그랬을까? 이유는 사람들이 강도짓 빼고는 먹고살 길이 없었던 탓이다. 그들의 처지는 위험을 무릅쓰고 민가로 내려오는 멧돼지의 처지와 다를 바 없었다. 이 지경에 빠진 자들에게 사형시킨다는 위협이 무슨 소용이 있었겠는가?

토마스 모어(1478~1535)가 『유토피아』에서 소개하는 당시의 참상이다. 그는 이런 비참한 현실을 깨기 위해서는 사형보다 다른 방법을 써야 한다고 주장한다. 사치를 못하게 하고 놀고먹는 자들

유토피아의 공동식사
유토피아 사람들은 모여서 함께 식사를 한다. 노인과 젊은 사람이 고루 섞여서 교양 있는 대화를 하며 식사한다.

을 일하게 하면 된다는 거다. 한마디로 빈부 격차를 없애고 모두가 골고루 일하며 공평하게 소비하게 되면 누구나 넉넉하게 살게 된다는 논리다.

창고에는 늘 물자가 차고 넘친다. 필요한 것은 돈을 낼 필요도 없이 그냥 가져다 쓰면 된다. 사람들은 하루에 6시간만 일한다. 오전에 3시간, 점심 먹고 두 시간 쉰 후 오후에 3시간. 그 밖의 시간은 무엇을 하건 자유다. 끼니 걱정할 일도 없다. 마을 회관에서 때마다 식사를 주는 까닭이다. 집도 국가가 알아서 마련해 준다. 한마디로 아무 걱정 없이 살 수 있는 사회다.

모어가 그리는 이상적인 세상, 유토피아(utopia)의 모습이다. 유토피아에서는 누구도 자기 것을 가질 수 없다. 그는 사유재산이야말로 '모든 고통과 악의 근원'이라 말한다. 거의 모든 다툼은 자기 것을 더 챙기려고 하는 데서 비롯되지 않던가. 내 것부터 챙겨야 한다는 조급함은 어려운 이들에게 베풀어야 한다는 의무감도 스러지게 한다. 만약 사유재산을 없애버린다면, 모두가 네 것 내 것이 없이 모든 것을 함께 나누며 "능력이 되는 만큼 일하고 필요한 만큼 나눠 쓰는" 가족 같은 공동체가 꾸려지지 않을까?

이렇듯 모두가 가진 것을 함께 누리는 사회를 만들자는 주장이 바로 '공산(共産)주의'다. 과연 이런 사회가 가능할까? 뜬구름 잡는 이야기 같아도, 공산 사회를 이루려는 노력은 인류 역사에서 꾸준히 이어져 왔다.

과학적 사회주의

플라톤이 『국가』에서 주장하는 공산 사회는 토마스 모어보다 더 강렬하다. 플라톤은 지도층이 재산뿐 아니라 배우자와 자식까지 공유(?)해야 한다고 힘주어 말한다. 권력자들이 부패하는 까닭은 결국 자기 몫을 챙기는 데 있다고 보았기 때문이다. 동북아 사회에서 전통적으로 바람직한 인류의 모습이라 여기는 대동(大同) 사회 역시 공산 사회에 가깝다. 이는 네 것 내 것 가리지 않고 어려움을 함께하는 공동체를 뜻하기 때문이다.

물론, 인류 역사에서 공산 사회는 '목표로는 하지만 결코 이루지는 못할' 이상에 지나지 않았다. 현실적으로 재산을 내놓고 모두가 평등하게 살자고 하면 선뜻 그러자고 나설 이가 얼마나 되겠는가. 그러나 칼 마르크스(1818~1883)는 공산 사회는 인간의 노력으로 충분히 이룰 만하다고 주장한다. 나아가, 왜 인류가 공산 사회에 다다를 수밖에 없는지를 '과학적'으로 설명할 수 있다고 말한다. 그가 자신의 이론을 '과학적 사회주의'* 라고 부르는 이유다.

그렇다면 과학적 사회주의란 무엇일까? 빈곤이나 빈부 격차 같은 문제가 절로 해결되는 법은 없다. 그렇다고 무작정 가진 자에게 대든다고 해서 문제가 풀리지도 않는다. 어떻게 하면 평등한 세상을 만들 수 있을까? 이를 위해서 어떻게 해야 할지에 대한 구체적인 계획과 목표가 있어야 할 테다.

---

* 여기서 사회주의(socialism)란 공산주의(communism)와 비슷한 의미다. 보통 경제적인 측면에서 개인 재산을 중요하게 여기는 자본주의와 견줄 때는 공산주의를, 개인을 우선시하는 자유주의와 비교될 때는 전체를 먼저 고려한다는 의미에서 사회주의라는 표현을 쓰곤 한다.

인류에게는 언제나 해결할 수 있는 과제만이 주어진다. 왜냐하면 이를 해결할 만한 물질적 조건이 이미 마련되어 있거나 적어도 생겨나는 과정에 있는 곳에서만 풀어야 할 문제가 생겨나기 때문이다.

마르크스의 말이다. 그에 따르면, 인류의 역사는 원시 공산 사회, 노예 사회, 봉건주의, 자본주의를 넘어서야 마침내 공산 사회에 다다른다. 이렇게 되는 데는 그렇게밖에 될 수 없는 '과학적'인 이유가 있다. 나아가, 역사는 절로 이루어지지 않는다. 각 단계에는 인류가 마땅히 힘을 합해 투쟁하며 풀어야 할 '과제'들이 주어진다. 이는 무슨 말일까?

역사 발전의 다섯 단계

먼저 원시 공산 사회부터 살펴보자. 마르크스에 따르면, 원래 인간은 모두가 평등한 관계 속에서 살았다. 아니, 모두가 고만고만한 처지에서 살 수밖에 없었다고 하는 편이 나을 듯싶다. 하루하루를 맹수의 위협과 굶주림 속에서 버티는 극한 상황, 만약 힘센 누군가가 약한 자의 몫을 빼앗아 먹으면 빼앗긴 자는 그대로 굶어죽는 처지로 내몰린다. 그러니 모두가 생존에 필요한 최소한의 몫을 비슷비슷하게 나누어 가질 수밖에 없다. 이것이 원시 공산 사회의 모습이다.

신석기 시대에 들어 농업이 시작되자, 비로소 빈부 격차가 생겼다. 모두가 살아남을 만큼 먹고도 식량이 남게 되자, 누가 이 '잉여'를 챙길까를 놓고 다툼이 벌어졌다. 곳간에 곡식을 더 많이 쌓는 자가 당연히 더 힘이 세고 권세도 클 수밖에 없다. '계급 갈등'은 이때부터 시작되었다. 가진 자와 못가진 자 사이에 다툼이 벌어졌다는 뜻이다.

잉여 물자를 더 많이 차지한 측은 힘없는 치들을 억눌러 노예로 삼았다. 물론, 그들에게는 최소한의 몫만 주고 나머지는 가진 자들이 챙긴다. 이럴수록 가진 자들의 몫은 점점 많아진다. 노예들은 늘 의욕이 없다. 열심히 노력해 봤자 생산물이 자기 몫으로 돌아오지도 않을 텐데 뭐 하러 열심히 일하겠는가. 게다가 노예들은 주인에게 항상 적개심을 품기 마련, 반란을 일으켜 주인을 죽이는 경우도 벌어지곤 했다.

이 때문에 역사는 이제 봉건사회로 넘어간다. 가진 자들이 노예들에게 땅과 집을 나누어 주고 '세금'을 바치도록 한 것이다. 노예들로서는 일정한 몫만 떼고 나면 자기 몫을 챙길 수 있으니 이전보다 좋은 상황이다. 가진 자들로서도 노예들이 일을 제대로 하는지, 대들지는 않을지 골치 아프게 신경 쓸 필요 없이 결과물만 챙기면 되니 좋았다. 이런 논리는 왕과 귀족에게까지 그대로 이어졌다. 아랫사람은 윗사람에게 충성을 맹세하고 세금을 바친다. 그리고 윗사람은 아랫사람들을 보호해 줄 것을 약속한다. 이런 식으로 왕, 영주, 기사, 평민(농노)라는 사회의 신분이 정해졌다. 이런 구조는 영주에게 내려진 봉토(封土)를 중심으로 꾸려졌기에 봉건사회라 부르는 것이다.

그러다 기술 발전에 따라 물자 생산이 많아지고 상업도 발전하면서 역사는 자본주의로 넘어간다. 상업에 있어 신분 차이는 장애가 될 뿐이다. 돈 앞에서는 누구나 평등해야 한다. 만약 귀족이라고 물건 값을 제대로 치르지 않는다면, 나아가 힘없는 자라 해서 함부로 가진 것을 빼앗아 버린다면 상업이 제대로 굴러갈 리 없다.

게다가 유럽에서는 모직 산업이 발달하여 양을 기르기 위해 밭을 목초지로 바꾸는 경우도 많아졌다. 내쫓긴 농민들은 하릴 없이 도시에 있는 공장의 노동자로 밀려갔다. 이들이 자신의 노동을 파는 것밖에는 살 길이 없는 사람들, 프롤레타리아들이다. 반면, 공장과 농장을 가진 이들은 주로 성 안에 살았기에 부르주아라 불렸다. 역사는 이제 프롤레타리아와 부르주아 사이의 갈등으로 흘러갔다.

역사적 유물론, 만국의 노동자여 단결하라!

마르크스 이전에 철학자들은 역사는 신의 뜻이나 자연의 섭리에 따라 흘러간다고 주장하는 이들이 많았다. 반면, 마르크스는 역사란 생산력이 늘어남에 따라 사람들이 갈등하는 형태가 바뀌며 발전한다고 주장한다. 그래서 앞서 살펴본 마르크스의 설명을 '역사적 유물론(唯物論)'이라 하는 것이다. 나아가, 정신과 달리 물질의 변화는 과학적으로 해명할 수 있다. 이쯤 되면 왜 그가 자

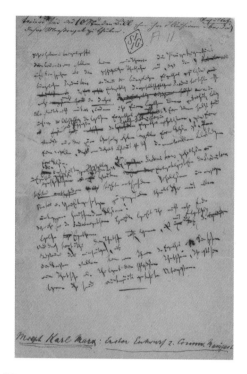

「공산당 선언」 원고

「공산당 선언」은 마르크스와 엥겔스가 공동집필한 과학적 공산주의의 강령을 담은 문서이다. 마르크스주의를 널리 알리고 가장 정확하게 전달한 문서로, 사회주의 국가뿐만 아니라 자본주의 국가에도 지대한 영향을 미쳤다.

신의 이론을 '과학적 사회주의'라 하는지 이해가 될 듯싶다.

그렇다면 자본주의 이후의 과정은 어떨까? 마르크스의 이론을 따라가지 않아도 우리 현실은 그의 예언과 크게 다르지 않다. 자본주의가 발전할수록 빈부 격차는 점점 심해진다. 돈이 많고 덩치가 큰 기업과 개인은 경쟁력이 더 크기 마련이다. 이들과 맞서는 이들은 점점 망해간다. 시간이 갈수록 가진 자는 더 갖게 되고, 빈곤하고 몰락한 자들의 숫자는 엄청나게 늘어난다. 기업들이 줄어드니 일자리도 사라지고 사람들의 수입 또한 덩달아 쪼그라든다. 이쯤 되면 큰 기업들도 위기에 빠진다. 사람들에게 돈이 없으니 상품이 팔리지 않는 것이다. 기업들은 '구조 조정'으로 인건비를 줄이고 이는 또다시 사회를 가난에 빠뜨린다.

마르크스가 설명하는 자본주의의 몰락 과정은 지금 세상의 흐름과 별다르지 않아 보인다. 이후에는 어떤 일이 벌어질까? 마르크스는 세상의 변화는 절로 이루어지지 않는다고 힘주어 말한다. 자본가는 적고 노동자는 많다. 노동자들은 일치단결하여 자본가 계급을 무너뜨리고 모두가 평등한 공산 사회를 이루어야 한다. '폭력 혁명'을 통해 사회를 뒤엎고 프롤레타리아들의 세상을 만들라는 의미다. 그래서 마르크스는 『공산당 선언』에서 이렇게 외친다.

"만국의 노동자여, 단결하라!"

마르크스의 예언은 현재 진행형

1917년 러시아에서는 마침내 혁명이 일어났다. 레닌(1870~1924)이 이끄는 공산주의 세력은 황제를 내쫓고 러시아를 사회주의 공화국으로 바꾸어 버렸다. 이어진 20세기 역사는 우리 모두가 알고 있는 그대로이다. 세계는 소련과 중국을 중심으로 한 공산 진영과 미국을 핵심으로 하는 자본주의 진영으로 나뉘었다. 그러다 1989년, 소련 붕괴를 시작으로 공산주의 진영은 허무하게 스러져 버렸다.

현실에서 펼쳐진 공산주의는 '능력이 되는 만큼 일하고 필요한 만큼 소비하는' 지상낙원이 결코 아니었다. 물자는 항상 부족했으며 사람들은 굶주림 속에서도 게으르게 지냈다. 그도 그럴 것이, 모두의 것은 누구의 것도 아니다. 모두가 똑같이 몫을 나누는 상황이라면, 남이 더 열심히 일하도록 하고 나는 적당히 하는 편이 더 이득 아니겠는가. 게다가 부패도 심했고 인권 또한 나락으로 떨어진 상태였다. 왜 이리도 현실 사회주의 국가들은 엉망진창이었을까?

사실 옛 소련이나 지금도 사회주의를 앞세우는 북한 같은 나라들은 공산 사회라기보다 왕이 다스리는 봉건 사회에 가깝다. 마르크스는 자본주의의 문제가 극에 다다랐을 때 '폭력 혁명'이 일어나 공산 사회가 열린다고 했다. 하지만 레닌이 혁명을 일으켰던 시대의 러시아는 황제가 다스리던 농업 국가로, 다른 나라보다 뒤떨어져 있었다. 당시 혁명은 자본주의의 문제가 심화되어서가 아니라, 러일전쟁의 패배와 1차 세계 대전 참전에 대한 불만에서 비롯된 것이었다. 북한 역시 농업이 주로 이루어지던 가난한 농업 식민지가 공산주의자들에 의해 사회주의로 바뀐 데 지나지 않았다. 봉건 사회에서 공산 사회로 바로 넘어갈 수는 없는 법, 어찌 보면 현실에 있던 사회주의 국가들이 무너진 것은 당연해 보이기도 한다. 그들은 이제야 뒤늦게 맹렬한 속도로 자본주의의 단계를 밟아가고 있는 셈이다.

이렇게 볼 때, 빈익빈 부익부가 심해지다가 마침내 자본주의가 무너지고 만다는 마르크스의 예언은 현재 진행형인 듯도 싶다. 과연 마르크스의 예측은 실현될까? 커지는 빈부격차, 점점 거듭되는 속도가 빨라지는 경제 위기가 불안감을 키우는 요즘이다. 물론, 폭력혁명을 바라는 사람은 없다. 인류에게는 역사의 발전을 평화롭게 이끌 새로운 사상이 절실하다.

철학 물음

자본주의는 더 이상 시장을 자유롭게 내버려두지 않는다. 연기금
등과 같은 주요 기관 투자가가 기업 경영이 공익을 배려하도록
국민으로부터 위탁 받은 주주의 역할을 수행하는 스튜어드십
코드(stewardship code)도 점점 늘어나고 있다. 정부의 뜻이
기업과 시장에까지 미치는 구도다. 나아가, 기업의 이익을
세금으로 거둬 모든 사람들에게 나눠 주는 '기본소득제'에 대한
논의도 활발하다. 이렇게 본다면, 자본주의 사회는 어느덧 '자유
경쟁'을 넘어 모두에게 공평한 몫을 나눠주는 공산 사회를 향해
나아가는 것이 아닐까? 이는 과연 바람직한 모습이라 할 수
있을까?

더 읽어 볼 책

★ 칼 마르크스-프리드리히 엥겔스, 『공산당 선언』

★ 이진경, 『자본을 넘어선 자본』

★ 필립 뷔통, 『유예된 유토피아, 공산주의』

개발 독재

—

민주주의가
밥 먹여 주냐!

민주주의가 밥 먹여 주냐

1인당 국민 소득 89달러. 세계 125개국 가운데 101위, 꼴찌에 가까운 경제 성적이다. 더구나 지하자원도 거의 없다. 너무 가난해서 국민 총생산의 10퍼센트를 외국 원조에 기대야 한다. 인구 밀도도 세계 최고, 인플레이션도 세계 최고. 수출 3283만 달러에 수입은 무려 3억 4353만 달러, 누가 보더라도 곧 결딴날 나라.

1961년의 대한민국은 형편없었다. 산업 시설은 한국 전쟁으로 쑥대밭이 되었다. 그런데도 북한과의 힘겨루기는 계속되었다. 정부는 좀처럼 리더십을 보이지 못했다. 거리는 시위로 시끄러웠고, 부정부패는 들끓었다. 어디에도 희망은 없었다.

5·16 쿠데타는 이런 분위기에서 일어났다. 1961년 5월 16일, 박정희를 비롯한 젊은 군인들은 정부를 힘으로 '접수'했다. 그들

은 여섯 가지 '혁명 공약'을 내세웠다. "반공을 국시로 삼는다.", "절망과 기아에 허덕이는 민생고를 시급히 해결하고 국가 자주 경제 재건에 총력을 기울인다." 등등이 그것이다.

군인들의 이야기는 국민들에게 솔깃하게 다가왔다. 전쟁의 두려움, 끔찍한 가난에 너무 오래 시달렸던 탓이다. 4·19 혁명으로 태어난 민주주의는 금방 스러져 버렸다. 민주주의를 한답시고 나아진 게 뭐 있던가. 온통 혼란만 퍼졌을 뿐이다. "민주주의가 밥 먹여 주냐."는 한숨이 터져 나왔다. 대부분의 시민들이 박정희의 지도를 따랐다. 1961년부터 1979년까지, 20년 가까이 이어진 '개발 독재'는 이렇게 시작되었다.

개발 독재, 우리는 '행동'으로 보여 준다

헌법에는 힘으로 권력을 빼앗아도 된다는 말이 없다. 쿠데타는 당연히 '불법'이다. 따라서 사람들이 들고일어나 정부에 맞서도 할 말은 없다. 쿠데타로 등장한 정권이 끊임없이 흔들리는 이유다.

쿠데타 주도 세력은 자신들이 '정당한 권력'임을 법으로는 설명할 수 없었다. 따라서 그들은 이렇게 주장했다. "왜 군인들이 정치에 뛰어들었겠는가? 국민들을 잘살게 하기 위해서다." 그러니 자신들이 왜 옳은지는 결국 '경제'로 보여 줄 수밖에 없었다. 박정희는 1966년 4월, 충무공 이순신 장군 420회 탄신 기념사에서 이렇게 말했다.

우리 주변에는 말로는 이 나라의 장래나 민족의 앞날을 걱정한다고 하면서도, 행동에서는 이미 지나간 과거사나 사소한 문제 또는 일시적인 현상을 크게 떠들고 흥분하는 (……) 사람이 적지 않은 것입니다.

결국 말보다는 행동이 중요했다. 권력을 지키기 위해서라도 군인들은 경제 살리기에 '다 걸기'를 해야 했다. 이처럼 개발 독재란 권력의 정당성을 경제 성장에서 찾는 정치 체제를 말한다.

하면 된다! 수출 증가율 51퍼센트

그러나 1960년대 한국은 '국제 거지'나 마찬가지였다. 산업을 키우려 해도 답이 보이지 않았다. 나라 안에는 돈이 없었다. 그렇다고 밑천 없는 대한민국에 돈을 빌려 줄 나라가 있을 리도 만무했다. 이런 상황에서 박정희는 '군대식 경제 살리기'를 밀어붙였다. '하면 된다.'가 개발 독재 시대의 구호였다.

무엇보다 밑천이 될 종잣돈이 필요했다. 1961년 박정희는 독일(당시 서독)에서 1억 5000만 마르크를 빌리는 데 성공했다. 독일은 무얼 믿고 돈을 빌려 주었을까? 그 시절 대한민국에 있는 것이라곤 사람밖에 없었다. 박정희는 국내 인력을 모아 독일에 광부와 간호사로 보냈다. 이들이 받는 월급을 3년간 독일에 예금해 두는 조건으로 말이다. 경제 발전을 위한 '담보'는 이렇게 마련되었다.

두 번째 종잣돈은 한일 회담에서 나왔다. 1965년 우리나라는 일본과 외교를 텄다. 이는 결코 쉬운 일이 아니었다. 일본에 대한 억한 감정이 아직도 강했던 때라, 당연히 우리 국민은 일본과 손 잡는 일을 못마땅하게 여겼다. 반대 시위도 엄청나게 벌어졌다. 하지만 미국은 한일 외교 관계가 꼭 필요했다. 북한이 소련·중국 과 동맹을 맺고 있었기 때문에, 여기에 맞서려면 한국·일본·미국 이 한데 뭉쳐야 했다.

박정희는 반대 목소리를 힘으로 눌렀다. 그리고 '외교를 맺어 주는 대가'로 일본에서 5억 달러를 끌어왔다. 정식으로 외교가 맺 어지자, 일본에서 일손이 많이 필요한 일감들이 한국으로 넘어왔 다. 또한 미국은 제품을 사 가는 넓은 시장이 되었다. 자존심을 죽 여 실익을 챙긴 셈이다.

마지막 종잣돈은 베트남 파병에서 거두었다. 1965년부터 1972 년까지, 숱하게 많은 군인들이 베트남으로 떠났다. 미군을 대신해 싸우기 위해서였다. 이들이 벌어들인 수입은 50억 달러에 이르렀 다. 미국 대신 전쟁을 하면서, 적잖은 기술과 장비도 얻어 냈다.

이렇게 마련한 종잣돈을 박정희는 어디다 썼을까? 1967년 박 정희는 경부 고속 도로를 만들겠다고 약속했다. 자동차도 별로 없 던 시대, 이는 무척 황당한 소리였다. 나아가 그는 중화학 공업 중 심으로 경제를 꾸리겠다고까지 했다. 변변한 공장도 없는데 석 유·철강 같은 엄청난 분야의 사업을 벌이다니, 이해가 될 법한 소 리였겠는가.

그런데도 박정희는 '군대식'으로 모든 것을 몰아붙였다. 권력자에게는 "일본에 자존심을 구겼다.", "국민을 용병으로 팔았다." 등등의 비아냥거림도 소용없었다. 결국 옳고 그름은 경제 성장으로 판가름 날 터였다.

경제에서만큼은 박정희의 판단이 맞았다. 1976년 대한민국의 연평균 수출 증가율은 51퍼센트에 이르렀다. 1970년대에는 우리나라 연평균 경제 성장률이 13퍼센트에 이른 적도 있었다. 또 100달러도 안 되던 국민 소득도 1000달러 수준까지 높아졌다. 개발 독재는 경제에서만큼은 확실히 성공을 거둔 셈이다.

한국식 민주주의

개발 독재는 정치에서는 결코 좋은 소리를 듣지 못했다. 반대 목소리가 끊임없이 터져 나왔다. 경제를 굴리다 보면 꼭 그늘지는 사람들이 생기기 마련이다. 정치가들은 아쉽고 힘없는 이들의 목소리를 모아 힘을 키운다. 이렇게 해서 정치는 가진 자와 못 가진 자의 차이를 줄여 준다. 그러나 개발 독재에 정치는 '쓸데없는 소리'일 뿐이었다. 1963년 9월 23일, 대통령 선거를 앞두고 박정희는 이렇게 말했다.

이번 선거는 (……) 민족적 이념을 망각한 가식의 자유 민주주의 사상과 강력한 민족적 이념을 바탕으로 한 자유 민주주의 사상과의 대결입니다.

민주주의를 해서 성공한 나라가 몇이나 되던가. 민주주의는 등 따습고 배부른 후에야 꽃이 핀다. 민주주의는 능률적이지 않다. 내 것, 네 것을 두고 아옹다옹 다투면 결국 모두 망할 뿐이다. 경제를 살리려면 지도자를 중심으로 함께 똘똘 뭉쳐야 한다. 게다가 우리나라는 북한과 맞겨루고 있는 상황이지 않은가. 외국의 민주주의를 그대로 따라 해서는 혼란만 있을 뿐이다. 우리에게는 민족의 발전을 앞세우는 '민족적 민주주의'가 필요하다.

이런 생각은 '한국적 민주주의'로까지 이어졌다. 1972년 10월, 박정희는 마침내 '종신 지도자'가 되었다. 언제까지고 자신의 권력을 이어 가도록 헌법을 바꾼 것이다. 이른바 10월 유신이 그것이다.

절체절명의 위기 상황, 철통같은 단결과 민족중흥을 위해서는 '대통령 중심의 민주주의'(?)가 필요했다. 이렇게 개발 독재는 '한국식 민주주의'로 거듭났다.

개발 독재의 슈퍼 히어로, 이순신과 세종 대왕

아울러 한국식 민주주의는 두 명의 '슈퍼 히어로'를 만들어 냈다. 한 명은 이순신(1545~1598)이다. 이순신은 개발 독재에 걸맞은 영웅이었다. 나라의 어려움에 맞서 자신을 희생한 '군인' 이순신, 그는 온갖 반대를 무릅쓰고 밝은 눈으로 미래를 열어 간 훌륭한 인물이었다. 이러한 이순신의 이미지는 박정희와 겹쳤다.

세종 대왕(1397~1450)은 또 어떤가. 세종 대왕 시절은 경제와 문화가 가장 화려하게 꽃폈던 때다. 박정희 개발 독재 시대는 그 때까지만 잘라서 생각하면, 분명 우리 역사상 가장 잘살던 때였다. 세종 대왕의 성공은 박정희가 이끈 성과를 떠올리게 했다.

따라서 박정희 시대에는 이순신과 세종 대왕을 떠받드는 분위기가 강했다. 이순신을 모시는 현충사는 성역이 되었고, 예비역 장군이 관리소장을 맡았다. 충무공 동상이 서울 광화문에 세워진 것도 그 무렵이다. 세종 대왕 기념관을 만들고, 세종 대왕이 만든 한글만 쓰자는 운동이 활발히 벌어진 것도 이 시기였다.

또한 충과 효가 유별나게 강조되었다. 1968년에 만들어진 국민 교육 헌장의 첫마디는 이렇게 시작된다. "우리는 민족중흥의 역사적 사명을 띠고 이 땅에 태어났다." 교육 목적은 '국가와 민족에 한 몸을 바칠 수 있는 인간'을 기르는 데로 모아졌다. 부모에 대한 효도와 국가에 대한 충성은 한데 얽혔다. 부모에 효도하듯, 국가 발전에 매달려야 '훌륭한 시민'일 터였다. 경제 발전, 나라 발전은 국민의 '삶의 목적'이 되었다.

긴급 조치 시대

1977년 마침내 대한민국의 수출액이 100억 달러에 이르렀다. 국민 소득도 1000달러를 넘어섰다. '10월 유신, 100억 달러 수출, 1000달러 소득'은 박정희식 개발 독재가 입에 달고 다니던 목표였다. 개발 독재는 경제 성장으로 자신들의 지배를 정당화했다.

그렇다면 목표를 이루었으니 정치도 안정되었을까?

전혀 그렇지 않았다. 사회는 끊임없이 혼란에 빠졌다. 계속되는 시위 때문에 대학은 수시로 문을 닫아야 했다. 계엄령으로도 모자라서, 정부를 비판하는 사람을 잡아들이는 '대통령 긴급 조치'가 숱하게 쏟아졌다. 경제가 성장하는 가운데서도 민주화에 대한 바람은 결코 꺾이지 않았다.

개발 독재의 부작용도 서서히 나타났다. 중화학 공업을 키우려면 기업의 덩치가 커야 했다. 투자의 규모가 워낙 큰 까닭이다. 경제는 자연스레 재벌 중심으로 굴러갔다. 그럴수록 가진 자와 못 가진 자 사이의 차이는 커져만 갔다. 중소기업이 많았던 부산과 마산에서 유난히 시위가 거칠었던 이유는 여기에 있다.

정부 조직도 질서를 잃어 갔다. 발전을 위해 밀어붙일 때는 힘이 한곳으로 모여야 한다. 군대에서 권력이 사령부에 집중되듯, 권력은 자꾸만 대통령을 지키는 중앙정보부(지금의 국가정보원)와 경호실로 모아졌다. 그럴수록 법보다 '힘 있는 자의 한마디'가 더 중요했다. 부정과 부패가 퍼질 수밖에 없는 모양새였다.

박정희 숭배는 돈을 숭배하는 것?

1979년 10월 26일, 박정희는 믿던 부하가 쏜 총에 맞아 숨을 거두었다. 이로써 박정희식 개발 독재는 막을 내렸다. 2007년, 미국 기업 연구소(AEI)는 흥미로운 연구 결과를 내놓았다. 경제 성장을 위해서는 자유 민주주의보다 개발 독재가 더 효과적이라는 내용이다. 실제로 미국 등 자유 민주주의 국가의 경제 성장률은 2.62퍼센트 정도지만, 같은 시기 중국·싱가포르·러시아 등 개발 독재를 한 나라들의 경제 성장률은 6.28퍼센트로 훨씬 높았다고 한다.

우리 주변에도 개발 독재 시대를 그리워하는 목소리가 적지 않다. 개발 독재보다 민주주의가 나은 게 뭐 있는가? 선거 때마다 정치가들은 경제 살리기를 외쳐 댄다. 강력한 지도력으로 경제 성장을 일궜던 개발 독재의 추억은 그들의 주장에 솔깃하게 만든다. 그러나 철학자 김상봉은 "박정희 숭배는 돈을 숭배하는 것"이라고 잘라 말한다.

수능 성적을 올리는 데는 야간 자율 학습이 꽤 효과적이다. 하지만 평생 야간 자율 학습을 해야 한다면 어떨까? 개발 독재도 마찬가지다. 개발 독재는 결코 영원히 이어지지 못한다. 성장은 공평한 분배와 민주주의라는 열매로 맺어져야 한다. 성장만 있고 분배와 민주화가 없는 사회는 어떻게 될까? 제 뜻을 자유롭게 펼치지 못하는 부잣집 아이는 과연 행복할까?

그렇지만 시끄러운 정치판, 주춤한 경제를 보고 있으면 여러가지 물음이 꼬리에 꼬리를 문다. 진정 개발 독재는 사라져야 할 악일까? 민주주의는 최상의 정치 제도라고 할 수 있을까? 박정희를 그리워하는 이들은 단순히 더 많은 수입을 바라기 때문일까? 민주주의를 한층 발전시키려면 이 물음에 대한 분명한 답이 있어야할 테다.

철학 물음

철학자 김상봉은 "박정희를 숭배하는 것은 돈을 숭배하는
것"이라고 잘라 말한다. 그러나 우리 사회에는 박정희 시절을
그리워하는 이들이 적지 않다. 박정희를 좋아하는 이들은 과연
경제 성장의 업적 때문에만 그를 따르는 것일까? 개발 독재
시절의 매력(?)은 무엇인가?

더 읽어 볼 책

★ 김성진, 『박정희』

★ 전재호, 『반동적 근대주의자 박정희』

★ 조희연, 『박정희와 개발 독재 시대』

신유교 윤리

유교 자본주의를 넘어
'동아시아적 가치'로

공가점은 없애야 한다!

100여 년 전부터 공자(기원전 551~기원전 479)는 '공공의 적'이었다. 적어도 1960년대까지는 그랬다. 중국에서는 공자의 묘를 파헤치기까지 했다. 우리나라에서도 공자 왈 맹자 왈 했다간 시대에 뒤떨어진 사람으로 취급받기 일쑤였다. 일본도 마찬가지다. 그들은 늘 서양인처럼 되고 싶어 했다. 심지어 메이지 유신 무렵의 일본인들은 음식까지 바꾸려 했다. 고기를 먹어야 서양 사람들처럼 키가 크고 힘이 세진다고 믿었던 탓이다. 이런 그들에게 공자가 만든 유교는 버려야 할 과거일 뿐이었다. 한국, 중국, 일본의 동아시아 세 나라가 모두 유교에 등을 돌린 셈이다. 왜 유교는 이토록 푸대접을 받았을까?

1800년대, 서양은 동양을 집어삼키려 몰려들었다. 그들은 과학

과 민주주의를 앞세웠다. 과학의 세계에서는 차별이 없다. 논리적
으로 말이 되면 귀족이건 천민이건 가리지 않는다는 뜻이다. 민주
주의는 과학과 손을 잡고 온다. 모두 다 평등하게 잘살자는데, 반
대할 사람이 어디 있겠는가.

반면에 유교는 위아래를 철저하게 따진다. 세상에는 임금과 신
하, 아버지와 자식, 남편과 아내 사이에 넘봐서는 안 될 선이 있는
법이다. 이른바 삼강(三綱)이다. 유교를 비딱하게 보는 이들에게
이는 각각 독재, 권위주의, 남성 우월주의를 나타낼 뿐이었다. 새
롭고 발랄한 생각은 삼강 앞에서 주눅이 들곤 했다. 그러니 발전
이 있을 턱이 없었다.

사람들은 사회가 나아지려면 하루빨리 유교를 버려야 한다고
믿었다. 루쉰(1881~1936) 같은 중국의 지식인들은 "공가점*(孔家店)
을 버려야 한다."며 외쳐 댔다. 한발 앞서, 일본의 후쿠자와 유키
치는 '탈아입구'(脫亞入歐)를 부르짖었다. 일본이 낡은 아시아에
서 벗어나 유럽과 같아져야 한다는 뜻이다. 유교는 촌스러운 반
면, 서양의 것은 세련되고 아름다웠다. 유교는 사라져야 할 나쁜
습관이나 다름없었다.

유교 자본주의의 탄생

1980년대에 들어서자 상황은 달라졌다. 경제학자들은 흔히 나

*   공자의 가게라는 뜻으로, 공자를 낮춰 비아냥거리는 표현이다.

라들을 '추격형 국가'와 '선도형 국가'로 나눈다. 추격형 국가는 앞서 가는 나라의 것을 하나라도 더 베끼기 위해 아등바등한다. 그러나 이미 앞에서 달리고 있는 선도형 국가는, 남들과 자기가 어떻게 다른지를 고민한다. 자기만의 도드라진 장점을 찾아 키우기 위해서다.

이즈음부터 동아시아의 나라들은 선도형 국가로 바뀌기 시작했다. 일본의 경제는 미국을 따라잡을 기세로 하루가 다르게 성장했다. 한국, 싱가포르, 타이완, 홍콩도 무섭게 자라났다. 세상은 이 네 나라를 '아시아의 네 마리 용'이라 불렀다. 독일의 사회학자 막스 베버(1864~1920)는 산업은 오직 기독교 문화에서만 자라난다고 믿었다. 기독교를 믿는 서양 문명에서만 산업이 제대로 꽃피지 않았던가. 그러나 일본과 아시아의 네 나라는 기독교 국가가 아니다. 그럼에도 경제는 나날이 뻗어 나갔다. 그 까닭은 어디에 있을까? 선도형 국가로 거듭나는 이 나라들의 문화는 무엇이 달랐을까?

이때부터 사람들은 유교를 다시 보기 시작했다. 일본의 도요타 자동차는 미국의 실리콘 밸리에 있는 회사들과 많이 달랐다. 경쟁을 부추기지 않았기에 직원들에게 회사는 가족과도 같았다. 능력보다는 인간관계가, 합리적인 주장보다는 전통과 문화가 더 중요하게 여겨졌다. 이는 이른바 유교 자본주의의 모습으로, 계약에 따라 능력껏 일하고 대접받는 서양의 회사에서는 보기 어려운 분위기다. 그런데도 기업은 훨씬 잘 돌아갔고 이익도 많이 거두었다.

이제 유교는 동아시아를 돋보이게 하는 아이콘으로 떠올랐다.

학자들 사이에서는 신유교 윤리라는 말이 퍼졌다. 신유교 윤리란, 서양의 합리적인 생각을 받아들이면서도 유교의 장점은 오롯이 살려 낸 새로운 사상을 말한다.

서도와 인도

유교 문화의 장점은 곳곳에서 눈에 띄었다. 이스라엘은 주변이 온통 적으로 둘러싸인 나라다. 그들은 '눈에는 눈, 이는 이'라는 식으로 살아갔다. 남들이 공격하면 10배, 100배로 되갚음을 했다. 유교 전통이 깊은 싱가포르는 이스라엘과 전혀 다른 외교를 펼쳤다. 싱가포르도 이웃들과 어울리기가 쉽지 않았다. 말레이 반도 주변은 온통 이슬람교를 믿기 때문이다. 싱가포르는 철저하게 '유교식'으로 주변 나라들을 대했다.

한스 큉(1928~)은 신유교 윤리의 특징으로 두 가지를 꼽는다. 하나는 '서도'(恕道)다. 이는 자신이 원하지 않는 바를 남에게 강요하지 않는 자세를 말한다. 둘째는 '인도'(仁道)다. 내 뜻대로 하고 싶으면 남이 먼저 자기 뜻대로 하게 하고, 내 뜻이 받아들여지기를 원하면 남이 원하는 바를 먼저 받아들이는 태도다.

싱가포르는 이웃들에게 '우리가 당신들에게 위협이 되는 일은 없을 것'이라고 거듭 강조했다. 인도네시아는 싱가포르가 중국과 가까워질까 봐 두려워했다. 그러자 싱가포르는 인도네시아와 중국이 외교를 맺을 때까지 중국과 관계를 트지 않았다. 민감한 일이 생길 때마다 싱가포르는 늘 이웃 나라들 편을 들었다.

그 결과는 어떻게 되었을까? 이스라엘은 지금도 주변과 다투며 피를 흘리지만, 싱가포르 주변은 평화롭기만 하다. 신유교 윤리의 뛰어남을 잘 보여 주는 대목이다. 실제로 유교 문화에 뿌리를 둔 동아시아 사회는 다른 곳보다 전쟁이 훨씬 적다.

오륜과 대동 — 사람은 짐승처럼 살아서는 안 된다

신유교 윤리는 경제를 꾸리는 데도 요긴하다. 서양은 경쟁을 최고로 친다. 자연 속에서는 강한 자가 살아남고 약한 자는 잡아먹힌다. 그러면서 짐승들은 점점 강해진다. 경제도 그렇다. 자유롭게 풀어 놓으면 누구나 살기 위해 아득바득 노력할 테다. 이러는 가운데 경제도 튼튼해진다.

이에 견주어 유교에서는 '인간의 도리'를 앞세운다. 사람은 짐승처럼 살아서는 안 되는 법이다. 세상에는 마땅히 지켜야 할 다섯 가지 도리가 있다. 부모는 자상하고 자식은 효도를 다해야 하며, 형제는 서로 삼가고 존중해야 한다. 친구 사이에는 믿음이 있어야 하고, 부부는 서로 예의를 갖추고 도와야 하며, 지도자와 아랫사람 사이에는 의리가 살아 있어야 한다. 이 다섯을 오륜(五輪)이라 한다. 철학자 투웨이밍(1940~)은 이를 신유교 윤리의 고갱이로 여긴다. 오륜이 자리 잡은 곳에서는 피 튀기는 경쟁이 일어나기가 쉽지 않다. 몇 단계만 거치면 어지간한 사람들은 '아는 연

줄'로 엮이는 까닭이다.

또한 모든 사회생활은 인격을 닦는 데서부터 이루어진다. 유교에서는 수신(修身)을 무엇보다 강조한다. 먼저 사람이 되어야 가정을 제대로 일구고, 가정을 알차게 가꿔야 나라를 튼실하게 다스리며 세상을 편안하게 할 수 있다. '수신제가 치국평천하'(修身齊家治國平天下)의 가르침이다.

서양에서는 개인 생활과 사회 활동을 분명하게 가르지만, 유교에서는 개인의 삶과 사회 활동이 묘하게 뒤섞인다. 우리 마을에 견주면, 나에게 가족은 개인적인 부분이다. 이를 국가에 견주면 나의 마을은 개인적인 영역에 든다. 세계와 비교할 때 나의 국가, 조국은 개인적인 분야에 든다. 우주에 견주면 인간 세상도 개인적인 부분이나 다름없다.

이처럼 개인의 삶은 더 큰 부분으로 조금씩 나아간다. 인격적으로 잘 다듬어진 사람은 가족을 대하듯 이웃을 대한다. 이웃과 관계를 제대로 맺는 사람은 사회생활도 따뜻하게 할 테다. 이렇게 보면, 온 세상이 한 가족처럼 훈훈해진다. 이른바 대동(大同)이 이루어진 사회의 모습이다. 유교가 자리 잡은 사회에서 서로를 죽일 듯 달려드는 경쟁은 손가락질을 받는다. 좀처럼 큰 소리 나는 법도 없다. 갈등은 소리 소문 없이 스러진다. 구렁이 담 넘어가듯 경제도 은근히 잘 돌아간다. 여기저기서 부패와 추문이 끊이지 않는데도 말이다.

　일본과 아시아의 네 마리 용이 뻗어 나가던 시절, 세계는 신유교 윤리를 배우느라 열심이었다. 그러나 1990년대 외환 위기는 유교 자본주의 나라들을 단박에 거꾸러뜨렸다. 그러자 유교는 또다시 손가락질을 받았다. 정의보다 인맥과 정에 휘둘리는 유교 문화는 사회를 썩게 만든다는 이유에서였다.

　게다가 도리를 앞세우는 유교는 독재로 흐르기 쉽다. 서양 문화에서는 정해진 법만 지키면 되지만, 유교에서는 의리를 저버려서는 안 된다. 그리하여 허물이 있어도 윗사람에게 맞서기 어렵다.

　유교 문화는 다시 공공의 적이 되었다. 동아시아는 서양의 윤리를 뼛속 깊숙이 배워야 했다. 서구의 가치관에 따르면, 개인의 자유와 자율은 무엇보다 소중하다. 그리고 모든 일은 정해진 규칙에 따라 합리적으로 이루어져야 한다. 능력 있는 사람이 살아남는 사회가 정의롭다. 그러니 제대로 경쟁할 수 있도록 분위기가 만들어져야 한다. 이 모두는 신자유주의가 부르짖는 주장이다.

　100여 년 전에 그랬듯, 공자를 비난하는 목소리가 높아졌다. 한때 우리나라에서도 『공자가 죽어야 나라가 산다』라는 책이 큰 인기를 끌었다. 이 책에 따르면 공자의 잘못은 하나둘이 아니다. 효(孝)만 해도 그렇다. 효의 가르침은 노인 문제를 사회 책임이 아니라 자식들이 짊어져야 할 의무로 만들었다. 유교 문화에서 사회 복지가 뒤떨어지게 된 이유다.

충(忠)은 또 어떤가. 충은 무조건 복종하는 문화를 낳았다. 격의 없이 윗사람과 나누는 대화는 버릇없다는 식으로 받아들여진다. 대화가 제대로 이루어지지 않는 이런 분위기에서, 아랫사람은 끊임없이 불평만 해 댄다. 권위에 눌려 창의성이 꽃필 공간은 어디에도 없다. 소통 없이 권위만 앞세우기에 사회는 가라앉기 십상이다. 이를 해결하기 위해 다시 사회는 인의예지(仁義禮智) 같은 도덕을 앞세운다. 그럴수록 사회는 더욱 활력을 잃어버린다.

'아시아적 가치'가 자리 잡으려면

유교와 신자유주의가 함께 서기는 참 어려워 보인다. 유교는 따뜻한 관계를 앞세우고 경쟁을 멀리한다. 신자유주의는 능력을 앞세우고 치열한 경쟁을 바람직하게 여긴다. 이 둘은 지금도 사회 곳곳에서 부딪치고 있다. 어지간한 직장에서는 '능력별 연봉제' 와 '가족 같은 직장 문화'를 함께 외치고 있다. 분명한 모순이다. 논리로만 따져 보면 제정신이라고 보기 어렵다.

하지만 투웨이밍에 따르면, 이 둘은 결국 하나로 합쳐질 운명이다. 그는 불교와 유교를 예로 든다. 불교와 유교도 함께 있기가 쉽지 않을 만큼 다르다. 불교는 모든 욕심을 버리라고 한다. 반면에 유교는 사회 속에서 오롯이 자신의 뜻을 펼치라고 다그친다. 오랜 세월이 흐르자 불교와 유교는 자연스레 동아시아 문화 속에 함께 녹아들었다. 우리 사회는 더 이상 불교냐 유교냐를 놓고 고민하지 않는다.

  신유교 윤리와 신자유주의도 마찬가지 아닐까? 서양의 합리주
의가 동아시아에 들어온 지는 그리 오래되지 않았다. 유교는 동
아시아 문화의 뿌리를 이루었다. 불교는 인도의 종교다. 그럼에도
새롭게 들어온 불교가 동아시아 문화를 송두리째 바꿔 놓지는 않
았다. 이미 있던 문화를 더 풍성하게 했을 뿐이다.

  합리주의를 앞세우는 신자유주의도 그럴 듯싶다. 이성은 병균
을 사라지게 하는 햇볕과 같다. 신자유주의는 신유
교 윤리의 문제들을 바로잡아 줄 테다. 신유교 윤
리는 건조하고 차가운 신자유주의가 사람 냄
새를 풍기게 만들어 줄지 모른다.

  유교 문화는 오직 아시아에서만 꽃피었
다. 신자유주의와 결합한 신유교 윤리는 새
로운 '동아시아적 가치'로 자리 잡을 듯하
다. 중국에서는 국가가 나서서 '공자 붐'을
일으키고 있다. 엄청난 돈을 들여 영화도 만
들고 공자의 고향도 새롭게 꾸몄단다. 그
러나 지금 살아나는 공자의 모습은

중국의 공자 상
오늘날 중국에서는 공자가 큰 유행으로, 중국 곳곳에 공자를
모시는 사당이 들어섰다. 중국 상하이의 한 사당에 있는 공
자 상이다. 공자로 상징되는 유교는 오늘날 어떤 모습으로
되살아나게 될까?

2500여 년 전의 그 공자가 아니다. 옛것에서 배우나 새롭게 거듭 나는 온고지신(溫故知新)의 가르침은 지금도 계속되고 있다.

철학 물음

'명절 스트레스'에 시달리는 사람들이 적지 않다. 가족은 우리를 떠받치는 '사회 안전망'이다. 아무리 어려워도 가족끼리는 서로 도우며 의지하지 않던가. 반면, 가족에 대한 '의무'가 숨 막힐 듯한 압박으로 다가올 때도 많다. 가족에 대한 정, 살붙이의 친근함은 살리면서도 부담감은 덜어 주는 새로운 가족 윤리는 불가능할까?

더 읽어 볼 책

★ 투웨이밍, 『문명들의 대화』

★ 김우형 · 이창일, 『새로운 유학을 꿈꾸다』

★ 송종서, 『현대 신유학의 역정』

신자유주의

시장이 없으면
자유도 없다!

케인스의 시대, 세 가지 48의 혜택

1960년대, 세계 경제는 더없이 좋았다. 당시 젊은이들은 '세 가지 48'을 누렸다. '48년 동안 일할 수 있는 평생직장, 연간 48주 근무, 주당 48시간 노동'. 한마디로 일자리가 차고 넘쳤다는 뜻이다. 2차 세계 대전이 끝난 뒤 세계 경제는 불황을 몰랐다. 여기에는 케인스(1883~1946)의 경제학이 큰 몫을 했다.

자본주의는 시장을 믿는다. 경제는 수요와 공급이 균형을 찾아가며 알아서 굴러갈 테다. 하지만 케인스는 시장을 마뜩찮게 여겼다. 그는 "이리 떼의 자유는 양 떼에게는 죽음이다."라고 잘라 말했다.

시장에서는 치열한 경쟁이 벌어진다. 그리고 경쟁에서는 언제나 강한 자가 유리하다. 결국 경쟁 끝에는 힘센 자 몇몇만 남게 된다. 다툼에서 밀린 자들은 일터를 잃는다. 그들에게는 상품을 살 돈이 없으니, 상가의 물건이 팔리지 않는다. 그러면 공장과 농장도 제대로 돌아가지 않는다. 이렇게 되면 돈줄이 막혀 버리고 만다. 공장과 상가는 문을 닫고 부자들도 사업을 꾸리기 어려워진다. 자본주의 경제에서 거듭 공황이 나타나는 이유다.

케인스는 '양 떼'를 지켜야 한다고 소리를 높인다. 양 떼란 평범한 시민들이다. 이리 떼는 경쟁력이 뛰어난 부자들일 테다. 그는 국가가 시장을 쥐락펴락해야 한다고 말한다. 국가는 시민들의 기본적인 생계와 복지를 책임져야 한다. 기본적인 구매력을 잃지 않도록 말이다. 이를 위해 가진 자들에게서 더 많은 세금을 거두어야 한다. 없는 자들에게 베풀기 위해서다.

공황이 일어날 것 같은가? 그러면 국가는 적극적으로 정부 사업을 벌여야 한다. 이른바 총수요 조절 정책이다. 정부가 돈을 풀고 일을 벌여 수요를 만들어 낸다는 뜻이다. 일단 시장에 돈이 다시 돌면, 투자한 만큼 세금 수입을 다시 거둬들일 것이다.

세상은 케인스의 방법대로 잘 굴러갔다. 돈은 넘쳐 났고 복지 수준은 나날이 좋아졌다. 1974년, 1차 석유 파동*이 벌어질 때까지는 말이다.

---

* 1973~1974년, 국제 석유 가격 상승으로 비롯된 세계적 혼란. 이스라엘과 아랍의 여러 나라 사이에 벌어진 분쟁이 석유 전쟁으로 번져, 세계 경제는 2차 세계 대전 이후 가장 심각한 불황에 직면하였다.

1970년대 들어, 세계 경제는 기울기 시작했다. 아랍 세계는 석유를 쥐고 흔들었다. 가격을 올리기 위해서였다. 원유값은 가파르게 치솟았고, 경제는 순식간에 얼어붙었다. 거둬들이는 세금도 당연히 줄었다.

정부는 쓰임새를 줄여야 했다. 복지 정책은 여기저기서 삐거덕거렸다. 시위도 곳곳에서 벌어졌다. 그렇지만 방법이 없었다. 나눠 쓸 돈이 없는데 무슨 뾰족한 수가 있겠는가. 임금을 올리면 물가가 덩달아 올랐고, 경기는 더욱 꼬여만 갔다. 이른바 스태그플레이션이 전 세계를 휩쓸었다.

신자유주의는 이런 배경 속에서 태어났다. 선봉장은 영국의 대처 수상(1925~2013)과 미국의 레이건(1911~2004) 대통령이었다. 이들은 복지 정책을 과감히 줄였다. 철도, 전기 부분처럼 정부가 꾸리던 기업들은 민간에 팔았다. '평생직장'이라는 생각도 없앴다. 기업이 필요에 따라 언제든 노동자를 해고할 수 있게 한 것이다.

이들의 정책 뒤에는 하이에크(1899~1992) 같은 신자유주의 경제학자들이 있었다. 하이에크는 '국가의 경제 계획은 노예의 길'일 뿐이라고 말한다. 히틀러는 계획을 짜서 독일 경제를 굴렸다. 소련 같은 사회주의 국가도 마찬가지다. 이들 국가의 경제도 한때는 잘나갔다. 하지만 시민들의 삶은 어땠는가? 그들에게는 '자유'가 없었다. 짜 놓은 틀대로 움직이는 '생산 기계'처럼 살았을 뿐이다. 그래서 하이에크는 말한다. "시장이 없으면 자유도 없다." 민주주의는 자유 시장과 함께 발전한다. 한마디로 시장을 믿고 내버려 두라는 뜻이다. 경제학자 밀턴 프리드먼(1912~2006)의 말을 더 들어 보자.

인류는 보통 폭정, 예속, 빈곤 상태에 있었다. 정치적 자유는 분명히 자유 시장, 자본주의의 발전과 함께해 왔다. 시장이 활발하게 움직였던 고대 그리스와 초기 로마 시대에 민주주의도 꽃피지 않았던가?

황금 구속복을 입어라!

신자유주의 정책은 성공을 거둔 듯 보였다. 세금이 줄고 규제가 사라지니, 기업들은 신이 나서 사업을 벌였다. 남는 이윤은 더 많은 투자로 이어졌다. 나락으로 떨어지던 세계 경제는 살아나기 시작했다. 1990년, 자본주의와 대결하던 사회주의 국가 소련이 무너졌다. 그때부터 신자유주의는 세계화의 바람을 타고 곳곳으로 퍼져 나갔다. 세상은 온통 시장 논리에 따라 움직였다.

세계적인 '금융 자유화' 바람은 뭉칫돈이 세계를 떠돌아다니게 했다. 이윤이 나는 곳이면 어디서든 투자가 이루어졌다. 임금이 낮고 시장이 큰 곳에는 돈이 몰렸다. 그러면 그곳의 형편은 크게 나아졌다. 온 세상은 '투자 유치'를 위해 머리를 쥐어짰다.

관리들이 썩은 데다가 경제 운영도 불투명한 곳은 어떨까? 투자자들의 발길이 자연스럽게 끊어질 것이다. 그래서 여러 나라들은 경제를 '국제 기준'에 맞추려고 애를 썼다. 그래야 돈을 끌어올 수 있기 때문이다. 뉴욕타임스 칼럼니스트인 토머스 프리드먼(1953~)은 이를 '황금 구속복'이라는 말로 표현한다. 황금 구속복이란 '국제 금융 질서에 맞는 회계 기준과 개방'을 말한다.

투자를 늘리고 경제를 살리기 위해 황금 구속복을 기꺼이 입는 나라가 하나둘씩 늘어 갔다. 이럴수록 무역은 활발해졌다. 어느덧 '개방'과 '자유화'는 만병통치약이 되었다. 선진국 가운데 규제와 관리를 앞세우는 나라가 있던가?

탈취에 의한 축적?

하지만 이제 신자유주의는 온갖 비난에 시달리고 있다. 신자유주의는 살기 좋은 세상을 만들었을까? 많은 지식인들이 단호하게 고개를 흔든다. 신자유주의는 결코 부를 늘려 놓지 못했다. 그냥 못사는 자들의 것을 빼앗아 잘사는 자의 몫으로 돌려놓았을 뿐이다. 지리학자 데이비드 하비(1935~)는 이를 '탈취에 의한 축적'이라 일컫는다.

실제로 신자유주의의 성적표는 형편없다. 1960년대에 세계 경제는 2.4퍼센트 성장했다. 그러나 신자유주의가 퍼진 1980년대에는 1.4퍼센트만 자라났을 뿐이다. 2000년대에 들어서는 1퍼센트 아래를 기록 중이다. 그런가 하면 빈익빈 부익부는 훨씬 심해졌다. 2차 세계 대전 즈음 미국의 소득 상위 1퍼센트는 국가 수입에서 8퍼센트를 차지했다. 20세기 말 무렵에는 15퍼센트를 차지하게 되었다고 한다.

선진국과 후진국의 차이는 더 말할 것도 없다. 후진국들은 신자유주의에 따라 나라문을 활짝 열었다. 뚫린 문으로 외국 자본은 물밀 듯 들어와서 '민영화'한 국영 기업들을 사들였다. 이익은 고스란히 선진국으로 넘어갔다. 또한 후진국은 선진국에서 돈을 빌려 사업을 벌였다. 투자하다 날리면, 선진국들이 돈을 더 빌려 주었다. 빚을 갚는 데 쓰라고 말이다.

결국 후진국들은 빚으로 선진국들에게 발목을 잡혔다. 세계 경제가 제자리걸음을 하고 있는 이유가 여기에 있다. 데이비드 하비는 신자유주의란 '가진 자들이 힘을 회복하는 프로젝트일 뿐'이라며 한숨짓는다. 평생직장, 사회 보장 등 복지 제도를 만드는 데는 100여 년이 걸렸다. 신자유주의는 십수 년 만에 이 모두를 허물어 버렸다. 그리고 가진 자에게 더 많은 몫을 몰아주고 있다.

신자유주의에서 '자유'는 결국 '기업 활동의 자유'일 뿐이었다. 실제로, 신자유주의자들은 꼭 자유 시장 원리에 따라 경제를 굴리지도 않는다. '기업 하기 좋은 환경'을 앞세우며 노동 운동을 억누르기도 하고, 은행 이자를 국가가 나서서 조정하기도 한다.

신자유주의는 빈부 격차를 벌려 놓았다. 반면에 실업자는 늘고 복지 정책은 줄었다. 힘센 기업 몇몇이 시장을 휩쓰는 독과점도 늘어나는 중이다. 도대체 신자유주의를 달갑게 여길 까닭이 있겠는가?

Occupy wall street!

2011년 9월, 성난 젊은이들이 뉴욕으로 몰려들었다. 그들은 "월가를 점령하라!"는 구호를 외쳐 댔다. 루스벨트 대통령 시절, 미국은 지금과 같지 않았다. 직원을 대량 해고하는 기업은 부끄러움을 느꼈다. 최고 경영자들은 너무 많은 봉급을 부담스러워했다. 다 함께 사는 세상, 혼자만 배를 불린다는 미안함 때문이었다.

신자유주의는 이러한 '건강한 사회 분위기'를 무너뜨렸다. 뉴욕의 월가에는 수십, 수백억대 연봉을 받는 이들이 차고 넘친다. 신자유주의를 타고 자유로워진 돈의 이동은 온 세상을 투기판으로 만들었다. 그들은 공장을 돌리지도, 일자리를 늘리지도 않았다. 그냥 숫자 놀음으로 엄청난 돈을 챙길 뿐이다. 위태로운 금융 시장은 경제를 뿌리까지 뒤흔들었다. 세계 경제는 또다시 나락으로 떨어지고 있다. 세계 곳곳에서 신자유주의, 특히 '투기 세력'으로 바뀐 금융 사업에 손가락질을 하는 이유다.

과연 신자유주의는 세상을 엉망으로 만들기만 했을까? 꼭 그렇지는 않다. 신자유주의는 '정부에 대한 환상'을 확실히 없애 버렸다. 지금도 사람들은 일만 생기면 "정부는 도대체 뭘 하는 거야?"라며 나라를 원망한다. 여기에는 국가가 모든 것을 할 수 있으며, 늘 공평하고 정의롭게 움직인다는 믿음이 숨어 있다.

그러나 정부도 결국 사람이 움직인다. 권력자들은 자신들에게 유리한 쪽으로 나라 살림을 몰고 가게 마련이다. 정치가들은 끊임

뉴욕 월가를 점령한 시위자들
2011년 12월, 시위자들이 세계 금융의 심장인 뉴욕의 월가를 점령했다. 이들은 이곳 금융 기관들의 잘못
을 소리 높여 규탄했다. 금융 기관들은 규제받지 않는 끝없는 탐욕으로 금융 위기를 낳고 세계적인 경제
공황을 불렀으며, 대규모 시위대의 저항까지 불러 일으켰다.

없이 유혹에 흔들리고 부패한다. 신자유주의자들이 '시장 독립'
을 외치는 까닭은 여기에 있다.

　그들은 화폐를 찍어 내는 중앙은행이 정부와 완전히 떨어져 있
어야 한다고 말한다. 통화량, 환율과 같은 돈의 움직임도 철저하
게 '시장 논리'에 따라서만 움직여야 한다. 실제로 '정부야말로
완벽한 독과점 기업'이 아니겠는가. 경찰이 마음에 안 든다 해도,
동사무소 서비스가 마음에 안 든다 해도 별도리가 없다. 한 나라
의 경찰과 행정부는 하나씩밖에 없기 때문이다. 만약 치안과 행정
서비스까지 민영화한다면? 그때도 정부 관료들이 지금 같을까?

신자유주의는 게으름과 부패로 빠지기 쉬운 정부를 바짝 긴장하게 했다. 더욱이 신자유주의는 나라가 주는 혜택에 기대려는 '복지병'도 치료해 주었다. 신자유주의는 '보완성의 원리'를 내세운다. 나라가 시민들의 생활 전부를 책임질 필요는 없다. 정부는 개인과 가족이 어쩌지 못하는 부분만 도와주면 된다. 예컨대, 신자유주의자들이 무상 급식 같은 쟁점에 쌍심지를 켜는 데는 이유가 있다. 과연 학교 급식비를 개인들이 감당하지 못하는가? 시민들 대다수가 충분히 낼 수 있는 비용을 왜 정부가 대 줘야 한단 말인가?

경제학자 이근식은 신자유주의가 지배했던 지난 30년을 꼭 나쁘게만 보지 않는다. 그에 따르면, 신자유주의의 역사는 관치행정이 낳은 비효율과 부패 문제를 해결하는 과정이기도 했다.

그렇지만 달도 차면 기우는 법, 이제는 '해결사'였던 신자유주의도 위기에 빠져 있다. 자본주의는 자유 시장과 정부의 시장 통제가 서로 엇갈리며 역사를 꾸려 왔다. 세계 여러 나라들이 금융 위기 등, 신자유주의가 낳은 문제를 풀기 위해 머리를 맞대는 상황이다. 과연 신자유주의를 딛고 나갈 세계 경제의 다음 흐름은 무엇일까?

철학 물음

19세기, 일자리를 빼앗긴 노동자들은 공장의 기계를 부수어
버렸다. 기계가 자신들의 일자리를 빼앗았다고 믿은 까닭이다.
이른바 '러다이트(Luddite) 운동'이다. 이것과 2011년부터 일기
시작한 '월가를 점령하라!'는 움직임은 어떤 점에서 다른가?

더 읽어 볼 책

★ 데이비드 하비, 『신자유주의: 간략한 역사』

★ 밀턴 프리드먼, 『자본주의와 자유』

★ 박종현, 『케인즈 & 하이에크: 시장 경제를 위한 진실 게임』

★ 이근식, 『신자유주의: 하이에크·프리드먼·뷰캐넌』

★ 토머스 프리드먼, 『렉서스와 올리브 나무』

기업가 정신

자본주의의
영혼

기업가 정신은 자본주의의 영혼

경제 상황이 항상 좋을 수만은 없다. 해 쨍쨍한 날이 있으면 비올 때도 있는 법, 호시절이 지나면 경기 불황이 찾아든다. 세계 경제는 현재 바닥을 기고 있는 중이다. 곳곳에서 못살겠다는 아우성이 들린다.

하지만 불황은 이번이 처음은 아니다. 1929년 경제 대공황을 비롯해, 역사적으로 경제가 휘청거렸던 적은 한두 번이 아니었다. 그런데도 산업은 불황을 이겨 내고 꾸준히 발전해 왔다. 미국의 경우, 1인당 소득은 1800년대에 비해 20배나 많다고 한다. 세계적으로도 마찬가지다. 빈곤은 줄어들고 살림살이는 점차 나아졌다. 꽁꽁 얼어붙은 지금의 세계 경제 상황도 언젠가는 나아질 것이다. 자본주의는 늘 위기를 극복하고 도약하는 과정의 연속이었다.

그렇다면 불황을 이겨 내는 자본주의의 힘은 어디서 나올까? 많은 학자가 '기업가 정신'을 꼽는다. 이는 "위험을 무릅쓰고 새로운 길을 찾으려는 기업가들의 창의적이고 모험적인 성향"을 일컫는다. 기업가 정신은 '자본주의의 영혼'이라 할 만하다.

창조적 파괴

기업가 정신은 예전부터 있었던 말이다. 하지만 이를 널리 퍼뜨린 사람은 경제학자 조지프 슘페터(1883~1950)다. 그는 자본주의의 발전을 '혁신', '창조적 파괴', '기업가 정신'으로 설명한다.

위기를 극복하는 힘은 혁신에서 나온다. 예를 들어 보자. 1970년대, 석유 파동은 세계 경제를 수렁에 빠뜨렸다. 그러나 이는 일본 자동차 회사들에 기회가 되었다. 일본 자동차 기업들은 높은 연비(자동차의 단위 연료당 주행 거리의 비율) 기술을 갖추고 있었기 때문이다. 또한 일본 기업들은 생산 방식을 효율적으로 바꾸기 위해 더더욱 노력했다. 그 결과 자동차 가격을 크게 낮추어, 불황에도 소비자들의 지갑을 열게 할 수 있었다.

지금의 아이티(IT) 업체들도 다르지 않다. 휴대 전화 등 전자 제품 시장은 늘 포화 상태다. 그러나 혁신적인 제품이 나오면 새로운 수요가 폭발적으로 늘어난다. 폴더폰을 더 팔 데가 없자 스마트폰이 나왔고, 스마트폰도 한계에 다다르면 새롭고 신기한 제품들이 끊임없이 수요를 만들어 낼 테다. 이렇듯 혁신을 이끄는 기

스티브 잡스 동상

헝가리 부다페스트에 세워진 애플 창업자 스티브 잡스(1955~2011)의 동상이다. 손에는 스마트폰을 들고 있다. 그가 내놓은 스마트폰은 세계적인 열풍을 일으켰으며, 세계 아이티 업계를 순식간에 재편했다. 그는 도전과 혁신에 자신을 내던지는 기업가 정신을 제대로 보여 준 인물이라 할 수 있다.

업들로 인해 경제는 끊임없이 발전한다.

반면에 아무리 크고 잘나가는 회사도 혁신을 이루지 못하면 망하는 것은 시간문제다. 1960년대 프랑스 회사 미슐랭은 레이디얼 타이어(radial tire)를 내놓았다. 이는 차가 아주 빠른 속도로 달려도 견딜 수 있는 제품이었다. 레이디얼 타이어가 나오자, 오랫동안 시장을 지배해 온 큰 규모의 타이어 회사들이 모두 무너져 버렸다. 이러한 현상은 아이티 기업처럼 빠른 속도로 혁신이 이루어지는 곳에서는 더 말할 것도 없다.

슘페터는 자본주의 사회에서 '3대 가는 부자는 없다.'고 잘라 말한다. 옛 귀족들은 좋은 핏줄을 타고났다는 사실만으로도 평생 편안하게 살았다. 하지만 자본주의는 변화의 연속이다. 창의적인 생각과 혁신으로 창조적 파괴를 일구어야 한다. 효율성이 떨어지는 옛것을 몰아내고 새롭고 매력적인 것을 내놓아야 한다는 뜻이다.

창조적 파괴를 일구어 낸 기업가들은 엄청난 이익을 누린다. 압도적인 경쟁력으로 시장을 홀로 독차지하기 때문이다. 하지만 단맛을 누리는 기간은 길지 않다. 다른 기업가들이 부단히 흉내 내며 따라오는 탓이다.

창조적 파괴를 이끄는 기업가들이 많을 때 경제는 잘 굴러간다. 혁신적인 새 제품이 쏟아지는 시장을 떠올려 보라. 반대로, 혁신이 희미해질 때는 시장도 주저앉는다. 슘페터에 따르면, 불황이란 창조적 파괴를 이루지 못한 기업들이 정리되는 과정일 뿐이다. 기업가 정신으로 가득 찬 기업만 불황에서 살아남으며, 이들로 인해 또다시 경제는 발전한다.

이윤은 혁신을 이끄는 주요 동기

하지만 기업가들을 보는 세상의 눈은 곱지만은 않다. 자본주의 사회에서 부자는 결국 더 부자가 되고, 가난한 사람은 더 쪼들리게 되지 않던가? 창조적 파괴를 이룬 몇몇 기업이 이익을 독차지하면 대부분은 더욱 가난해질 뿐이지 않은가? 이런 비판에 대해 슘페터는 단호하게 고개를 젓는다.

자본주의는 값싼 옷, 값싼 면, 레이온 섬유, 부츠, 오토바이 등을 더 많이 생산하려 할 뿐, 부유한 사람을 더 잘살게 하는 데 목적을 두지 않는다. 16세기, 엘리자베스 여왕은 실크 스타킹을 신었다. 자본주의는 여왕이 더 많은 실크 스타킹을 신을 수 있도록 애쓰지 않았다. 가난한 공장 소녀들도 실크 스타킹을 사서 신을 수 있도록 생산비를 낮추고 가격을 떨어뜨렸을 뿐이다. (……) 자본주의는 보통 사람들의 삶의 수준을 크게 높여 준다.

부자에게서 돈을 빼앗아 가난한 자들에게 공평하게 나누어 준다고 해 보자. 그들의 삶은 얼마나 나아질까? 한 사람 한 사람에게 돌아가는 돈은 많지 않을 테다. 차라리 성공한 기업인들이 엄청난 부를 누리게 하는 쪽이 더 낫다.

혁신은 힘들고 고단한 일이다. 많은 이익을 누리리란 희망이 없다면 누가 그 어려운 노력을 하려 하겠는가? 사람들은 부자들이 누리는 이익을 부러워하며 자신도 성공하기 위해 최선을 다할 것이다. 그러다 보면 사회 전체의 생활 수준은 나아지게 마련이다. 따라서 성공한 기업가 몇몇에게 이익이 몰리는 것이 꼭 나쁘지만은 않다. 이윤이야말로 혁신을 이끄는 주요 동기 아니던가.

나아가, 혁신이 이루어지는 과정에서는 많은 기업이 파산·병합 등 힘든 과정을 겪게 된다. 그러나 슘페터는 이마저도 당연히 받아들여야 한다고 말한다.

새롭고 더 좋은 상품에 접근하게 된 수백만 명의 사람들을 보라. 이들은 자유와 안락함을 누리게 되었다. 여기에 견주어 볼 때, 몇몇 개인 기업자들이 파산하고 몇천 명이 갖고 있던 기술이 쓸모없게 되었다는 사실이 과연 대수로울까?

너그러운 독점 기업 전략

혁신을 이룬 기업이 시장을 독점하는 상황은 영원히 계속되지 않는다. 성공을 이룬 기업가들은 어느 순간에만 기업가 정신에 충실할 뿐이다. 잘나가는 기간이 길어지면, "관료주의적 절차와 지루한 위원회 따위가 천재적인 재능을 대신하게 된다."

사람들은 오래도록 계속되는 것을 당연하게 받아들이곤 한다. 그래서 세상이 바뀌면 이에 맞추려 하기보다, 세상이 잘못되었다고 탓하기까지 한다. 1960년대, 트랜지스터가 처음 나왔을 때 진공관 라디오를 만들던 장인들은 코웃음을 쳤다. 명품 진공관 라디오를 만드는 데는 엄청난 공력과 정성이 들어간다. 그들은 진정한 장인 기술의 가치를 알아보지 못하고 값싼 트랜지스터라디오를 찾는 소비자들을 비난했다. 좋은 물건을 보는 안목이 없다면서 말이다. 그러나 얼마 지나지 않아 진공관 라디오는 시장에서 완전히 밀려나고 말았다.

슘페터는 훌륭한 기업들은 스스로를 진부하게 만들 줄 안다고 충고한다. 노벨(1833~1896)의 화약 회사는 시장을 독점하다시피 했다. 가격을 한껏 올려도 소비자들은 노벨의 화약을 살 수밖에 없는 상황이었지만, 노벨의 회사는 해마다 20~30퍼센트씩 가격을 낮추려 노력했다.

만약 가격을 올려서 많은 이익을 거두었다면 어땠을까? 시장에는 낮은 가격을 앞세우는 화약 회사들이 많이 생겨났을지 모른다. 이들이 노벨의 회사보다 높은 기술력까지 갖추게 되었다면, 노벨의 사업은 결국 위기에 빠졌을지 모른다.

노벨은 혁신을 통해 스스로의 제품을 진부하게 만드는 전략을 택했다. 최고의 아이티 회사들도 다르지 않다. 남들이 자기 회사 것보다 뛰어난 제품을 내놓기 전에, 스스로 더 뛰어난 상품을 만들어 낸다. 이렇듯 기업은 소비자들이 조금이라도 더 싼 가격으로 더 좋은 제품을 누리게 하겠다는 '너그러운' 마음을 가지고 혁신을 계속해야 한다. 그렇지 않다면 최고의 위치에서 나락으로 곧 추락하고 만다.

기업가 정신을 넘어 기업가 사회로

경쟁은 날로 치열해진다. 시장은 이미 포화 상태다. 상품은 여기저기서 쏟아지고 이윤은 점점 줄어든다. 세계적인 경제 불황은 좀처럼 풀릴 것 같지 않다. 이럴 때일수록 슘페터가 앞세우던 창조적 파괴와 기업가 정신은 점점 더 중요하게 다가온다. 앨런 그린스펀(1926~) 전 미국 연방 준비 제도 이사회(FRB) 의장은 이렇게 말한다.

창조적 파괴는 1942년 슘페터에 의해 정리된 생각이다. 슘페터의 논리는 단순하다. 시장은 늙고 병들어 가는 기업들을 정리해 감으로써 점차 생기를 찾게 될 것이다. 그 결과 자원도 좀 더 생산적인 방향으로 분배될 것이다. 나는 20대에 슘페터의 이론을 만났고 항상 그가 옳다고 생각했다. 그리고 평생 동안 그의 이론대로 세상이 진행되는 모습을 지켜보아 왔다.

경영 사상가 피터 드러커(1909~2005)는 아예 '기업가 사회'를 앞세운다. 경제와 사회가 살아남으려면 혁신과 기업가 정신이 꼭 필요하다. 살아남기 위해서는 계속해서 변화하는 세상에 맞추어 스스로를 바꿀 줄 알아야 한다. 사회는 도전과 혁신에 박수를 보내며 격려해야 한다.

하지만 새로운 시도를 하는 데는 실패에 대한 부담이 따른다. 잘못되면 자신이 지닌 모든 것을 잃을 수 있는 탓이다. 이 때문에 경제 상황이 불안할수록 안정된 수입과 편안한 생활이 보장되는 지대* 추구 쪽에 관심을 갖는 사람들이 늘어난다. 이들이 많아지면 사회는 어떻게 될까?

'철 밥통' 직장을 원하는 젊은이들이 많은 사회와, 반짝이는 아이디어와 패기로 새로운 분야에 도전하는 청년들이 많은 사회를 견주어 보라. 어느 사회에 더 밝은 미래가 있을까? 안정을 좇는 이

---

* 정부의 선별적 허가나 정책으로 만들어지는 독점 또는 배타적 이익을 가리키는 경제학 용어.

들보다 혁신과 도전을 추구하는 이들에게 더욱 큰 보상을 주는 사회는 건강하다. 피터 드러커가 기업가 사회를 힘주어 외친 까닭은 여기에 있다.

철학 물음

발전이란 '새로운 것'만을 의미하는가? 유학자들은 끊임없이 요순시대로의 복귀를 꿈꾸었다. 플라톤도 모든 것이 이상적이고 조화롭게 굴러가던 황금시대처럼 세상을 만들기 위해 애썼다. 우리도 바람직한 개혁 모델을 과거에서 찾을 수는 없을까? 그 시대와 지금은 어떻게 다른가?

더 읽어 볼 책

★ 손기화, 『만화 슘페터, 자본주의 사회주의 민주주의』

★ 토머스 매크로, 『혁신의 예언자』

★ 피터 드러커, 『기업가 정신』

5장

사회

더 나은 일상을 위한
가치

오리엔탈리즘

서양은 지배하고
동양은 지배당해야 한다

나태 무능한 조선이 살아남으려면

더럽고 탁하다. 조선인들은 불결하기 이루 말하기 힘든 흙덩이 속에서 유유자적하게 산다. 길이가 자기 키의 절반이나 되는 담뱃대를 빨아 대며, 하는 일도 생각도 없이 소일하는 조선 사람들의 낙천적인 모습을 과연 좋게 봐줄 수 있을까?

일제 강점기, 경제학자 후쿠다 도쿠조(1874~1930)의 조선인에 대한 평가다. 그의 눈에 조선은 한심하기 그지없었다. 더럽고 게으를 뿐더러, 의욕적으로 일을 벌일 생각이 없어 보였다. 그러니 발전도 있을 수 없었다. 그의 눈에 조선은 한마디로 덜떨어진 나라였다. 이대로 내버려 두었다간 조선은 영영 미개한 나라로 남을 테다.

조선이 나아지려면 어찌해야 할까? 이 나라는 혼자서 일어서기 어렵다. '유력하고 우세한 문명'이 '나태 무능한 조선'을 이끌어 주어야 한다. 이 일을 할 국가는 어디일까? 바로 일본이다! 일본은 이미 문명개화했다. 게다가 조선에 대해서도 가장 잘 알고 있는 나라다. "부패와 쇠망의 극을 달리는 조선의 민족적 특성을 밑바닥부터 바꾸어 놓으려면", 조선은 일본의 가르침을 따라야 한다. 후쿠다의 이런 생각은 식민 사관의 뿌리를 이루었다. 약한 국가는 운명적으로 강하고 큰 나라에 기대야 살아남는다는 식의 역사관 말이다.

상상의 지리학

사실 후쿠다의 생각은 독창적이지 않다. 그의 주장은 아시아를 집어삼키던 서양의 '침략 논리'와 똑같기 때문이다. 일본이라고 처음부터 잘나갔을까? 물론 그렇지 않다. 서양이 동양으로 몰려들던 19세기, 일본이 가장 먼저 과학과 산업을 받아들였을 뿐이다. 그들은 뛰어난 '카피캣'이었다. 서양의 문화와 과학을 정신없이 베꼈을 뿐 아니라, 서양의 식민 지배 정당화 논리도 고스란히 자기 것으로 받아들였다.

영문학자 에드워드 사이드(1935~2003)는 서양의 침략 논리를 오리엔탈리즘이라는 말로 정리한다. 오리엔탈리즘이란 한마디로 서양은 지배하고, 동양은 지배당해야 한다는 주장이다.

침략자들은 동양 전체를 뭉뚱그려 하나로 보았다. 중국이건 이집트건 인도건 조선이건 그들에게는 차이가 없었다. 뒤떨어졌다는 점에서는 한결같기 때문이다. 이들은 어차피 우월한 서양의 지배를 받아야 할 종족일 뿐이었다.

침략자들은 서양에서 나쁘다고 여기는 점들을 모두 동양 세계의 특징으로 만들어 버렸다. 게으름과 더러움, 무질서와 잔인함, 성적인 문란함 등이 그것이다. 이들에 견주면 서양 세계는 얼마나 질서 잡히고 위생적이며 도덕적이고 바람직한가. 그러니 당연히 서양이 동양을 지배해야 하지 않겠는가!

하지만 사이드는 이런 믿음은 '상상의 지리학'일 뿐이라고 잘라 말한다. 동양은 '동양'이라는 한마디로 묶어 버리기 힘들 만큼 큰 세계다. 나라마다 민족마다 제각각 다른 특징이 있다. 어디 그뿐인가. 수천 년을 이어 온 각각의 문명에는 나름대로의 합리성이 있기 마련이다. 그런데도 서양 침략자들은 철저하게 이를 무시해 버렸다. 서양의 잣대로 동양을 보고, 그들을 자기들처럼 만들어야 한다고 주장했다. 19세기 영국의 정치가 밸푸어(1848~1930)의 말을 들어 보자.

서양의 여러 국민들은 처음부터 민주주의를 펼칠 능력이 있었습니다. 그러나 동양에서는 시민이 스스로 다스린 역사를 찾아볼 수 없습니다. 그들은 절대적인 왕의 지배 아래 있었습니다. 물론, 그들에게도 위대한 과거가 있었습니다. 하지만 절대자의 지배 아래에서 이룬 업적일 뿐입니다. (……) 상황이 이렇다면, 그들의 정부는 우리 서양인들에 의

난폭한 동양의 왕
19세기 서양 그림에서 동양의 왕은 사치스러운 궁전에서 끔찍한 학살을 즐기는 잔인한 폭군으로 묘사되곤 했다. 동양을 바라보는 이러한 부정적인 인식은 확대되어 제국주의 침략을 정당화했다. 그림은 클레랭(1843~1919)의 〈아벤세라헤의 학살〉이다.

해 운영되어야 하지 않겠습니까? 우리의 지배는 그들에게 이익이 될 뿐만 아니라, 서양의 여러 문명국에도 이익입니다.

'서양의 것은 앞섰고, 동양의 것은 잘못되었다. 서양은 고급이고, 동양은 저질이다. 서양은 적절하고, 동양은 부적절하다.' 이런 식으로 오리엔탈리즘은 서양의 잣대를 가지고 동양을 가늠한다. 이런 자신감은 어디에서 비롯되었을까?

서양 침략자들은 자신들이 동양을 잘 안다고 생각했다. 실제로 그들은 철저하게 동양을 연구했다. 사이드는 1798년 나폴레옹 (1769~1821)의 이집트 침략을 오리엔탈리즘의 출발로 본다. 나폴레옹은 이집트에 군대만 데려간 것이 아니었다. 언어학자, 역사학자, 인류학자 등 많은 학자들이 이집트 원정에 함께했다. 이들은 이집트의 모든 것을 샅샅이 파헤쳤다.

왜 그랬을까? 잘 알지 못하는 상대는 두렵다. 반면에 상대의 면모를 속속들이 알고 있을 때는 자신감이 넘친다. 나폴레옹은 '신비한 동양'을 제대로 알려고 애썼다. 이른바 이집트학은 이때부터 생겼다.

문제는 서양이 파악한 동양이 제대로 된 모습이 아니었다는 점이다. 그들은 막연한 이론을 만들고, 그 위에 자신들의 편견을 덧씌웠다. 이렇게 굳어진 믿음은 동양을 하찮게 여기는 삐뚤어진 시선을 더더욱 부추겼다.

숱하게 쏟아져 나온 책과 기록들은 동양 세계에 대한 편견을 낳았다. '배반을 일삼는 중국인', '벌거벗은 인도인', '소극적인 이슬람교도' 등등으로 말이다. 서양인들은 그 틀 안에서 다시 동양을 봤다. 일찍이 철학자 프랜시스 베이컨(1561~1626)은 아는 것이 힘이라고 했다. 서양인들의 동양에 관한 지식은 갈수록 늘어났다. 문화와 산업, 지리 등 동양의 많은 면을 알게 될수록 지배에도 자신감이 붙었다. 그럴수록 지식은 괴상한 편견으로 자라났다. 우수한 민족이 열등한 인종을 다스리는 것은 당연하다는 둥, 지배하는 문명과 지배당하는 민족이 원래부터 정해져 있다는 둥, 말도 안 되는 '과학 이론'이 널리 퍼졌다.

이런 믿음이 널리 퍼질수록 서양 침략자들이 동양을 짓누르기는 쉬워졌다. 19세기 이후, 동양의 엘리트들은 서양식 교육을 받았다. 서양의 학문 속에 그려진 동양의 모습은 고스란히 엘리트들의 영혼에 새겨졌다. 지배받는 사람들 스스로 '우리는 열등하니 서양의 지배를 받아야 한다.'고 믿는다고 해 보라. 나아가, 서양을 부러워하며 자기 문화를 하찮게 여긴다고 해 보라. 침략자들이 동양을 짓누르기가 한결 수월하지 않겠는가?

복제 오리엔탈리즘

1911년, 대일본 문명 협회는 『최근 애굽』이라는 책을 냈다. 이는 프랑스에서 나온 『현대 이집트』를 일본어로 옮긴 것이다. 머리말에서 대일본 문명 협회는 이 책을 조선 통감* 이토 히로부미에게 보낸다고 했다. 그 이유는 이집트를 다스리는 방식이 조선 지배에 참고가 되기 때문이란다. 일본의 식민지 지배 논리가 어디서부터 왔는지 알게 하는 대목이다.

한편 인도 전문가 이옥순은 '복제 오리엔탈리즘'을 일러 준다.

---

* 1905년부터 1910년까지 일제가 경성(서울)에 둔 관청인 통감부의 장관. 통감부는 대한 제국을 감독하고, 침략을 준비하기 위한 기관이었다.

이는 동양인이 서양의 오리엔탈리즘을 고스란히 이어받는 모습을 일컫는 말이다. 일본은 탈아입구를 줄곧 외쳤다. 뒤처진 아시아를 벗어나 발전하는 서구 문명 속으로 들어가야 한다는 뜻이다. 이들은 동양의 이웃들을 하찮게 여겼다. 그러곤 앞서 가는 자신들이 아시아의 여러 나라들을 문명개화시켜야 한다는 식의 주장을 폈다.

일본의 생각은 그들에게 침략을 당한 아시아 여러 국가들에 스며들었다. 1947년 4월, 인도의 뉴델리에서는 '범아세아 대회'가 열렸다. 참가국은 우리나라를 비롯해 인도·필리핀·버마·중국·인도네시아·타이·베트남 등, 대부분 일본과 서구 세계의 횡포를 경험한 나라들이었다.

놀랍게도 아시아의 여러 나라들은 서로가 서로를 잘 몰랐다. 일본과 서구 세계는 이들을 한꺼번에 '동양'이라고 뭉뚱그려 놓곤 했다. 열등한 민족이라는 식으로 말이다. 2차 세계 대전이 끝나고 지배자들이 사라졌는데도, 서로를 보는 눈에는 '발전을 해야 할 덜떨어진 사람들'이라는 착잡함이 묻어 있었다. 같은 해, 농상국장(지금의 농림 수산 식품부 장관)으로 인도를 방문했던 현근의 기록(『인도 인상기』)을 살펴보자.

(인도의) 중산층과 가난한 사람들은 식탁에서 수저를 쓰지 않습니다. 대개는 맨손으로 반찬을 각종 양념에 섞어서 집어 먹는 것이 보통입니다. (……) 날씨가 더우므로 농촌의 남자와 노동자들은 대개 웃옷을

입지 않으며 맨발입니다. 또 한 가지 인상 깊었던 점은 여러 종교들 사이의 격렬한 싸움입니다. 인도인은 종교에 너무 얽매여 있어 정치, 경제, 문화 등 모든 방면에 지장을 받고 있음을 절실히 느꼈습니다.

해방 직후, 우리나라의 형편은 인도보다 나을 게 없었다. 그런데도 인도를 바라보는 시선에는 오리엔탈리즘의 잣대가 담겨 있다. 우리와 인도의 '차이'를 인정하기보다, '우월한 것/열등한 것', '서양적인 것/동양적인 것'이라는 식의 구분으로 인도를 낮게 평가하려는 의도가 엿보인다. 아시아를 하찮게 보도록 했던 일본의 침략 논리는 이렇듯 은연중에 지식인들의 생각에 자리 잡았다.

우리 안의 오리엔탈리즘을 비판하라!

오리엔탈리즘은 지금 우리에게도 뿌리 깊게 남아 있다. 우리나라에는 숱한 외국인 노동자들이 들어와 있다. 피부색이 다른 한국인들도 적지 않다. 그들에 대해 우리는 얼마나 알고 있을까? 뭉뚱그려서 '못사는 나라에서 온 사람들'로, '우월한 우리의 문화로 이끌어 주어야 할 부류'로 낮추보고 있지는 않을까?

인도를 다스리던 영국은 "인도인을 갈색 피부의 영국인으로 만들자!"라고 외치곤 했다. 하지만 정작 그들은 인도인들을 영국의 쓸모 있는 하인으로 만드는 일에 관심이 있었을 뿐이다. 우리는 옛 영국인들과 얼마나 다른 태도를 갖고 있을까?

욕하면서 닮는다는 말이 있다. 우리는 오리엔탈리즘의 잘못을 바로잡기보다, 오리엔탈리즘이 지배하는 세상 속에서 좀 더 나은 위치를 차지하려고 아등바등하고 있지 않을까? 옛 일본은 열등한 동양 세계에서 벗어나 우수한 서구 문명 속으로 들어가려고 애를 썼다. 'OECD', '선진국' 등의 잣대에 목을 매는 우리의 모습은 그들의 절절했던 과거와 얼마나 다를까? 우리의 발전이 다른 이들에게는 억압과 착취가 되는 모습은 바람직하지 않다. 침략의 논리인 오리엔탈리즘을 끊임없이 비판해야 하는 이유다.

철학 물음

아프리카, 동남아시아, 아프가니스탄을 비롯한 서남아시아 국가 등, 우리보다 소득 수준이 낮은 국가들에 대해 우리는 얼마나 알고 있는가? 이들의 모습 가운데 우리보다 나은 점은 무엇인가? 또 우리가 배워야 할 점에는 무엇이 있는가?

더 읽어 볼 책

★ 김상률·오길영 외, 『에드워드 사이드 다시 읽기』

★ 강상중, 『오리엔탈리즘을 넘어서』

★ 에드워드 사이드, 『오리엔탈리즘』

★ 이옥순, 『우리 안의 오리엔탈리즘』

페미니즘

유리 천장을 뚫고
무지개 세상을 고민하라!

노란색 아기의 불편함

일상에서 남녀 구분은 자연스럽게 이루어진다. 화장실은 남자 따로 여자 따로고, 백화점 옷 매장도 남성 의류와 여성 의류로 나뉜다. 여성 전용, 남성 전용이라는 표현도 낯설지 않다. 그런데 이러한 일상적인 남녀 구분의 뿌리는 생각보다 훨씬 깊다. 남자인지 여자인지 가리기 힘든 사람을 봤을 때 어떤 기분이 드는가? 왠지 불편하고 어색하지 않던가?

이탈리아 병원에서는 갓난아기를 대상으로 실험을 했다. 보통 남자아이에게는 파란색 옷을, 여자아이에게는 분홍색 옷을 입힌다. 그런데 성별을 알 수 없게끔 노란색 옷을 입히면 어떨까? 가장 먼저 당황한 사람은 아기들을 돌보는 보모들이었다. 아이를 어떻게 다뤄야 할지 감을 잡을 수 없었기 때문이다. 갓 태어난 아기를 돌볼 때조차 남녀를 다르게 대해 왔다는 뜻이다.

우리도 다르지 않다. 일상의 말투를 떠올려 보라. 여자를 대할 때는 말투가 부드러워지고, 남자에게는 격식 차린 어투가 나오지 않던가. "하셨어요?", "했습니까?" 등등 말꼬리는 남녀에 따라 춤을 춘다. 남녀를 가려서 대하는 태도는 이미 우리의 생각 깊은 곳에 자리 잡고 있다.

생리가 정치적 판단을 흐리게 한다?

남녀 차이가 그 자체로 문제는 아니다. 하지만 남녀 차이는 줄곧 차별로 바뀌곤 했다. 이때 피해자는 늘 여성 쪽으로, 여자는 남자보다 못한 대접을 받았다. "암탉이 울면 집안이 망한다.", "첫 손님이 여자면 재수가 없다." 등의 말은 아직도 통한다. 더 나아가 남녀 차별은 폭력으로까지 흐르곤 한다. "북어와 마누라는 사흘에 한 번씩 패야 한다." 같은 끔찍한 속담(?)이 전해질 정도다.

서양도 크게 다르지 않았나 보다. 1782년, 영국에서는 희한한 법이 만들어졌다. "아내를 때리는 회초리는 엄지손가락 굵기보다 가늘어야 한다." 뒤집어 보면, 이전까지는 굵은 몽둥이로 여성을 때리는 일이 잦았다는 뜻이다.

사회생활에서는 더 말할 것도 없었다. 여성들에게는 투표할 권리도 쉽게 주어지지 않았다. 프랑스에서도 여성들은 1946년이 돼서야 선거를 할 수 있었다. 스위스는 이보다 더 늦어서, 1971년에야 여성들에게 투표권이 주어졌다.

아랍의 몇몇 국가는 아직도 여성의 선거 참여를 인정하지 않는다. 생리가 정치적 판단을 흐리게 한다는 논리를 펴는 나라도 있다. 이 나라는 여성의 자동차 운전조차 허락하지 않는다. 페미니즘은 이런 차별에 맞서 여성의 권리를 찾고자 하는 운동이다.

치마 두른 하이에나

"여성이 단두대에 설 권리가 있다면, 의회 연설대에도 설 권리가 있다." 프랑스의 여성 혁명가 올랭프 드 구주(1748~1793)가 외친 말이다. 프랑스 대혁명이 한창이던 1791년, 그녀는 '여성과 여성 시민의 권리 선언'을 내놓았다. 프랑스 대혁명은 '인간과 시민의 권리 선언'을 앞세웠다. 여기에는 모든 인간이 평등하다는 주장이 담겨 있었다. 그러나 구즈는 이것만으로 충분치 않다고 생각했다. 억압받던 여성에게도 마땅한 자리를 주어야 했다. 이것이 그녀가 여성의 권리를 소리 높였던 이유다.

하지만 구즈는 '미친 여자' 취급만 당했다. 결국 그녀는 단두대에 올라야 했다. 앞서의 외침은 구즈의 유언이 된 셈이다. 이후 숱한 이들이 그녀의 뒤를 이었다. 영국의 울스턴크래프트(1759~1797)는 최초의 페미니스트로 손꼽히곤 한다. 그녀는 『여성의 권리 옹호』에서 여성에게 참정권과 교육이 필요하다고 주장하였다.

세상의 반은 여자다. 따라서 그녀는 여성도 정치에 참여할 권리가 있다고 주장했다. 여성이 날 때부터 남성보다 못한 게 아닌데도, 여성에게는 충분히 교육받을 권리가 주어지지 않았다. 따라서 남성에게 생계를 기대야 했다. 여자는 남자보다 열등하다는 평가는 여기서 나왔다. 배움이 충분하다면 여성도 당당하게 자기 삶을 살 수 있다는 의미다.

세상은 울스턴크래프트 또한 마뜩잖게 바라보았다. '치마 두른 하이에나'라는 조롱이 그녀에게 쏟아졌다. 그럼에도 여성의 권리를 찾으려는 목소리는 더욱 커져만 갔다.

두 번째 성

1949년, 보부아르(1908~1986)는 『제2의 성』을 세상에 내놓았다. 이 책은 '페미니즘의 성서'라 불릴 만큼 여성 운동에 큰 영향을 끼쳤다. 보부아르는 여성이 차별받는 이유를 철학적으로 풀어준다.

남성은 '첫 번째 성'이다. 여성은 항상 '남성이 아닌 것'으로 다루어질 뿐이다. 남성이 '독립적'이라면 여성은 '독립적이 아닌 것', 즉 '의존적'인 존재다. 남성이 '이성적'이라면 여성은 '이성적이 아닌 것', 즉 '감성적'이다. 게다가 여성은 '아내', '누나' 등등, 남성과 어떤 관계에 있는지에 따라 자리 매겨진다. 이처럼 여성은 그 자체로 서지 못한다. 그래서 '두 번째 성'이다.

여성은 독립적인 성이 아닌 '두 번째 성'

오랫동안 세계의 많은 문화권에서 남성은 완전한 존재이며, 여성은 독립적이지 않고 남성에게 의존하는 존재였다. 인류의 오랜 고전인 성경에도 여성은 남성의 갈비뼈에서 나오는 의존적인 존재로 그려진다. 그림은 블레이크(1757~1827)의 〈이브의 창조〉다.

남성과 여성은 결코 동등할 리 없다. 남성만이 온전하고 완전한 성이며, 여성은 남성에게 기대야 하는 존재이기 때문이다. 남성들은 '여성의 신화'를 끊임없이 만들어 냈다. 차별을 정당화하기 위해서다. 『숲 속의 잠자는 미녀』처럼 약하고 순종적인 모습, '영웅적인 어머니'를 다룬 숱한 이야기에서처럼 대가 없이 희생하는 모성이 여성의 모범으로 강조되었다. 이런 특성들이 여자들의 타고난 본성인 듯 여겨졌다.

그러나 보부아르는 여성은 태어나는 것이 아니라 만들어진다고 잘라 말한다. 여자와 남자는 원래 다르기에, 여성은 남성을 따라야 한다는 논리는 억지일 뿐이다. 여성에 대한 차별은 여성들의 '뿌리 깊은 공모'의 결과이기도 하다. 차별에 당당하게 맞선 여성도 있었지만, 차별과 함께 주어지는 배려와 보호를 기꺼이 누린 이들도 적지 않았다. 차별이 주는 혜택을 버리지 않고는, 여성들은 결코 온전하게 자기 자신으로 살지 못할 테다.

보부아르는 여성 스스로 홀로 서야 한다고 힘주어 말한다. '남성의 노예, 또는 남자에게 기대야만 하는 사람'인 채로는 제대로 삶을 누릴 수 없기 때문이다. 남자들과 똑같은 권리를 누리려면 끊임없이 평등을 요구하고 또 외쳐야 한다!

보편주의 대 차이주의

『제2의 성』은 페미니즘 운동에 큰 영향을 끼쳤다. 이는 1966년,

미국 여성 동맹이 만들어지는 데까지 이어졌다. 이 단체를 만든 이는 베티 프리던(1921~2006)이다.

2차 세계 대전이 끝난 뒤, 미국 주부들 사이에는 알 수 없는 병이 널리 퍼졌다. 삶의 의미를 잃고 채워지지 않는 헛헛함에 괴로워하는 병, 지금으로 본다면 주부 우울증 정도가 될 듯싶다. 이때 의사들은 병의 원인을 여성들에게 돌렸다. 그 시기 여성들이 따라야 할 삶의 모델은 현모양처였다. 하지만 교육받은 여성들은 가정 밖에서 자신의 능력을 펼치기를 원했다. 이처럼 자기 처지를 벗어난 바람이 병을 키웠다는 식의 논리였다.

프리던은 이런 논리에 맞서 여성의 일할 권리를 앞세웠다. 여성은 남성 못지않은 능력이 있기 때문이다. 그런데 프리던의 주장은 묘하게 여성에 대한 보호를 없애자는 논리로까지 뻗어 나갔다. 약한 이들을 보살피기 위한 노력인 '적극적인 차별' 대상에서 여성은 제외되어야 한다. 가난한 이들이나 장애인에게 더 많은 기회와 혜택을 주듯이, 여성들에게 더 많은 기회를 줄 필요가 없다는 의미다.

여성이 평등하기 위해서는 남성과 똑같은 대접을 받아야 한다. 그래야만 모든 점에서 똑같이 사회 활동에 뛰어들 수 있을 테다. 여자를 남자와 똑같이 대하고, 여자에게도 같은 의무를 지우자는 주장을 학자들은 '보편주의 페미니즘'이라 부른다.

1980년대 들어 페미니즘에 변화의 바람이 불기 시작했다. 남녀평등을 부르짖는 목소리에 담긴 묘한 차별을 깨달았기 때문이다.

남녀평등은 여자를 남자와 같이 대하라는 소리로도 들린다. 그런데 여자가 남자처럼 되는 것은 바람직한가? 여성성은 열등하고 덜떨어지기에, 모든 여성이 남성처럼 당당하고 씩씩해져야 할까?

여성학자 이리가레(1932~)는 '성차를 없애는 일은 끔찍한 학살 행위'라고 말한다. 여성적인 부드러움, 배려, 이해심은 그 자체로 가치 있고 아름답다. 이런 주장을 '차이주의 페미니즘'이라고 한다. 이때부터 페미니스트들 가운데 일부는 여성성이 지닌 좋은 모습을 키워 가야 한다고 생각했다.

차이주의 페미니즘은 시대 변화와도 잘 맞아떨어진다. 권위를 앞세우는 지도자보다, 대화하고 이해하려 노력하는 지도자가 대접받는 세상이다. 약한 이들을 쳐내라는 생존 경쟁 논리보다, 모두가 함께 가자는 포용의 주장이 더 환영받는다. 이런 분위기에서 여성성은 남성성보다 더욱 바람직한 것으로 다가온다.

유리 천장을 뚫고 무지개 세상으로

페미니즘은 꽤나 성공한 사상으로 꼽힌다. 페미니스트들의 노력에 힘입어 여성의 사회 진출은 크게 늘었으며, 여성 지도자들도 많아지는 추세다. 그러나 아직도 여성들을 막는 '유리 천장'은 엄연히 있다. 여전히 남녀차별이 존재한다는 뜻이다. 예컨대, 사회 고위직의 남녀 성비, 직장의 남녀 비율에는 엄청난 차이가 있다. 세상은 여전히 남성 중심으로 돌아간다. 페미니즘이 할 일은 아직도 많다.

그러나 남녀의 구분 자체도 바뀌고 있음을 놓쳐서는 안 된다. 인류학자 마거릿 미드(1901~1978)는 남태평양 뉴기니에서 세 종족을 연구했다. 남녀의 성 역할을 알기 위해서였다. 그 결과는 놀라웠다. 어떤 부족에서는 남성들이 집안일을 하고 여성들이 나가서 일했다. 남녀가 하는 일은 태어나면서 정해지지 않는다는 증거다.

심지어 시베리아의 축치족은 성별을 7가지로 나눈다. '남', '여'뿐 아니라, '여자 같은 남자', '남자 같은 여자'도 성 구분으로 받아들인다. 우리 사회에서도 성별은 이제 몸의 차이를 뛰어넘고 있다. 직업에서 남녀 구분은 벌써부터 희미해져, 남자 간호사, 여자 군인이 더 이상 우리에게 어색하지 않다. 성은 이제 남녀라는 두 가지 색에서 무지개처럼 여러 가지 색깔과 정체성으로 흩어지는 중이다.

하지만 여성성이 강한 남자, 남성성이 강한 여자들이 차별 없이 살 수 있을까? 피부를 관리하고 수다를 즐기는 남자, 익스트림 스포츠에 짜릿해하고 강한 근육을 키우는 여자는 어떻게 보이는가?

성의 차이는 오랫동안 차별의 근거가 되어 왔다. 이제 페미니즘은 '남성'과 '여성'에 대한 차별을 넘어, '남성성'과 '여성성'에 대한 고민으로까지 나아가야 한다.

철학 물음

보라색은 동성애자들의 성적 정체성을 상징하는 색으로 쓰인다.
보통 파란색은 남성을, 붉은색 계통은 여성을 나타낼 때 쓰이곤
한다. 그렇다면 남성과 여성에 대한 편견을 없애기 위해, 이 둘을
나타내던 색깔을 다시 정할 수는 없을까? 각각에는 어떤 색깔이
어울릴까? 그 이유는 무엇인가?

더 읽어 볼 책

★ 베티 프리던, 『여성의 신비』
★ 변광배, 『제2의 성, 여성학 백과사전』
★ 이해진, 『청소년을 위한 양성평등 이야기』

생태주의

멈출 수 있는 용기가
달리는 능력보다 중요하다

이익이 되면 별 문제 없을까?

오스트레일리아의 카카두 국립 공원은 아름답기로 유명하다. 세계의 국립 공원 가운데 세 번째로 규모가 큰 이곳에는 거친 삼림과 늪이 존재하고, 네 줄기의 큰 강이 흐른다. 또 금과 백금, 우라늄 같은 지하자원도 꽤 많은 양이 묻혀 있다. 나무와 동식물의 값을 아무리 비싸게 쳐 준다 해도, 묻혀 있는 자원보다는 쌀 것이다. 그렇다면 카카두 국립공원의 자연을 뒤집어 땅속을 개발하면 어떨까?

이런 문제에 부딪히면, 흔히 우리는 '비용 편익 분석'을 하곤 한다. 투자 대비 이익을 따지는 것이다. 다음 공식을 보자.

(적은, 비교적 많은, 아주 엄청난) 돈을 쏟아부어서, 사회에 (없어도 되는, 바

람직한, 꼭 있어야 하는) 생산물을 낳을뿐더러, (적은, 비교적 많은, 아주 엄청난) 일자리를 제공하는 사업이지만, (적은, 비교적 많은, 아주 엄청나게) 환경을 오염시킨다.

엄청나게 돈을 쏟아부었는데도 별 필요도 없는 생산물만 낳는다면, 게다가 일자리를 만들어 내는 효과도 거의 없을뿐더러 환경만 엄청나게 오염시키는 사업이라면 시작되기도 어려울 것이다. 반면에 '적은 돈을 들여 꼭 필요한 생산물을 낳을 뿐 아니라, 엄청나게 많은 일자리를 만들어 내는 데다가 환경 오염도 적은 사업'이라고 결론이 나면 어떨까? 거침없이 숲을 파헤칠 테다.

그런데 손해보다 이익이 크기만 하면 별 문제 없을까? 돈다발을 거머쥔다 해도, 울창한 숲이 사라지는 모습에 마음 편할 사람은 별로 없다. 자연에는 돈으로만 따질 수 없는 엄청난 가치가 있다. 땅값으로만 따진다면 숲이나 들의 가치는 상가나 아파트보다 훨씬 낮다. 그러나 녹지가 도시 전체 면적의 30퍼센트가 되지 않을 때, 사람들은 도시를 떠나기 시작한단다. 나무 한 그루 없는 황량한 풍경에서 편안함을 느끼는 사람은 거의 없다. 사람은 누구나 자연을 소중히 보듬고 가까이하고 싶어 한다. 생태주의는 이런 마음에 딱 맞는 사상이다.

100여 년 전, 아메리카 원주민인 이로쿼이족은 자연 보호를 힘주어 강조했다. 그들의 법에는 이런 내용이 있었다고 한다. "우리의 결정이 다음 일곱 세대에 끼칠 영향까지 꼼꼼히 따져 보도록 하라."

그러면 아메리카 대륙을 점령한 백인들은 어땠을까? 그들에게 자연은 쓰고 버릴 '자원'에 지나지 않았다. 그들이 아메리카를 차지한 뒤, 1000만 마리에 달했던 버펄로는 겨우 1000마리 수준으로 줄어들었다. 황폐해진 땅과 더러워진 공기는 고스란히 인간에게 피해로 돌아온다. 디디티(DDT)*로 대머리 독수리가 사라지면 들쥐가 늘어나고, 들쥐가 많아지면 곡식이 입는 피해도 커지는 식이다. 미국의 농업은 모래바람과 가뭄으로 한동안 심하게 고통받았다.

생태학은 자연 파괴가 절정에 이르렀을 때 태어난 학문이다. 생태학은 동물과 식물 하나하나를 연구하지 않는다. 자연환경과 생명들이 서로 영향을 주며 살아가는 전체 모습을 관심 있게 바라본다. 생명들은 서로 이어진 커다란 사슬과도 같다. 어느 하나가 망가지면, 자연 전체도 흔들릴 수밖에 없다.

---

* 디디티 때문에 대머리 독수리가 낳은 알이 칼슘 부족 현상을 겪었고, 이로 인해 알이 쉽게 깨져 부화하지 않으면서 그 개체 수가 감소했다. 디디티는 살충제의 하나로 독성이 몸 안에 쌓이며 현재는 제조·판매·사용이 금지되어 있다.

풍요로운 자연을 향한 경외심
그림은 다양한 매력을 지닌 동식물들로 가득 차 있다. 가운데에는 신비스러운 인물이 고요히 생명의 피리를 불고 있고, 소파 위의 여인은 자연을 동경하고 있다. 생태주의는 자연 그 자체를 소중히 여기는 마음을 바탕으로 한다. 그림은 루소(1844~1910)의 〈꿈〉이다.

생태주의는 생태학 연구에 뿌리를 두고 있다. 생태주의자 레오폴트(1887~1948)는 이렇게 말한다. "생명 공동체의 완전함과 안정, 아름다움을 지키는 일은 올바르다. 그렇게 하지 않는 일은 잘못된 것이다."

인간에게 쓸모가 있건 없건, 자연은 그 자체로 소중하다. 자연에 함부로 손을 댔을 때 그 피해는 고스란히 인간에게 되돌아온다. 생태주의는 인간을 자연의 지배자로 여기지 않는다. 인간은 자연의 한 부분일 뿐이다. 그러니 자연 전체가 잘 굴러가도록 환경을 지키고 아끼는 삶을 살아야 한다.

Green과 green

'저탄소 녹색 성장'은 우리나라에서 한창 내세웠던 구호다. 그러나 생태주의자들에게는 녹색 성장이 별로 달갑지 않다. 지금 우리 삶의 방식을 바꾸는 데 소극적이라는 이유에서다. 녹색은 자연을 상징하는 색이다. 어떤 생태주의자는 자신들의 활동에는 대문자로 Green을, 녹색 성장 같은 환경 산업에는 소문자로 green을 쓴다. 그래서 생태주의자들 대부분은 녹색 성장을 green Growth로 옮긴다.

녹색 '성장'도 결국은 경제 활동에 지나지 않는다. 환경을 앞세울 뿐, 생산량과 수입을 늘리기 위한 움직임일 뿐이라는 뜻이다. 환경을 보호해야 하는 논리도 돈이 되니 지켜야 한다는 식이다. 물론 '배출 탄소량 거래', '환경 부담금' 같은 방식으로 자연을 파괴하는 행동에 족쇄를 채우려 하기는 한다. 이것만으로는 충분하지 않다. 생태주의자들은 훨씬 적극적으로 자신들이 꿈꾸는 세상을 주장한다.

정부의 크기가 무척 작은 나라, 건강한 음식은 싸게 팔지만 정크 푸드는 아주 비싸게 파는 시장. 시간 외 수당은 안 주지만 급여는 넉넉히 주어 짧고 굵게 일하게 하는 회사. 고혈압·당뇨병·우울증 약값 대신, 미술 활동과 운동에 드는 돈을 지원하는 보험 회사. 하루에 몇 번씩 의무적으로 휴식을 해야 하는 회사. 차를 타기보다 흙길을 자주 걸을 수 있는 도시. 두뇌 훈련 교육이 제대로 이루어져 치매 노인이 거의 없는 사회.

생태주의자 레베카 코스타(1955~)가 꿈꾸는 바람직한 사회의 모습이다. 한마디로 생산과 소비를 줄이고 생활의 속도를 늦추어야 환경도 지키고 삶의 질도 높아진다는 소리다. 이렇듯 생태주의자들은 경제가 굴러가는 방식과 삶의 자세를 바꾸어 환경 보호를 이루려고 한다.

에콜로지카

우리가 살아가는 자본주의 사회에서는 물건을 절약하고 아끼는 생활을 은근히 불편해한다. 소비가 많아져야 수입도 늘고 경제가 잘 굴러가기 때문이다. 그래서 끊임없이 '소비 진작'을 위해 노력한다.

그러나 소비가 늘고 산업이 활짝 피어나면 자연은 어떻게 될까? 환경은 더더욱 깊게 파괴될 테다. 더 많은 자원을 캐내야 할뿐 아니라, 공해도 덩달아 느는 탓이다. 생태주의자 앙드레 고르(1923~2007)는 자본주의를 향해 당차게 묻는다. "지금처럼 엄청난 소비를 해야 할 필요가 있을까? 돈을 더 많이 벌고 더 풍족하게 쓰는 세상이 되면 우리는 좀 더 느긋하게 살까? 사랑 넘치는 인간관계를 맺게 될까?"

우리 삶에는 어느덧 '충분함'이 사라져 버렸다. 더 좋은 집, 더 좋은 차, 더 풍족한 생활을 바랄 뿐, '이 정도면 됐다.'며 만족하는 모습을 찾아볼 수 없다. 상품 광고는 곳곳에서 우리의 욕심을 부추긴다. 예전 사람들은 지금처럼 아등바등 살지 않았다. 앙드레 고르는 옛사람들의 모습을 이렇게 그린다. "노동자들은 자기가 하루에 최대한 얼마까지 벌 수 있는지를 따져 묻지 않았다. 하루 생활비 2.5마르크를 벌려면 얼마나 일해야 할지 물었을 뿐이다." 필요한 만큼 수입이 생기면 휴식을 즐겼다는 뜻이다.

경제는 성장 자체가 목적이다. 생산이 활발하고 거래가 더 많이 이루어질수록 경제에 도움이 된다. 그래서 낭비는 미덕이 되었으며 소비 촉진을 외치는 정책들이 쏟아져 나오고 있다. 우리에게는 생활의 충분함에 대한 기준이 없다. 무조건 더 많이 더 빨리를 외칠 뿐이다. 그럴수록 자원은 고갈되고 환경은 더욱더 망가져 간다.

앙드레 고르는 이러한 비극에서 빠져나오려면 에콜로지카, 즉 '정치적 생태주의'를 세워야 한다고 말한다. '필요한 것을 최소화해서 최대한 적게 일하는 사회'를 이끌어야 한다는 뜻이다.

그는 적게 버는 대신 자기 시간을 더 많이 가지려는 다운시프터*를 별스럽게 여겨서는 안 된다고 말한다. 앙드레 고르는 공유

---

* 고소득이나 빠른 승진보다는 비록 저소득일지라도 여유로운 생활을 즐기면서 삶의 만족을 찾으려는 사람들. 다운시프트는 원래 자동차를 저속 기어로 바꾼다는 뜻이다. 빨리 달리는 자동차의 속도를 늦추듯이, 바쁜 일상에서 벗어나 생활의 여유를 느끼며 삶을 즐기려는 사람들을 말한다.

와 나눔을 중요하게 여기는 인터넷 문화에서 새로운 사회의 가능성을 본다.

환경 파시즘

그러나 생태주의의 주장을 모두가 반기는 것은 아니다. 생태주의는 때로 파시스트 같은 억압과 폭력으로 다가오기도 한다. 파시스트들은 국가, 민족 등을 앞세우며 사람들을 억누르곤 한다. 마땅히 누려야 할 자기 권리를 주장하면, 국가와 민족을 위한 노력에 왜 자기 하나만 생각하냐고 몰아붙이는 식이다.

파시스트들은 흔히 '구명정 윤리'를 앞세운다. 구명정에 사람들이 가득 찼다고 해 보자. 이때는 물에 빠져 허우적대는 사람이 있어도 배에 태워서는 안 된다. 보트가 뒤집혀 모두 다 죽을 수 있기 때문이다. 따라서 사람들은 어쩔 수 없이 희생을 받아들여야 한다.

'환경 파시스트'들도 비슷한 주장을 편다. 자연을 파괴하지 않고 꾸려 나갈 수 있는 산업의 규모에는 한계가 있는 법이다. 천연자원도 모든 인류가 풍족하게 쓸 만큼 있지 않다. 그렇다면 사람들 중 일부는 문명의 혜택을 누릴 수 없는 자신의 처지를 기꺼이 받아들여야 한다.

이는 선진국들이 못사는 나라들에 은근히 펼치는 논리이기도 하다. 자기네는 경제를 키우느라 열심이지만, 정작 후진국의 산업 발전은 두려운 눈으로 보는 것이다.

멈출 수 있는 용기가 필요하다

그렇다면 과연 생태주의자들이 '환경 파시즘' 같은 주장을 펼칠까? 대부분은 그렇지 않다. 오히려 생태 파시즘식의 주장은 선진국의 경제 관료나 사업가들이 더 많이 내세운다. 생태주의자들의 본뜻은 돈을 중심으로 굴러가는 자본주의적 생활을 바꾸는 데있다. 생태주의자들은 과학 기술이 환경 문제를 해결해 주리라고 믿지 않는다. 과학 기술은 생산에 이바지하고 자연에서 더욱 많은 것을 '무리 없이' 뽑아낼 때만 대접받는 법이다. 이래서는 환경과 삶이 망가지는 문제를 풀 수 없다. 우리에게는 소비를 줄이고 삶의 질을 회복하려는 노력이 필요하다.

신작로, 소방 도로, 고속 도로가 도시를 이리저리 구획을 정리하자 자급자족하며 살아가던 마을 공동체가 거반 깨지고 말았다는 사실을 당시로서는 전혀 감지하지 못했다. (……) 졸업, 취직, 결혼하고 아이 낳아 기르고, 유치원, 학원, 학교 보내고 집과 자동차 구입하고, 은행 융자 갚으며 허둥지둥 살아가지만, 개발과 발전과 선진국과 국민 총생산으로 요약되는 산업 사회에서 자신이 그 첨병이라는 자부심은 솟아나지 않는다. 오히려 명예퇴직, 정리 해고 걱정을 머리에 이고 살아야 하는 기막힌 현실이 되고 말았다.

환경 운동가 박병상의 하소연이다. 이래도 경제가 발전하고 살림살이가 나아지면 우리 삶이 더 여유로워지고, 행복해진다고 말할 수 있을까? 멈출 수 있는 용기는 무작정 달리는 능력보다 훨씬 중요하다. 생태주의자들의 주장은 이 한마디로 정리할 수 있겠다.

철학 물음

야생 동물에게는 섣불리 먹이를 주어서는 안 된다. 사람 손을 타기 시작하면 스스로 먹이를 찾는 야생성이 사라지기 때문이다. 똑같은 논리가 인간에게는 통하지 않는다. '인도주의적인 차원'에서라도 굶주리는 이들에게는 무엇보다 우선하여 도움을 주어야 한다. 이 둘의 논리 차이는 어디에서 오는가?

더 읽어 볼 책

★ 데이비드 버니, 『생태학을 잡아라!』

★ 박병상, 『참여로 여는 생태 공동체』

★ 앙드레 고르, 『에콜로지카』

★ 이상헌, 『생태주의』

관료주의

법과 예산에 의한
지배

프랑스는 관료제라는 병으로 무너지고 있다

우리에게 관료주의는 좋은 의미로 다가오지 않는다. 규정에 없다며 책임을 미루는 관료, 융통성이라곤 조금도 없이 안 된다는 말만 거듭하는 공무원, '철밥통' 직장을 타고 앉아 무사안일과 복지부동의 자세로 살아가는 직원들의 모습이 떠오르는 탓이다.

관료제도 이와 다르지 않다. 이 낱말은 프랑스의 경제학자 장 구르네(1712~1759)가 최초로 썼다고 한다. 관료제(bureaucracy)란 사무실을 뜻하는 bureau에 지배를 뜻하는 cratie를 붙여 만든 말이다. 구르네는 프랑스가 관료제라는 병으로 무너지고 있다며 한탄했단다. 사명감도 책임 의식도 없이, 승진과 연금만 바라보고 사는 일부 공직자들을 보라. 구르네의 심정이 절절하게 다가올 테다.

그렇지만 이유 없이 지속되는 제도는 없다. 관료주의는 사회를 떠받치는 기둥이다. 많은 비판이 있음에도 관료주의가 계속되는 데에는 그 나름의 장점이 있기 때문이다. 관료주의에는 어떤 장점이 있을까?

카리스마적 권위, 관습적 권위, 합리적 권위

관료주의를 처음으로 제대로 설명한 사람은 사회학자 막스 베버다. 그는 권력을 떠받치는 권위가 어디에서 비롯되는지부터 밝힌다. 그에 따르면, 지도자의 권위는 카리스마적 권위, 관습적 권위, 합리적 권위로 나뉜다.

카리스마적 권위란 신비스럽고 매력적인 분위기로 무리를 사로잡는 힘이다. 종교 집단이 떠받드는 강력한 지도자가 여기에 해당되겠다. 카리스마 있는 권력자는 사람들을 확실하게 장악하고 다스린다. 그러나 이런 집단은 오래가지 못한다. 지도자가 죽거나 사라지면 무리는 혼란에 빠지기 때문이다.

관습적 권위가 퍼져 있는 집단은 항상 그렇게 해 왔기에 앞으로도 그렇게 한다는 식의 논리를 따른다. 여기에는 부모의 처지와 직위를 물려받는 신분 사회, 경영권을 자식에게 물려주는 기업 문화 등이 해당된다. 관습적 권위에 기댄 사회도 온전하기는 어렵다. 권력에서 밀려난 자들의 불만이 여기저기서 불끈거릴뿐더러, 좋은 자리에 있는 자들도 게을러지기 쉽기 때문이다.

반면에 합리적 권위가 자리 잡은 사회는 오래도록 안정적으로 유지된다. 합리적 권위 아래서 사회는 원칙과 질서에 따라 움직인다. 누가 권력을 잡건 법과 규칙을 넘어 마음대로 할 수 없다. 게다가 무리에서 중요한 자리에 올라갈 기회는 누구에게나 열려 있다. 막스 베버에 따르면, 관료주의는 합리적 권위를 따른다.

이상적인 관료제

막스 베버는 관료제의 이상적인 모습(ideal type)을 다음과 같이 설명한다. 첫째, 조직 내에서 하는 일에는 권리와 의무, 책임이 명확하게 정해져 있다. 그러니 아무도 제멋대로 권력을 휘두를 수 없다.

둘째, 업무 처리에서 상하 관계가 분명하다. 따라서 조직 전체가 일사불란하게 움직인다. 셋째, 모든 명령과 집행은 문서를 통해 이루어진다. 모든 일처리는 서류로 검토되고 기록으로 남기에, 기분에 따라 그때그때 일처리를 하는 경우가 생기지 않는다. 공적인 업무와 사적인 일이 분명하게 나뉘는 것도 관료제의 특징이다. 현대의 관공서에서는 사무 공간과 생활 공간이 완전히 갈린다. 사무실에서 이루어지는 일들은 절차에 따라 검토되고 서류를 통해 집행된다. 개인적인 사정이나 인간적인 관계는 업무에서 완전히 배제된다.

넷째, 조직의 자리들은 마땅한 능력과 기술을 갖춘 사람들로 채운다. 관료제에서 안면이나 연줄을 이용해 지위를 얻는 것은 불법이다. 기회는 누구에게나 열려 있으며, 관리의 임용은 공정한 절차와 경쟁을 거쳐 이루어진다.

다섯째, 공직은 자기의 모든 능력(full working capacity)을 쏟아야 하는 '업무'다. 명함에 박힌 직위를 곧 자기 자신으로 여길 만큼, 자기 일에 오롯이 몰두하며 책임져야 한다는 뜻이다.

여섯째, 모든 일은 규정에 따라 진행되어야 한다. 관리들의 권한은 권력자가 쥐어 주는 것이 아니라, 법에 따라 부여된다.

이러한 관료제는 기계처럼 효율적으로 움직인다. 기계는 감정에 휘둘리지도, 상황에 따라 다른 결과를 내놓지도 않는다. 관료제도 마찬가지다. 관료 조직은 사회를 움직이는 기계여야 한다. 누가 권력을 잡건, 어느 자리를 누가 차지하건, 관료제가 지배하는 사회는 불안하지 않다. 관료 조직은 '법칙에 따라' 움직이기 때문이다. 현대 사회가 안정적으로 관리·유지되는 데는 관료제의 역할이 크다.

관료적 관리와 이윤 관리

하지만 현실의 관료제는 막스 베버가 소개한 모습과 다르다. 막스 베버가 생각하는 관료제는 '합리적인 기계' 같은 모습이지만, 현실 속의 관료제는 '불완전한 인간'에 가깝다. 관료 조직으로 하나로 묶인 사람들은 한 사람처럼 움직인다. 사람들 하나하나는 부

고생대 화석 같은 관료
그림 속 관료는 무기력하고 지쳐 보인다. 괜히 근엄한 표정을 짓고 있지만, 텅 빈 머릿속에는 참신함은 도
저히 나올 수 없는 고생대 화석만이 있을 뿐이다. 관료는 정해진 법과 절차에 따라 기계 부속품처럼 일하
기 때문에 사람들에게 좋은 인상을 주지 않는다. 그림은 달리(1904~1989)의 〈일반적인 관료〉다.
ⓒ Salvador Dali

품처럼 조직 속에서 움직이며, 집단 전체는 '조직 인격'을 띤다.
사람들끼리 협조하고 다투듯, 조직 간에도 힘을 합치고 갈등을 빚
는 광경이 숱하게 벌어지지 않던가. 이런 가운데서 관료 조직은
집단 이기주의로 흐르기 쉽다. 사회가 어찌 되건, 우리 기관만 잘
되면 그만이라는 논리가 조직에 퍼진다는 뜻이다.

경제학자 미제스(1881~1973)는 조직 운영 방법을 '관료적 관
리'와 '이윤 관리'로 나눈다. 기업들은 이윤을 얻기 위해 움직인

다. 또 구성원들이 하는 일이 제대로 되었는지는 이익을 낳는지 아닌지로 판가름난다.

관공서에서 하는 일은 다르다. 관료적 관리에서 조직원들의 역할은 이윤을 만드는 데 있지 않다. 정해진 규정과 절차를 얼마나 잘 지키는지에 있을 뿐이다. 관료 조직에서 돈을 버는 것과 쓰는 것은 완전히 다른 '업무'다. 돈을 쓰는 쪽(예산을 집행하는 부서)에서는 정책이 얼마나 효과가 있는지보다, 절차와 규정대로 해서 책잡히지 않게 하는 일이 무엇보다 중요하다.

그렇다면 일이 잘못되었을 때 책임은 누가 질까? 비난의 손가락은 관료 조직으로 향하지 않는다. 비난을 받는 쪽은 법을 만든 이들과 정책을 펼친 정치가들이다. 이 때문에 관료들은 정책이 불합리하다고 해서 굳이 비판의 목소리를 낼 이유가 없다. 큰 조직의 분위기가 복지부동, 무사안일로 흐르곤 하는 이유는 여기에 있다.

만약 이윤 관리를 좇아 조직을 합리적으로 꾸려 온 최고 경영자를 모셔 와 관료 조직을 꾸리게 하면 어떨까? 이는 지금도 공기업 등, 관직 사회 곳곳에서 벌어지는 일이기도 하다. 그런데 미제스는 『관료제』에서 별 효과가 없을 게 분명하다고 잘라 말한다.

관료 조직의 개혁을 위해 기업가들을 관료 조직의 장(長)으로 임명해 봤자 소용이 없다. 예전에 기업가였다 해도, 정부 관청의 책임을 맡으면 그는 사업가가 아니라 관료가 되어 버린다. 그의 목표는 더 이상 이윤을 낳는 데 있지 않다. 그의 새로운 목표는 규칙과 규정을 제대로 따르는 데 있다.

파킨슨의 법칙

때때로 관료주의는 아예 '민주주의의 적'처럼 여겨지기도 한다. 관료 조직 아래서는 창의성을 펼칠 기회가 없다. 스스로 판단하기보다, 위에서 시키는 대로 절차에 따라 움직이는 쪽이 '합리적'인 까닭이다.

막스 베버는 자본주의가 결국 '영혼이 없는 전문가'들이 판치는 세상으로 바뀌어 가리라 예상했다. 관료제 속에서의 사람들이 이렇지 않을까? 관료주의는 법과 예산을 '자연의 법칙'처럼 여긴다. 관료들에게서 개성과 살아 있는 영혼을 느끼기란 쉽지 않다.

사회가 발전할수록 관료제는 사회 곳곳으로 지배 범위를 넓혀간다. 영국의 행정학자 파킨슨(1909~1993)은 이를 '파킨슨의 법칙'으로 설명한다. 이 법칙에 따르면, 일이 많고 적음에 상관없이 공무원의 수는 늘어나기만 한다. 게다가 한번 만들어진 조직은 좀처럼 사라지지 않는다. 새로운 업무를 만들어 내서라도, 조직은 가늘고 모질게 생명을 이어 간다.

왜 그럴까? 조직이 커지고 부하가 늘어나야 승진할 자리도 많아진다. 그래서 관료들은 서로를 위하여 서로의 일을 만들어 낸다. 그러다 보면 쓸모없는 행정 절차와 규제가 점점 많아진다. 이

렁듯 관료들의 이해관계는 조직의 이익과 맞닿아 있다. 이쯤 되면 관료주의가 왜 비난의 말로 쓰이는지 그 이유가 분명해 보인다.

관료주의는 민주주의의 적일까?

더 나아가 관료제는 민주주의의 뿌리를 갉아먹기도 한다. 관료들도 투표권이 있는 시민이다. 관료 조직이 커질수록, 관료 집단의 이익은 물론 국가 정책에 끼치는 영향력도 커진다. 이런 상황에서 어떤 정치가가 감히 '거대한 표를 가진 집단'을 무시할 수 있단 말인가.

미제스에 따르면, 복지 정책도 관료주의의 힘이 강해지는 데 한몫을 한다. 실업 수당 등 사회 보장의 혜택이 늘어날수록, 이를 담당하는 관리들의 수도 늘기 마련이다. 또한 사회를 안정적으로 유지하려면 전기, 철도, 우편처럼 이익과 상관없이 서비스를 제공하는 공기업이 필요하다. 이들도 관료주의의 개혁을 어렵게 한다. 미제스는 정부에 몸을 담거나 기대어 살아가는 유권자들이 많아질수록 민주주의는 위태로워질 것이라며 한숨을 내쉰다.

물론, 권력을 잡으려는 모든 정치가들은 관료주의 타파를 한목소리로 외친다. 하지만 "권력이 바뀌어도 조직은 바뀌지 않는다."는 말은 현대 정치에서 이미 진리로 통한다. 사회가 안정될수록, 관료 조직은 사회를 효과적으로 관리하는 '기계'에서 최대의 권력을 지닌 '이익 집단'으로 변해 간다. 그럴수록 공무원은 최고 인기 직종으로 떠오르고, 창의성과 도전 정신은 빛을 잃는다.

이런 사회가 과연 건강하다고 할 수 있을까? 관료주의를 민주주의의 충직한 종복으로 되돌릴 방법은 무엇일까? 관료주의의 문제는 우리의 미래와 맞닿아 있다.

철학 물음

기계적인 일 처리와 합리적인 일 처리는 어떻게 다른가? 가장 이상적인 조직 문화를 꼽자면 어디를 예로 들 수 있는가? 사례를 들고 왜 최고의 조직인지 설명해 보라.

더 읽어 볼 책

★ 루트비히 폰 미제스, 『관료제』

★ 막스 베버, 『경제와 사회』

★ 막스 베버, 『행정의 공개성과 정치 지도자 선출 외』

★ 임의영, 『행정 철학』